职业教育会计专业岗位实操系列

成本会计岗位实务

主　编　谭清风

中国物资出版社

图书在版编目（CIP）数据

成本会计岗位实务/谭清风主编 . —北京：中国物资出版社，2010.7（2011.8 重印）
（职业教育会计专业岗位实操系列）
ISBN 978 - 7 - 5047 - 3417 - 4

Ⅰ.①成⋯　Ⅱ.①谭⋯　Ⅲ.①成本会计—高等学校—技术学校—教材　Ⅳ.①F234.2

中国版本图书馆 CIP 数据核字（2010）第 086187 号

策划编辑　涂　晟
责任编辑　张利敏
责任印制　何崇杭
责任校对　孙会香　杨小静

中国物资出版社出版发行
网址：http://www.clph.cn
社址：北京市西城区月坛北街 25 号
电话：(010) 68589540　邮政编码：100834
全国新华书店经销
中国农业出版社印刷厂印刷

开本：787mm×1092mm　1/16　印张：16　字数：379 千字
2010 年 7 月第 1 版　2011 年 8 月第 2 次印刷
书号：ISBN 978 - 7 - 5047 - 3417 - 4/F・1361
印数：3001—5000 册
定价：26.00 元
（图书出现印装质量问题，本社负责调换）

内容简介

　　本书按照我国最新的会计法规制度和职业教育教学的基本要求，以应用为宗旨，以制造企业成本核算为主线，密切结合我国成本会计工作的实际情况，详细介绍了成本核算的基本原理、费用的归集与分配、成本计算方法、成本报表的编制与分析等内容。

　　为既便于教师教学，又有利于学生自学，各模块均附有"案例引入""学习思路""小贴士""动脑筋""知识长廊""练习与实训"。

　　全书文字简练，内容图表化、突出实际操作、强调完成一定的任务。本书适用于高职高专、各类型（普通、成人、电大、远程教育）会计类专业的教学。

　　本教材还配有电子教学参考资料，包括电子教案、教学指南、练习题答案，能够为老师授课和学生学习提供诸多便利，可登录 http：//www. clph. cn 进行下载。

出版说明

　　财会行业一直是传统行业里的常青树。随着我国经济环境的发展变化，会计行业有了新的发展趋势和职业亮点。国家经济发展与企业发展的需求，催生了对大量新生力量以及优质的专业教材的需求。在此背景下，我们组织人员，编写本套职业教育会计专业岗位实操系列丛书。

　　本套丛书具有如下特点。

　　1. 体现了最新的职业教育理念。根据新企业会计准则编写，内容紧贴财会专业的教学、就业实际，按照"工学结合"人才培养模式的要求，采用"基于工作过程导向"的设计方法，以工作过程为导向，以项目和工作任务为载体进行应知应会内容的整合，符合教学规律。

　　2. 定位准确。突出了新旧企业会计准则的变化，充分考虑职业院校学员认知特点，语言简练、配有卡通式对话框，使得整体风格活泼、吸引人，符合现代教学授受规律。

　　3. 配有电子教学辅导资料包。包括课程设置建议、教学建议、电子教学模板，为老师教学提供完整服务支持。

　　本套丛书在编写过程中，得到了众多编写老师、企业人员的大力支持和帮助，他们对教、学、研一体化教学进行了艰苦和有益的探索，对本套丛书的完成奉献了大量的精力和宝贵时间，在此表示衷心感谢。并恳请各位专家、同行对本套丛书存在的不足之处给予批评和指正。

前　言

随着我国改革开放和社会主义市场经济快速发展，以及全球经济一体化进程的加快，大中型企业对成本核算的要求也迈上了一个新的台阶。各个企业都力求做到"科学的成本核算、优质的成本管理"，以求更有效地增强企业的竞争力。

成本会计作为会计学专业的核心课程之一，在专业课程体系中的地位也显得尤为重要。《成本会计岗位实务》一书非常注重当前企业会计准则的应用及全国各高职高专的会计专业学生的实际学习能力、学习条件、学习效果等，深入浅出地介绍了成本会计岗位职能和任务、费用的归集与分配、成本计算方法、成本报表的编制与分析及综合实训等，力求偏向于提高学生的实际应用能力，培养高素质的成本会计管理人才。

本书与同类教材相比，具有以下特点：

第一，重图表。注重把各个知识点用图形与表格的形式表达，语言更简洁、清晰，使课程由抽象、枯燥变得具体化、条理化、生动化，如用图表表达学习思路，让学生迅速了解本模块的内容。本书还为教学内容提供了配套的PPT课件及习题参考答案。

第二，重任务。任务驱动教学，"教、学、做"一体化。打破传统的教学模式，学练结合。强调成本会计不是单纯学理论，还要完成一定的任务。在每一个模块中，运用"任务一""任务二"，引导学生从完成一个个独立的小任务到完成总任务。

第三，重思考。在学习理论的同时，我们设置了"案例引入""小贴士""动脑筋"，培养学生多思考，追根溯源。通过"知识长廊"引导学生不仅要思考书本上的知识，而且要拓展知识，更新知识。

第四，重实训。本书各模块后面设置了单项实训及综合实训。成本会计是一个生活与工作相结合的学科，应该把视野放到工厂、企业，注重实操，把理论更好地运用到实践中。

本书由谭清风主编并统稿，刘秋玲协同统稿，刘秋玲和廖钊强担任副主编。参加编写的人员有：谭清风（项目一，项目三：模块一、二、三，项目五），刘秋玲（项目二、项目四），廖钊强（项目三：模块四），王午峰（项目三：模块五），方平（项目三：模块六），沈银花和王小玲（项目三：模块三、模块六）。

在编写过程中，我们参考了有关成本会计和成本管理等方面的最新书刊及企业成本会计管理规定，并得到有关专家的指导，在此一并致谢。由于作者水平有限，书中难免存在疏漏和不足，恳请同行和读者批评指正。

编　者

2010 年 5 月

目　　录

项目一　基础知识

模块一　成本会计概述

案例引入

现在大家生活经济宽裕多了。在城里，碰上个好日子或有值得庆贺的事情，我们常会一家人或好友结伴去自助餐厅美美地、饱饱地吃一顿。这些自助餐有高档的、中档的……价格有150元、88元、40元等，食物多种多样，美不胜收。

当我们作为顾客来到一家明码标价的自助餐馆用餐时，我们第一时间会在摆放自助食物的地方转悠，看看有哪些食品，尽量挑既物美又可口的食品吃。然而明明已经饱了，心里还在想，这一餐我付了68元，我吃进肚里的东西值68元吗？不行，再去拿一点儿，要不太不划算了。

别得意，我们再怎么吃，老板肯定也得赚钱啊！想想每一个顾客吃进的食物、厨师和服务员的工资、设备的折旧费、水电费、装修费等，老板在想如何低成本高收益呢！你能根据实际情况，加上亲自考察，帮老板算算一个中档自助餐厅一个顾客的成本是多少吗？如果划算，那以后可以考虑加盟自助餐啊！

各位同学，上述生活插曲对于我们学习成本及成本会计是否有所启迪？

学习思路

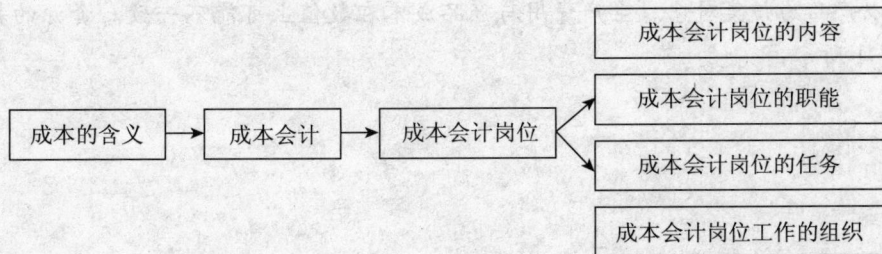

成本的含义 → 成本会计 → 成本会计岗位 →
- 成本会计岗位的内容
- 成本会计岗位的职能
- 成本会计岗位的任务
- 成本会计岗位工作的组织

任务一　成本及成本会计的概念

一、成本的概念

企业的基本经济活动是生产产品，产品的生产过程，同时也是生产的耗费过程，如劳动对象的耗费、劳动资料的耗费以及劳动力的耗费等。人们在劳动过程中总会对劳动的耗费和成果进行比较，期望以最小的耗费获取最大的成果。

人们对成本的认识不同、研究成本的角度也有所不同，因此所产生的概念也就不同。

（1）马克思曾科学地指出了成本的经济性质："按照资本主义方式生产的每一个商品 W 的价值，用公式来表示是 $W=C+V+M$（C 是指生产资料的消耗，V 是指活劳动的消耗，M 是指剩余价值。）如果我们从这个产品价值中减去剩余价值 M，那么，在商品剩下来的，只是一个在生产要素上耗费的资本价值 $C+V$ 的等价物或补偿价值。"$C+V$ 构成商品的理论成本。

（2）广义的成本概念。美国会计学会（AAA）所属的"成本与标准委员会"对成本的定义是这样的：成本是为达到特定目的而发生或未发生的价值牺牲，它可用货币单位加以衡量。这个定义所说的成本，没有特指生产成本，它不仅包括产品成本，而且还包括期间成本；不仅包括耗费已发生的实际成本，而且还包括可能发生（应该发生）的预计成本、进行预测和决策所需的变动成本、固定成本、边际成本和机会成本。

（3）狭义的成本：是指为生产产品或提供服务所发生的各种耗费和支出，可分为生产成本（制造成本）和劳务成本（房地产企业叫开发成本等）。本书特指：企业为一定种类和数量的产品所发生的各种生产费用之和，称为产品的生产成本或制造成本。

生产成本是对象化了的费用。生产成本按经济用途一般包括 3 个成本项目：直接材料或原材料、直接人工、制造费用（根据情况还可设置燃料和动力、废品损失等）。

小贴士

生产费用以时期为归集对象，反映企业一定时期内发生的、用货币表现的生产消耗；产品成本以产品为归集对象。生产费用与产品成本在数值上可能不一致。资源的耗费或支出如图 1-1 所示：

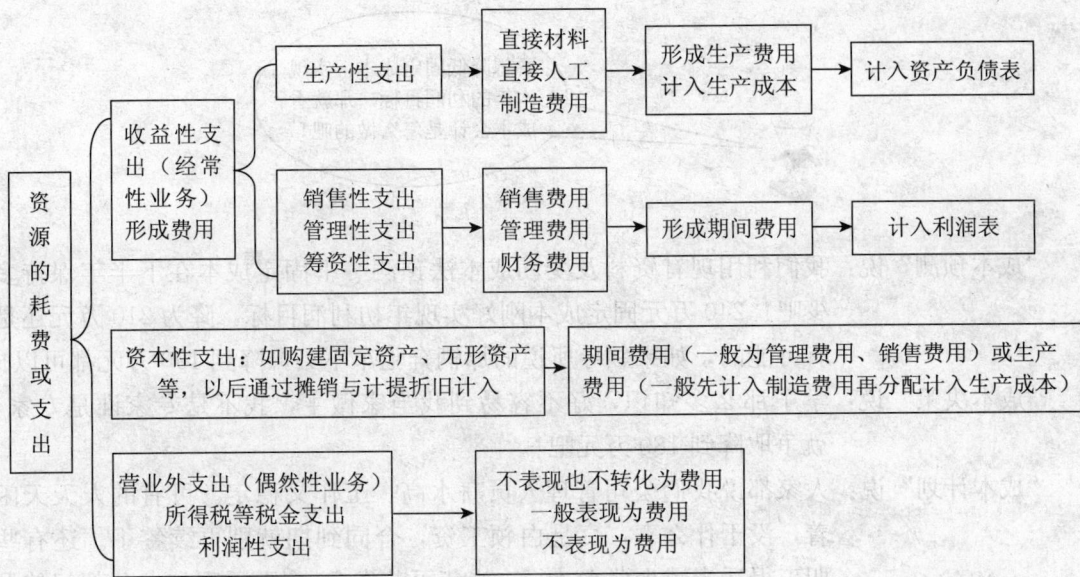

图 1-1 支出、费用、成本关系

二、成本会计的概念

（1）成本会计的对象：成本会计的对象是成本会计核算和监督的内容。工业企业成本会计的对象概括为：在产品制造过程中所发生的各种生产费用以及所形成的产品生产成本和期间费用。

（2）成本会计的概念：成本会计是会计的一个分支。狭义的成本会计是指进行成本核算与分析的会计；广义的成本会计则指进行成本预测、决策、计划、控制、核算、分析及考核的会计。

任务二　成本会计岗位的内容、职能、任务

一、成本会计岗位的内容

先看小案例：

某市东方模具公司生产一种模具，主要原料是从某钢铁厂购进的铸件。2009年上半年东方模具厂共对外销售了8万套模具，实现利润120万元。该产品市场售价为180元，单位变动成本为120元（由此可算出固定成本为360万元）。下半年由于市场竞争加剧，产品在技术上已不具有优势，于是该厂将市场售价降至170元以扩大市场份额，与此同时主要原料供货商也要求提高原料售价，使得单位变动成本从120元上升至130元。此时厂部要求挖掘成本潜力，下工夫控制固定成本的支出，在销量与上半年持平的前提下，要实现年初预计的200万元的目标利润。（变动成本与固定成本概念见项目三：模块六）

要想降低固定成本，实现本年的利润目标，那就看成本会计是怎么做的吧！

"成本预测"说：我们利用现有资料及变动成本法预测一下固定成本在下半年保持多少吧！240 万元固定成本刚好实现年初利润目标，降为 210 万元还是有可能的，如果领导所说的那辆奔驰车不买，降到 190 万元都可以！

"成本决策"说：学了那么多知识，好不容易到我当家做主，我不是专家谁是专家，就争取降到 180 万元吧！

"成本计划"说：人家都说我们公司管理人员薪水高，工作又稳定。可有的人天天闲着，没干什么事，真是白领工资，合同到期就别再续签了。还有些职工得适当减少薪水才行，半年可节省 70 多万元啊！办公部门的办公费用也真大，纸张、电话费、照明费等得想想办法节约一点。原先要租的一台设备也不租了，反正对产销量没什么影响，半年还可省 40 万元呢。总的来说，我得做一份计划……

"成本控制"说：你光"计划"，有几个副经理不满意降工资，都罢工了，还得我出马才行啊！还好，我这三寸不烂之舌厉害，那几个副经理现在对减少工资基本上没有怨言！一切按计划执行中。

"成本核算"说：还是让我先算算吧，是不是真的达到目标？你看，我就说你控制不得力吧，现在固定成本是 196 万元。

"成本分析"说：不要以为你们是齐天大圣，现在领导不是驾着奔驰车跑业务了吗？半年折旧费就让你的 190 万元利润泡汤！

"成本考核"说：你们都很兢兢业业，如果不是领导那辆车……反正我认为你们今年都可以评为"优秀管理者"。

现代成本会计拓宽了传统成本会计的内涵和外延，其涉及的内容广泛，以我国会计界目前的共识来看，有如表 1-1 所示的内容：

表 1-1　　　　　　　　　　　成本会计岗位的内容

内　容	概　念
成本预测	成本预测是指根据与成本有关的各种技术经济因素的变动情况及企业所采取的相应费用节约措施，利用科学方法对未来期间成本水平所进行的预计和测算
成本决策	成本决策是指根据成本预测及其他与成本有关的成本资料，运用一定专门的科学方法选择最佳成本方案所作出的一种决定

续表

内 容	概 念
成本计划	成本计划是指在成本预测和成本决策的基础上,根据未来生产任务和降低成本的要求等,按照一定的方法所做出的用以反映企业计划期内生产费用和产品成本水平的一种计划
成本控制	成本控制是指在产品成本形成的过程中,通过对成本形成所进行的监督,及时发现成本差异,采取相应措施,节约生产费用,降低产品成本,完成成本计划有关指标的一项管理工作
成本核算	成本核算是指对生产费用的发生和产品成本的形成所进行的核算
成本分析	成本分析是指利用成本核算资料及其相关资料,将产品的本期实际成本与目标成本、上期实际成本及国内外同类产品的成本等进行比较,对成本差异情况及其形成差异的原因所进行的分析
成本考核	成本考核是指对成本计划及其有关经济指标的实际完成情况所进行的考核和评价

成本会计的各项内容是相互联系,相互依存的,从而形成了一个有机的整体。如图 1-2所示:

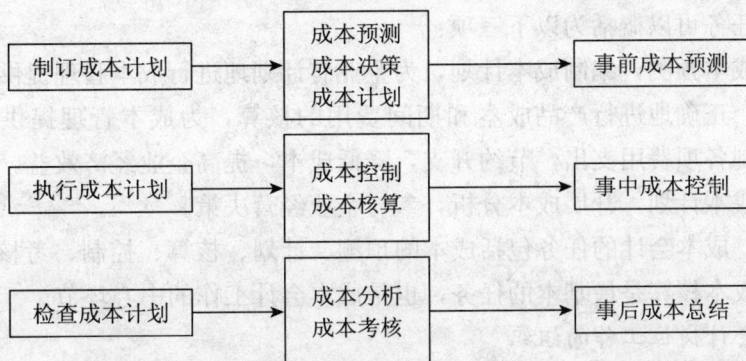

图 1-2 成本会计岗位内容的关系

二、成本会计岗位的职能
成本会计的职能随着社会经济发展和管理水平的提高也在不断地扩大。
(1)反映职能:最初、最基本的职能,也叫核算职能。
反映职能就是对企业生产经营过程中发生的一切耗费,运用专门的会计方法进行计量、记录、归集、分配、汇总,计算出各成本对象的总成本和单位成本。通俗地讲,这项职能就是进行实际成本的计算,把生产经营过程的实际消耗如实地反映出来,达到积聚成本的目的,并用积累的成本资料反映企业的实际生产耗费和补偿价值的情况,从而判断企业经营效果的好坏。

（2）计划与预算职能：主要包括全部商品产品的成本计划、主要产品单位成本计划和生产费用预算。

（3）控制职能：包括投产前的成本控制和投产后的成本控制。

（4）分析、评价职能。

动 脑 筋

财务会计主要是对外提供会计信息，成本会计及管理会计主要是对内提供会计信息。

三、成本会计岗位的任务

要记住了哦，
你的任务主要
有……

成本会计的任务是企业进行成本会计工作所要达到的目标。按照成本会计的要求，成本会计的具体任务可以概括为以下三项：

（1）进行成本预测，编制成本计划，为企业有计划地进行成本管理提供基本依据。

（2）及时、正确地进行产品成本和期间费用的核算，为成本管理提供有用的经济信息；审核和控制各项费用支出，节约开支，降低成本，提高企业经济效益。

（3）考核成本计划，开展成本分析，参与企业经营决策。

综上所述，成本会计的任务包括成本的预测、计划、核算、控制、考核及其分析等多项内容，其中成本核算是最基本的任务，也是成本会计工作的中心环节。

四、成本会计岗位工作的组织

1. 设置成本会计机构

（1）成本会计机构设置应考虑的因素。企业生产经营规模；业务处理的繁简；企业内部管理机制与管理要求等。

（2）成本会计机构设置方法。如在会计机构中单设成本会计科、股、组；总会计师领导下，直接设置成本会计机构；将成本会计部门与计划部门合并设置等。

（3）成本会计工作的组织方式如表1-2所述：

表 1 - 2　　　　　　　　　　　　　成本会计工作组织方式

比较内容		集中核算形式	非集中核算形式（分散方式）
含义	厂部工作	由企业厂部的成本会计机构集中负责管理成本会计工作中的核算、分析等各方面工作	厂部成本会计机构负责对各下属成本会计机构或人员进行业务上的指导和监督，并对全厂成本进行综合的核算、分析等工作
	车间工作	车间等其他单位中的成本会计机构或人员只负责登记原始记录和填制原始凭证，对它们进行初步的审核、整理和汇总，为厂部进一步核算提供资料	成本会计工作中的核算、分析等各方面工作分散由车间等其他单位的成本会计机构或人员分别进行的核算方式
优点		这种方式厂部成本会计机构可以比较及时地掌握企业有关成本的全面信息，便于集中使用电子计算机进行成本数据处理，也有利于减少企业成本核算的层次和人员	与集中核算形式刚好相反
缺点		不利于车间对成本费用进行控制，不便于从事生产经营活动的各单位和职工及时地掌握单位的成本信息，因而不利于调动他们自我控制成本和费用，提高经济效益的积极性	与集中核算形式刚好相反
适用范围		一般适用于小型企业	一般适用于大、中型企业
备注		车间等其他单位大多只配备专职或兼职的成本会计或核算人员	

2. 配备必需的成本会计人员，分配到各个组，如材料组、工资组、间接费用组等

成本会计人员是指在会计机构或专设成本会计机构中所配备的成本工作人员。对企业日常的成本工作进行处理。成本核算是企业核算工作的核心，成本指标是企业一切工作质量的综合表现，为了保证成本信息质量，对成本会计人员业务素质要求比较高。

（1）会计知识面广，有较好的成本理论和实践基础。

（2）熟悉企业生产经营的流程（工艺过程）。

（3）刻苦学习，任劳任怨。

（4）具有良好的职业道德。

3. 确定成本会计工作的组织原则

任何工作的组织都必须遵循一定的原则，成本会计工作也不例外，它的组织原则主要有：

（1）成本核算必须与成本管理相结合。

（2）成本会计工作必须与技术相结合。

（3）成本会计工作必须与经济责任制相结合。

4. 制定成本会计制度

成本会计制度是指对成本会计工作所做的规定。它的内涵与外延随着经济环境的变化在不断发展变化。商品经济条件下，现代企业的成本会计制度要以我国《企业会计准则》、《企业会计制度》等有关规定为依据，在成本预测、决策、规划、控制、计算、分析和考核等方面做出有关规定，用来指导成本会计工作的全过程。

具体的成本会计制度有：关于成本预测、决策制度；关于计划（或标准成本）成本编制的制度；关于成本核算制度；关于成本控制制度；关于成本分析、考核制度等。

知识长廊

（1）什么是机会成本

机会成本是指从事某一种业务而损失别的业务的代价。例如一块土地本来是可以种小麦的，但现在种了大豆，那么大豆的机会成本就是本来可以种小麦而得的收益；再如一个企业拥有 300 万元资金，如果用于别的一项投资，企业可以获利 600 000 元，但现在只获利 400 000 元，可见，获利 400 000 元的投资的机会成本是 600 000 元，净损失 200 000 元。可见，机会成本不是指实际的货币开支，而是指本来可以得到，但实际没有得到的损失。机会成本也可以说是由于经营了某项业务而放弃了除此项业务之外的最好（从收益角度看）的业务的损失。

（2）关键词英语

成本（cost）、成本会计（cost accounting）、财务会计（financial accounting）、管理会计（management accounting）、税务会计（tax accounting）、职工薪酬（employee salaries）、制造费用（factory overhead）、直接成本（direct cost）、固定成本（fixed cost）、管理费用（managerial expense）、成本报表（cost report forms）、成本预测（cost prediction）

练习与实训

一、单项选择题

1. 成本是（　　）。

A. 企业在再生产过程中耗费的生产资料的价值

B. 企业在一定时期内发生的、货币表现的资金耗费

C. 企业在生产过程中为生产一定种类、一定数量产品所发生的资金耗费

D. 企业劳动者为自己和为社会劳动所创造的价值

2. 企业成本会计工作组织中的（　　）式管理方式适合大企业采用。

A. 分散　　　　　　　　B. 集中　　　　　　　　C. 分散与集中　　　　　　D. 统一

3. 在现代成本会计中，（　　）是核心。

A. 成本分析　　　　　B. 成本预测　　　　　C. 成本计划　　　　　D. 成本核算

4. 产品成本是企业生产一定种类和一定数量产品所发生的各项（　　　）。

A. 生产费用之和　　　　　　　　　　B. 生产经营管理费用总和

C. 经营管理费用总和　　　　　　　　D. 料、工、费及经营费用的总和

5. 成本决策是企业实现（　　　）的重要手段之一。

A. 标准成本　　　　　B. 低成本　　　　　C. 目标成本　　　　　D. 单位成本

6. 成本计划是在（　　　）的基础上，根据未来生产任务和降低成本的要求等，按照一定的方法所做出的用以反映企业计划期生产费用和产品成本水平的一种计划。

A. 成本计算和成本估算　　　　　　　B. 成本分析和成本预测

C. 成本预测和成本决策　　　　　　　D. 成本控制和成本考核

7. 成本核算是对（　　　）的形成所进行的核算。

A. 成本项目　　　　　　　　　　　　B. 产品成本的形成

C. 生产费用的发生　　　　　　　　　D. 生产费用的发生和产品成本的形成

8. 成本核算是成本会计的（　　　）内容。

A. 重要　　　　　　B. 一般　　　　　C. 必不可少　　　　　D. 核心

9. 下列各项中，属于产品生产成本项目的是（　　　）。

A. 外购动力费用　　　B. 制造费用　　　　C. 工资费用　　　　D. 折旧费用

二、多项选择题

1. 一般情况下，企业应根据其（　　　）等条件组织自身的成本会计工作。

A. 生产经营规模的大小　　　　　　　B. 生产经营业务的特点

C. 成本计算的方法　　　　　　　　　D. 企业组织机构的设置

E. 成本管理的要求

2. 成本会计机构的内部组织形式有（　　　）。

A. 按成本会计的职能分工　　　　　　B. 按成本会计的对象分工

C. 集中工作方式　　　　　　　　　　D. 分散工作方式

E. 分级工作方式

3. 成本会计的形成和发展大致经历了（　　　）等几个阶段。

A. 早期成本会计阶段　　　　　　　　B. 古代成本会计阶段

C. 近代成本会计阶段　　　　　　　　D. 现代成本会计阶段

E. 超现代成本会计阶段

4. 成本分析是指利用成本核算资料及其相关资料，将产品的本期实际成本与（　　　）等进行比较，对成本差异情况及其形成差异的原因所进行的分析。

A. 目标成本　　　　　　　　　　　　B. 产品生产成本

C. 上期实际成本　　　　　　　　　　D. 国内外同类产品成本

E. 标准成本

三、判断题

1. 成本的经济实质是企业在生产经营过程中所耗费的资金的总和。（   ）

2. 集中核算方式一般适用于成本会计工作比较复杂、各部门相对独立的企业采用。（   ）

3. 费用是指企业在日常活动所发生的、会导致所有者权益减少的、与向所有者分配利润无关的经济利益的总流出。（   ）

4. 制订和修订定额是为了进行成本分析与考核，与成本计算无关。（   ）

5. 现代成本会计的内容除了有成本核算以外，还包括成本预测、成本决策、成本计划、成本控制、成本分析及成本考核等多项内容。（   ）

6. 分散核算方式一般适用于成本会计工作比较简单的企业采用。（   ）

四、实训题

〈实训目的〉：掌握岗位设置及各岗位职责。

〈实训资料〉：有一家制衣企业，为增值税一般纳税人，由于各方面的原因，分别在本市三个地方生产三种型号的上衣，业务相近，生产地点也较近，每年总销售额 2 000 万元，计划 2009 年财务核算由原来的分散改为集中核算。财务共 7 人，都具有一定的工作经验，该企业使用用友软件核算。

请为这七位财务人员安排具体会计岗位，并分别指定其工作职责。

〈实训体会〉：

〈教师评价〉：

模块二　产品成本核算要求与程序

案例引入

以第一模块及其他学科为基础，某学校王老师在给学生讲解"产品成本核算基本要求"时先给学生布置了一道分录题。资料是广州某企业生产甲和乙产品，2009 年 3 月有关业务如下：

（1）本月各部门领用材料如下（单位：元）：

项目	A材料	B材料	C材料	D材料
甲产品耗用	25 000	17 000	33 000	75 000
乙产品耗用	12 000	15 000	13 000	40 000
生产车间一般耗用	3 000	4 000	6 000	13 000
行政管理部门领用	5 000	2 000	3 000	10 000
合计	45 000	38 000	55 000	138 000

(2) 用银行存款支付外购动力费用50 000元，其中甲产品耗用25 000元，乙产品耗用13 000元，生产车间照明耗用5 000元，行政管理部门耗用5 000元，在建工程耗用2 000元。

(3) 用银行存款支付办公费2 100元，其中，车间800元，行政管理部门1 300元。

(4) 预付租入厂房半年租金18 000元，本月负担3 000元。

(5) 预提本月短期借款利息3 400元，发生车间设备大修费3 000元。

(6) 月末，分配本月工资80 000元，其中，生产工人工资54 000元，车间管理人员工资18 000元，行政管理部门人员工资4 500元，销售机构人员工资3 500，生产工人工资按工时分配，甲产品6 000工时，乙产品4 000工时。

(7) 月末，计提折旧8 500元，其中，车间4 800元，行政管理部门3 700元。

(8) 月末，采购员李凯报销差旅费2 300元，用现金补给李凯300元。

(9) 用银行存款支付购买车间设备款150 000元。

(10) 固定资产清理报废损失2 000元。

(11) 对外进行投资100 000元，用于赚取短期差价。

(12) 月末，按工时分配本月制造费用。

(13) 甲产品月初在产品成本，其中包括直接材料20 000元，直接人工18 000元，燃料与动力6 000元。乙产品无期初在产品。

(14) 月末，本月甲产品全部完工，结转完工产品成本。乙产品全部未完工。

可是有些学生根本不会做，李老师仔细辅导，发现学生不明白哪些费用要计入"生产成本""制造费用"，或计入"管理费用"，所以学生做分录时总是"张冠李戴"。同学们明白是怎么回事吗？看看王老师是如何讲解的吧！

学习思路

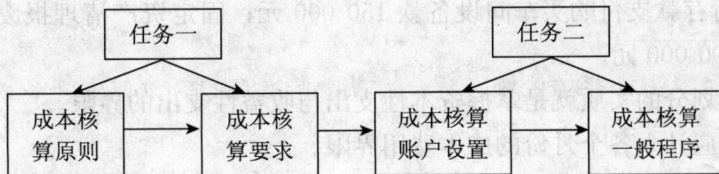

任务一		任务二	
成本核算原则	成本核算要求	成本核算账户设置	成本核算一般程序

任务一　产品成本核算的原则和基本要求

一、产品成本核算的原则

（1）实际成本原则。

（2）分期核算原则。

（3）可靠性原则。

（4）权责发生制原则。

（5）可比性原则。

（6）重要性原则。

> 啊，好像和会计信息质量要求有点相似啊！

二、产品成本核算的基本要求

产品成本核算的内容包括费用支出的核算和产品成本的计算。产品成本核算应满足以下要求：

（1）加强对费用的审核和控制。做到算管结合，算为管用。对不合理的开支，要坚决抵制；对超计划的费用开支，要按规定的审批手续办理；对各项浪费和损失，要查明原因，追究有关人员的责任。

（2）正确划分各种费用的界限。产品的生产成本是企业的一种费用支出，但企业发生的各项费用支出并不都属于产品的生产成本。所以：

①正确划分应计入产品成本和期间费用与不应计入产品成本和期间费用的界限。

只有用于产品生产和销售，用于组织和管理生产经营活动以及用于筹集生产经营资金的各种费用，才应计入产品成本和期间费用。

对于购置资产等支出或不是由于企业日常生产经营活动而发生的费用则不计入产品成本和期间费用。在"案例引入"中，不应计入产品成本与期间费用的是：在建工程耗用2 000元；用银行存款支付购买车间设备款150 000元；固定资产清理报废损失2 000元；对外进行投资100 000元。

注意：此种划分的实质就是掌握资本性支出与收益性支出的界限。

②正确划分应计入各个月份的成本费用界限。

动脑筋

关键是是否掌握了"权责发生制"!

对于案例引入中的第4、5业务,应计入2009年3月的成本费用为:厂房租金为3 000元;借款利息3 400元及车间设备大修费3 000元,对于第4业务中剩余的15 000元则应在以后五个月内继续分摊入成本费用。

③正确划分应计入产品成本与期间费用的界限。

在案例引入中,应计入产品成本的是:产品生产领用的材料与动力、生产工人的工资及车间发生的制造费用。包括第1业务中甲、乙产品及车间领用的材料;第2业务中的甲、乙产品及车间发生的动力费用;第3业务中车间发生的办公费800元;第4业务中厂房租金3 000元;第6业务中的生产工人与车间管理人员的工资;第7业务中车间的折旧。

应计入期间费用的有:第1、2、3业务中行政管理部门领用的材料、发生的动力费用、办公费;第5业务中借款利息3 000元和车间设备大修费3 000元;第6业务中行政管理部门及销售部门的工资;第7业务中的行政管理部门的折旧费3 700元及第8业务中的差旅费2 300元。

小贴士

新《企业会计准则》规定:企业生产车间(部门)和行政管理部门等发生的固定资产修理费用等后续支出,也通过"管理费用"科目核算。其实,企业生产车间发生的不符合资本化条件的固定资产修理费用(如大修、中修、项修费用等),属于企业为组织和管理企业生产经营所发生的管理费用,实施者往往是企业设备管理部门和技术改造管理部门而非生产车间自发实施,生产车间更多地扮演了配合和协助的角色,而且不是为该车间修理当月的产品制造服务,它在性质上更符合"管理费用"科目的定义和归集范围;并且,这种固定资产后续支出,不具有均衡性和经常性,如果在发生时计入"制造费用"科目,很容易造成各月完工产品成本的波动。

④正确划分应计入不同产品成本的界限。

案例引入中应计入甲产品成本的有:直接材料($25\,000+17\,000+33\,000+75\,000$)+燃料与动力($25\,000$)+直接人工($54\,000\times6\,000\div10\,000$)+分配转来的制造费用($[3\,000+4\,000+6\,000+13\,000+5\,000+800+3\,000+18\,000+4\,800]\,6\,000\div10\,000$)。

动脑筋

案例引入中应计入乙产品的成本是多少呢?

⑤正确划分应计入完工产品成本与未完工产品成本的界限。

案例引入中甲产品成本为：期初在产品成本加上本月发生的成本；而乙产品本月全部未完工则全部为在产品成本，转为下个月乙产品的期初在产品成本。

（3）正确确定财产物资的计价和价值结转方法。

（4）做好各项基础工作，具体包括定额的制订和修订；材料物资的计量、收发、领退与盘点；原始记录；以及厂内计划价格的制订与修订工作等。

（5）适应生产特点和管理要求，采用适当的成本计算方法。

任务二　产品成本核算的账户设置和一般程序

先来看个小问题：

某中型企业的财务科有一个出纳，一个会计员小张，一个会计主管老王。因为工作多，三个人总是从早忙到晚。出纳天天收钱付钱跑银行，王主管是里外都忙，会计小张刚从技校毕业，天天待在办公室里认真做账。这天小张看见王主管有空，就问主管："王主管，我想向您请教三个问题，可以吗？"

"行啊，你说吧。"王主管回答。

小张就问："一，为什么我们企业要设'生产成本'一级账，为什么不设'基本生产成本'和'辅助生产成本'两个一级账户呢？二，有些公司成本核算是人工费用、材料费用、制造费用全部加到一起计算成本，不要明细核算，这样做对吗？三，为什么我们企业还用'预提费用'和'待摊费用'账户呢？"

王主管说："你第三个问题很简单，新《企业会计准则》首先在上市公司实施，像我们这种较小的企业都还用旧准则呢，而且权责发生制的基础地位并未发生改变，所以都可继续保留着'预提费用'和'待摊费用'账户。而你的第二个问题答案应是不对的，现在企业会计制度都越来越健全，一般都要分设成本项目进行成本核算。

"我们做会计的要联系每个企业的具体情况，根据准则设置账户，但是每个企业核算成本的程序一般还是差不多的，你的理论知识也学得挺好的，联系实际运用就好了。"

小张听了王主管的一席话，当年学习成本账户设置的内容在自己的脑海里又一一出现了。

一、产品成本核算的账户设置

（1）"基本生产成本"账户：是用来归集基本生产所发生的各种生产费用和基本生产产品成本的账户。基本生产所发生的直接材料费用、直接人工费用、转入的制造费用等各种生产费用，记入该账户的借方；完工入库的产品成本，记入该账户的贷方；该账户的余额，就是月末基本生产在产品的成本。

该账户分车间按成本计算对象（产品）进行明细核算，可采用多栏式账页，账内按不同成本项目设置专栏，也可以采用成本计算单格式。

（2）"辅助生产成本"账户：是用来归集辅助生产车间为基本生产车间、企业管理部门和其他辅助生产车间生产产品或提供劳务所发生的生产费用地，计算辅助生产成本或劳务成本的账户。辅助生产车间在生产过程或提供劳务过程中所发生的直接材料费用、直接人工费用、负担的制造费用等各种费用，记入该账户的借方；分配（转出）辅助生产费用或辅助生产完工入库的产品成本，记入该账户的贷方；该账户的余额，就是月末辅助生产在产品的成本。

该账户分车间按成本计算对象进行明细核算，可采用多栏式账页，账中可按成本项目或费用项目分设专栏进行登记，或采用成本计算单格式。

小 贴 士

有些企业也这样设置账户：设"生产成本"一级账户，再设"基本生产成本"或"辅助生产成本"两个二级明细账。各个企业看自身企业规模大小、机构设置、管理要求等情况来设定。

（3）"制造费用"账户：是用来核算为生产产品（或提供劳务）而发生，应该计入产品成本，但没有专设成本项目的各项间接性生产费用的账户。核算包括生产车间管理、技术人员工资和福利费、折旧、修理费、办公费、水电费、机物料消耗、劳动保护费、季节性修理期间的停工损失等各项间接生产费用。发生制造费用时记入该账户的借方，月末从该账户的贷方将"制造费用"转入"基本生产成本"或"辅助生产成本"一级账户。该账户月末一般无余额。

"制造费用"账户可分车间按费用项目进行明细核算，采用多栏式账页。

老师，能举例说明哪些是基本生产车间和辅助生产车间？

（4）"长期待摊费用"账户（先付后摊）：长期待摊费用是分摊期在一年以上各项费用，如租入固定资产改良支出等，按"长期待摊费用"的种类设置明细账户。

小 贴 士

①新《企业会计准则》保留"长期待摊费用"账户，但未明确设置"待摊费用"账户。如果数额不大，或者难以预计受益期间的、摊提依据不足的费用在实际发生时直接记入当期相关成本费用。如果数额较大，并且可以预计受益期间、有充足摊提依据的费用，

也可以通过"待摊费用"、"预付账款"或"长期待摊费用"等来核算。

②新《企业会计准则》未明确设置"预提费用"账户，也可以用"应付利息"、"其他应付款"等代替不同情况下的"预提费用"账户。

（5）"销售费用"账户：是指企业在销售产品等过程中发生的费用以及为销售本企业产品而专设的销售机构（含销售网点、售后服务网点等）的各项费用。

（6）"管理费用"账户：是指企业行政管理部门为组织和管理生产经营活动所发生的各种费用。

（7）"财务费用"账户：是指为筹集生产经营所需资金而发生的各项费用。

（8）"废品损失"与"停工损失"账户。

动脑筋

成本、费用类账户一般都是采用多栏式账页，按其费用项目开设明细账。那明细科目又是怎样的呢？

二、产品成本核算的一般程序

工业企业成本核算是一个很复杂的过程，其程序如图 1-3 所示：

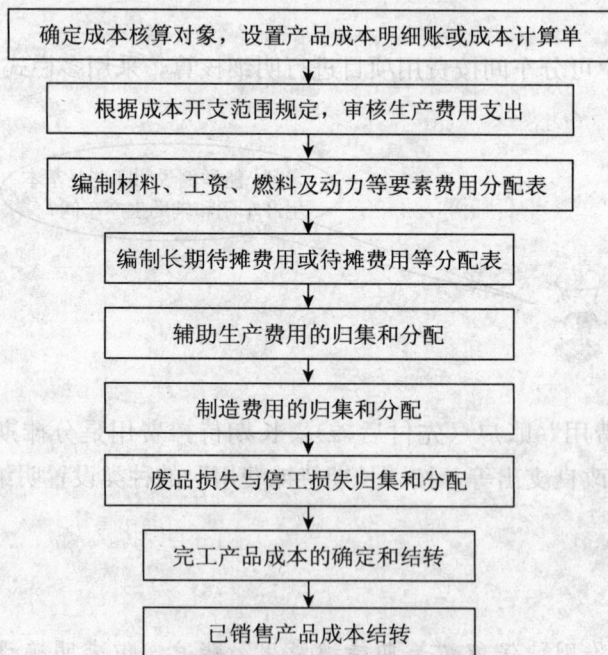

确定成本核算对象，设置产品成本明细账或成本计算单

根据成本开支范围规定，审核生产费用支出

编制材料、工资、燃料及动力等要素费用分配表

编制长期待摊费用或待摊费用等分配表

辅助生产费用的归集和分配

制造费用的归集和分配

废品损失与停工损失归集和分配

完工产品成本的确定和结转

已销售产品成本结转

图 1-3 产品成本核算的一般程序

知识长廊

（1）为什么期间费用不计入产品成本

期间费用是指不能直接归属于某个特定产品成本的费用。它是随着时间推移而发生的与当期产品的管理和产品销售直接相关，而与产品的产量、产品的制造过程无直接关系，即容易确定其发生的期间，而难以判别其所应归属的产品，因而不列入产品成本。

（2）费用的分类

①费用按经济内容分为：外购材料、燃料；外购动力；职工薪酬（工资、福利费、社会保险费等）；折旧费；利息支出；税金（不包括增值税）；其他支出（差旅费；办公费等）。

②费用按经济用途分：生产成本和期间费用。

③费用按与生产工艺的关系分为：直接生产费用与间接生产费用。凡是可以直接计入产品成本的费用，称为直接生产费用，如构成产品实体的原材料、生产工人工资等。不能直接计入各产品成本的费用，称为间接生产费用，如车间管理工人工资、车间厂房折旧费等制造费用等。

④费用按计入产品成本的方法分为：直接计入费用与间接计入费用或分配计入费用。直接计入费用是指可以根据原始凭证分清是哪种产品所耗用，从而可以直接计入某种产品成本的费用。间接计入费用是指不能分清哪种产品所耗用的，不能直接计入某种产品成本，而必须按照一定标准分配计入有关各种产品成本的费用。

⑤费用按与产品产量的关系分：变动费用与固定费用。

练习与实训

一、单项选择题

1. 正确划分企业各个会计期间的费用界限适用原则是（　　　）。

A. 实际成本原则　　　　　　　　　　B. 可比性原则

C. 谨慎性原则　　　　　　　　　　　D. 权责发生制原则

2. 应列入企业成本、费用的支出项目主要有（　　　）。

A. 报销差旅费　　　　　　　　　　　B. 购建生产用设备

C. 对外投资支出　　　　　　　　　　D. 支付违约金

3. 下列项目中不应计入产品成本的有（　　　）。

A. 废品损失　　　　　　　　　　　　B. 专设销售机构人员工资

C. 生产成品领用的原材料　　　　　　D. 车间管理人员工资

4. 生产成本明细账一般格式采用（　　　）。

A. 三栏式　　　　　B. 数量金额式　　　　C. 多栏式　　　　D. 横线登记式

5. 企业生产车间一般消耗的材料费用，应记入的会计科目是（　　　）。

A. 生产成本　　　　B. 制造费用　　　　　C. 管理费用　　　　D. 销售费用

6. 应计入产品成本，但不能分清应由何种产品负担的费用，应（　　）。

A. 直接计入当期损益

B. 作为管理费用处理

C. 作为制造费用处理，期末再通过分配计入产品成本

D. 直接计入生产成本科目

7. 基本生产车间发生的直接用于产品生产、但没有专门设立成本项目的成本，以及间接用于产品生产的成本，应先记入（　　）科目。

A. 生产成本　　　　　　　　　　　　B. 制造费用

C. 管理费用　　　　　　　　　　　　D. 其他业务成本

8. 生产车间发生的制造费用分配后，一般应记入（　　）科目。

A. 库存商品　　　　　　　　　　　　B. 本年利润

C. 生产成本　　　　　　　　　　　　D. 主营业务成本

9. 下列支出中，不属于资本性支出的是（　　）。

A. 购置无形资产支出　　　　　　　　B. 购买车间大型设备

C. 对外投资支出　　　　　　　　　　D. 劳动保险费支出

10. 基本生产车间的照明电费应借记（　　）科目。

A. 生产成本　　　　B. 基本生产成本　　　　C. 制造费用　　　　D. 管理费用

二、多项选择题

1. 下列各项中，构成产品成本的是（　　）。

A. 直接材料　　　　　B. 制造费用　　　　　C. 管理费用

D. 销售费用　　　　　E. 直接人工

2. 工业企业成本核算的一般程序包括（　　）。

A. 对企业的各项支出、费用进行严格的审核和控制

B. 正确划分各个月份的费用界限

C. 将生产费用在各种产品之间进行分配和归集

D. 将生产费用在本月完工产品与月末在产品之间进行分配和归集

E. 做好定额的制订和修订工作

3. 根据会计制度的规定，下列各项应计入企业产品成本的有（　　）

A. 生产工人的工资　　　　　　　　　B. 车间管理人员的工资

C. 企业行政管理人员的工资　　　　　D. 生产产品领用的材料

E. 废品损失

4. 计入产品成本的各种材料费用，按照用途分配，应计入（　　）科目。

A. 管理费用　　　　　B. 制造费用　　　　　C. 生产成本

D. 在建工程　　　　　E. 销售费用

5. 生产费用要素中的税金，包括（　　）。

A. 增值税　　　　　　B. 房产税　　　　　　C. 所得税

D. 车船使用税　　　 E. 营业税

三、判断题

1. 凡不应计入产品成本的支出，都应作为期间费用处理。（　　）
2. 产品成本项目是指工业企业生产费用按其经济内容的分类。（　　）
3. "制造费用"账户属于损益类账户。（　　）
4. 费用要素是指工业企业费用按其经济用途的分类。（　　）
5. 工业赞助、捐赠支出不能计入成本，也不能计入期间费用。（　　）

四、计算题

某制造企业 2009 年 12 月的制造成本流转状况如下面有关的 T 形账户。

原材料

期初余额	64 500	本期发生额
本期发生额	585 000	
期末余额	58 500	

生产成本

期初余额	33 000	本期发生额	133 500
本期发生额			
期末余额	40 500		

应付职工薪酬

本期发生额	324 750	本期发生额	324 750
		期末余额	0

库存商品（产成品）

期初余额	142 500	本期发生额	
本期发生额	1 333 500		
期末余额	180 000		

制造费用

本期发生额	441 000	本期发生额	
期末余额	0		

主营业务成本

本期发生额	

根据以上的资料，计算下列各项数据。

1. 原材料的采购成本：
2. 生产耗用的直接材料（假定耗用的材料全部用于生产）：
3. 当年发生的生产费用总额：
4. 生产中发生的直接人工：
5. 完工产品成本：
6. 主营业务成本：
7. 年末资产负债表中存货总额：

五、实训题

〈实训目的〉：在网上或深入企业收集生产企业（如服装厂、电子厂、模具厂等）有关成本费用核算中的原始凭证及其式样，以便正确审核和处理成本业务。

〈实训资料〉：分类收集原始凭证，有关材料采购、生产、劳动工资、物资管理、设备利用、质量、周转材料、生产技术、开发新产品、技术革新、销售等方面。

〈实训体会〉：

〈教师评价〉：

项目小结

本项目是基础内容，为成本计算打下基础。在本项目里，强调新《企业会计准则》和旧《企业会计准则》在适用范围、科目运用等的区别。

重点掌握：成本、成本会计的概念；成本会计岗位的内容；成本会计岗位工作的组织方式；产品成本核算的基本要求；成本核算的账户设置和一般程序。

难点：费用从不同的角度所进行不同的分类；成本与费用的联系与区别；产品成本核算的基本要求的运用，特别是"五个正确划分"；不同企业成本核算科目的设置；产品成本核算的一般程序中的"归集与分配"。

同时，强调实训的运用是对知识的有力补充及更深层次的认识。

项目二　费用的核算

模块一　要素费用的核算

案例引入

张华会计学专业毕业了，他来到武平钢制品厂，想找一份工作，面试他的是主管财务的秦副厂长。

秦副厂长简单地介绍了工厂的基本生产情况：工厂生产不锈钢厨房用具；有一个基本生产车间；有机修和供电两个辅助生产车间；有专设销售机构和行政管理科室。

秦副厂长领着张华在车间参观，张华看到有已经做好和还在继续做的消毒碗柜、不锈钢压力锅、蒸锅等，心里盘算着生产一件消毒碗柜要花费哪些？花费多少？假如让我做账，该怎样去核算它们的成本呢？

下面我们一起来学习费用的核算，看看是否能有答案。

学习思路

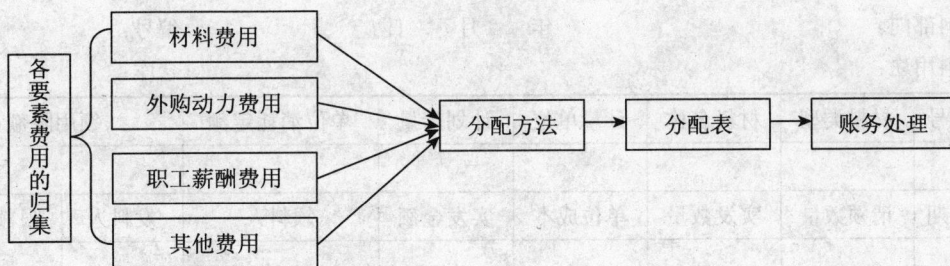

任务一　材料费用的核算

一、直接材料费用的归集

1. 直接材料费用的概念

产品成本中的直接材料费用是指产品生产工艺过程中由于直接消耗材料而引起的费

用。企业生产产品过程中消耗的各种材料，包括原料及主要材料、半成品、辅助材料、包装物、修理用配件、低值易耗品等。

2. 材料费用核算的原始凭证

材料费用核算的原始凭证是材料发出时的各有关领退料凭证，主要包括领料单、限额领料单、领料登记表、退料单等。

（1）领料单。领料单是指通常在领发一些没有消耗定额的材料和临时需使用材料时一次使用的领料凭证。领料单由领料部门填制，经相关负责人签章后据以办理领发料手续。

表 2-1 　　　　　　　　　　　　　　　　　　　　领料单

领料部门：　　　　　　　　　　年　月　日　　　　　　　　　　编号：

材料用途：　　　　　　　　　　　　　　　　　　　　　　　仓库：

材料编号	材料类型	材料名称	计量单位	领发数量		材料成本	
				请领	实发	单位成本	金额

领料部门负责人：　　　　领料人：　　　　仓库负责人：　　　　发料人：　　　　制单：

（2）限额领料单。限额领料单是指在规定的领料限额内，多次使用的累计发料凭证。企业对于经常需要领用并规定有消耗定额的各种材料，收发时通常使用这种凭证。

表 2-2 　　　　　　　　　　　　　　　　　　　　限额领料单

领料部门：　　　　　　　　　　年　月　日　　　　　　　　　　编号：

材料用途：　　　　　　　　　　　　　　　　　　　　　　　仓库：

材料编号	材料类型	材料名称	计量单位	计划产量	单位消耗定额	领用限额	
领料日期	请领数量	实发数量	单位成本	实发金额	领料人	发料人	限额结余

供应部门负责人：　　　　仓库负责人：　　　　生产部门负责人：　　　　制单：

（3）领料登记表。领料登记表也是月份内多次使用的累计发料凭证，但它没有材料消耗定额和领用限额。主要适用于那些数量零星、价值不高、经常领用的材料。

表 2 - 3 　　　　　　　　　　　　　　领料登记表

材料编号： 　　　　　　　　 年　月　日 　　　　　 领料部门：

材料类别： 　　　　　　　　　　　　　　　　　 发料仓库：

材料名称： 　　　　　　　　　　　　　　　　　 计量单位：

领料日期	领用数量		领料人	发料人	备　注
	当日	累计			
单位成本				金额合计	

应当注意的是对于已经领取但尚未使用的余料，每月月末应编制退料单，办理退料手续。但如果月末所剩余料下月需要继续使用，则应办理假退料手续，即材料实物不动，本月底填制一张退料单，表示该余料退回仓库，同时下月初编制一张领料单，表示该余料又于下月初领用出库。

3. 直接材料费用的归集

月中，企业各车间和部门从仓库领用材料，必须填写"领料单"、"限额领料单"、"领料登记表"等领料凭证。只有经过（批准）审核、签章的领料单才能据以发料，并作为发料核算的原始凭证。

月末，会计部门应该对这些凭证所列材料的种类、数量和用途等进行审核，检查所领材料的种类和用途是否符合规定，数量有无超过限额或计划。根据本月的领退料凭证，按材料耗用的用途、使用部门进行归集，编制耗用材料汇总表。

小贴士

出库与入库的手续：各个企业规模大小、内部控制健全程度等不同，材料入库、出库的手续也会不同。入库需要有发票和发票所对应的实物，还需要供应科开具的采购单，有的公司可能需要采购单，凭发票，采购单，实物入库，仓库管理员开具入库单，凭入库单和发票去财务报销。出库程序举例（和一些企业的做法可能不同，如会计审核工作的先后）：领料人开具出库单→部门领导签批→将出库单两联交保管员→保管员付货并保留两联出库单，一联作为保管员登记保管账的凭证，另一联在月末时连同本月出库汇总表交到财务的材料会计，材料会计对出库汇总表进行复核，同时与所附出库单进行核对，全部正确后，据以登记材料账，同时计算材料出库成本。

下面以武平钢制品厂 2009 年 6 月发生的相关经济业务为例，说明工业企业要素费用的核算。不锈钢生产工艺流程如图 2-1 所示：

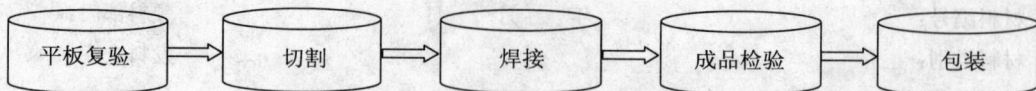

平板复验 → 切割 → 焊接 → 成品检验 → 包装

图 2-1 不锈钢生产工艺流程

武平钢制品厂 2009 年 6 月耗用材料汇总表如表 2-4 所示：

表 2-4

耗用材料汇总表

2009 年 6 月

单位：元

领料部门及用途	甲材料	乙材料	丙材料	丁材料	合　计
1. 基本生产车间					525 040
（1）生产 A、B、C 产品共同领用	240 000	96 000	139 040		475 040
（2）A 产品直接领用	10 000				10 000
（3）B 产品直接领用		20 000			20 000
（4）车间一般耗用				20 000	20 000
2. 辅助生产车间					12 000
其中：机修车间			10 000		10 000
供电车间				2 000	2 000
3. 行政管理部门				12 000	12 000
4. 专设销售部门				10 000	10 000
合　计	250 000	116 000	—	—	559 040

二、直接材料费用的分配

1. 分配方法

（1）当生产单位只生产一种产品时，材料费用直接计入产品成本。

（2）当同一种材料用于生产两种或两种以上产品时，要采用一定的标准和方法在多种产品中进行分配后，才能计入各种产品成本的直接材料项目。通常的分配方法有：重量比例分配法、定额消耗量比例分配法和定额成本比例分配法等。

2. 具体计算

（1）重量比例分配法。它是以各种产品重量为标准来分配材料费用的方法。当企业生产的几种产品共同耗用某种材料，耗用量的多少与产品重量有密切关系时，可采用重量比例分配法。

【业务 2-1】根据表 2-5 资料，武平钢制品厂 2009 年 6 月生产 A、B、C 三种产品，本月三种产品共同耗用甲材料 240 000 元；根据产量纪录，本月三种产品净重分别为 1 000 千克、2 000 千克、3 000 千克。

分析： 甲材料是 A、B、C 三种产品共同耗用的，要分配给 A、B、C 三种产品；有产品净重的资料，可采用重量比例分配材料费用。

步骤一： 计算甲材料费用的分配率。

$$直接材料费用分配率 = \frac{各种产品共同耗用的材料费用}{各种产品重量之和}$$

步骤二： 计算 A、B、C 三种产品应分配的甲材料费用，编制直接材料费用分配表，如表 2-5 所示。

某种产品应负担的费用＝该产品总重量×直接材料费用分配率

表 2-5　　　　　　　　　　　　材料费用分配表

材料名称：甲材料　　　　　　　　2009 年 6 月

产品名称	产品重量（千克）	分配率	分配金额（元）
A 产品	1 000	—	40 000
B 产品	2 000	—	80 000
C 产品	3 000	—	120 000
合　计	6 000	40	240 000

（2）定额消耗量比例分配法。它是根据各种产品原材料定额消耗量比例分配材料费用的方法。它可按照直接材料费用分配率计算方法的不同，分为直接法和间接法。

①直接法。

【业务 2-2】 根据表 2-4 资料，武平钢制品厂 2009 年 6 月生产的 A、B 两种产品共同耗用乙材料 6 000 千克，每千克 16 元，计 96 000 元；根据产量记录，本月生产 A 产品 1 200 件，单位 A 产品材料消耗定额 2 千克；本月生产 B 产品 800 件，单位 B 产品材料消耗定额 4 千克。

分析： 乙材料是 A、B 两种产品共同耗用的，要分配给 A、B 两种产品；有材料消耗定额的资料，可采用定额消耗量比例分配材料费用。

步骤一： 分别计算 A、B 两种产品定额消耗量。

某产品材料的定额消耗量 ＝ 该产品实际产量×单位产品材料定额耗用量

步骤二： 计算乙材料费用的分配率。

$$直接材料费用分配率 = \frac{各种产品共同耗用的材料费用}{各种产品原材料定额消耗量之和}$$

步骤三： 计算 A、B 两种产品应分配的乙材料费用，编制直接材料费用分配表如表 2-6 所示。

某产品应分配费用＝该产品材料的定额消耗量×直接材料费用分配率

表 2-6   材料费用分配表

材料名称：乙材料   2009 年 6 月

产品名称	产品产量（件）	单位产品材料定额耗用量（千克）	产品材料定额消耗量（千克）	材料费用分配率	分配金额（元）
A产品	1 200	2	2 400	—	48 000
B产品	800	3	2 400	—	48 000
合　计	—	—	4 800	20	96 000

②间接法。

仍用【业务 2-2】资料

分析：乙材料是 A、B 两种产品共同耗用的，要分配给 A、B 两种产品；有材料消耗定额的资料，可采用定额消耗量比例分配材料费用。

步骤一：分别计算 A、B 两种产品定额消耗量。

某产品材料的定额消耗量=该产品实际产量×单位产品材料定额耗用量

步骤二：计算乙材料费用的分配率。

$$直接材料费用分配率=\frac{各种产品共同耗用的材料数量}{各种产品原材料定额消耗量之和}$$

步骤三：分别计算 A、B 两种产品实际材料消耗量。

某产品实际材料消耗量=该产品的定额材料消耗量×直接材料费用分配率

步骤四：计算 A、B 两种产品应分配的乙材料费用，编制直接材料费用分配表如表 2-7所示。

某产品应分配费用=该产品实际材料消耗量×材料单价

表 2-7   直接材料费用分配表

材料名称：乙材料   2009 年 6 月

产品名称	产品产量（件）	单位产品材料定额耗用量（千克）	材料定额消耗量（千克）	材料消耗量分配率	材料实际消耗量（千克）	材料单价（元）	分配金额（元）
A产品	1 200	2	2 400	—	3 000	16.00	48 000
B产品	800	3	2 400	—	3 000	16.00	48 000
合　计	—	—	4 800	1.25	6 000	16.00	96 000

（3）定额成本比例分配法。它是根据产品材料定额成本的比例分配材料费用的方法。在多种产品耗用多种材料的情况下，可采用这种方法。

【业务 2-3】根据表 2-4 资料，武平钢制品厂 2009 年 6 月生产的 A、B 两种产品，共同耗用丙、丁两种材料，共计 139 040 元，根据产量记录，本月生产 A 产品 1 200 件，单位 A 产品丙材料消耗定额 3 千克，丁材料消耗定额 4 千克；本月生产 B 产品 800 件，单位

B产品丙材料消耗定额4.5千克，丁材料消耗定额2.5千克。丙材料单价10元，丁材料单价8元。采用定额成本比例分配材料费用。丙、丁两种材料费用分配表如表2-8所示。

　　分析：丙、丁材料是A、B两种产品共同耗用的，要分配给A、B两种产品；有定额成本比例的资料，可采用定额成本比例分配材料费用。

　　步骤一：分别计算A、B两种产品定额成本。

　　某产品材料的定额成本＝该产品实际产量×单位产品材料费用定额

　　步骤二：计算乙材料费用的分配率。

$$直接材料费用分配率＝\frac{各种产品共同耗用的材料费用}{各种产品原材料定额成本之和}$$

　　步骤三：分别计算A、B两种产品应分配的丙材料、丁材料费用，编制直接材料费用分配表如表2-8所示。

　　某产品应负担的直接材料费用＝该产品材料的定额成本×直接材料费用分配率

表2-8　　　　　　　　　　　丙、丁两种材料费用分配表

2009年6月

产品名称	产品产量（件）	丙材料（元）			丁材料（元）			分配率	材料分配金额合计（元）
		单位产品定额成本	材料消耗定额成本	分配金额	单位产品定额成本	材料消耗定额成本	分配金额		
A产品	1 200	30	36 000	39 600	32	38 400	42 240	—	—
B产品	800	45	36 000	39 600	20	16 000	17 600	—	—
合　计	—	—	72 000	79 200	—	54 400	59 840	1.1	139 040

　　3. 分配结转材料费用的账务处理

　　分配结转材料费用账务处理的依据：期末根据"领料单"、"耗用材料汇总表"和"材料费用分配表"等资料编制材料分配汇总表，然后进行分配结转材料费用的账务处理。

　　武平钢制品厂2009年6月的耗用材料分配汇总表如表2-9所示。

表2-9　　　　　　　　　　　耗用材料分配汇总表

2009年6月　　　　　　　　　　　　　单位：元

领料部门及用途	甲材料	乙材料	丙材料	丁材料	合　计
1. 基本生产车间	250 000	116 000	79 200	79 840	525 040
（1）生产产品小计	250 000	116 000	79 200	59 840	505 040
其中：A产品	50 000	48 000	39 600	42 240	179 840
B产品	80 000	68 000	39 600	17 600	205 200
C产品	120 000				120 000

续　表

领料部门及用途	甲材料	乙材料	丙材料	丁材料	合　计
（2）车间一般耗用				20 000	20 000
2. 辅助生产车间			10 000	2 000	12 000
其中：机修车间			10 000		10 000
供电车间				2 000	2 000
3. 行政管理部门				12 000	12 000
4. 专设销售部门				10 000	10 000
合　计	250 000	116 000	89 200	103 840	559 040

小贴士

编制材料分配汇总表时，企业应当将直接计入和分配计入的费用合并。

根据表2-4、表2-5、表2-6、表2-8的资料，编制耗用材料分配汇总表2-9，然后编制会计分录如下：

借：基本生产成本——A产品	179 840	
——B产品	205 200	
——C产品	120 000	
辅助生产成本——机修车间	10 000	
辅助生产成本——供电车间	2 000	
制造费用——基本生产车间	20 000	
管理费用	12 000	
销售费用	10 000	
贷：原材料——甲材料		250 000
——乙材料		116 000
——丙材料		89 200
——丁材料		103 840

任务二　外购动力费用的核算

一、外购动力费用的归集

动力是企业生产经营过程中必不可少的要素。动力费用是指企业耗用的电力、蒸汽等费用。动力按其来源不同，分为自制与外购。企业从外单位购入动力所发生的支出称为外购动力费用。外购的动力，有的直接用于产品生产，有的用于照明、办公设备运作等其他用途，因此，动力费用应按用途和使用部门进行归集。

外购动力费用按权责发生制的基础进行确认和计量。当动力费用在产品成本中所占的比重较大时，为便于考核可单独设置成本项目，也可并入"直接材料"成本项目。

武平钢制品厂 2009 年 6 月外购动力耗用汇总表如表 2－10 所示。

表 2－10　　　　　　　　　　外购动力耗用汇总表

2009 年 6 月

使用部门	金额（元）
1. 基本生产车间	64 000
其中：生产产品用	60 000
车间一般耗用	4 000
2. 辅助生产车间	9 000
其中：机修车间	9 000
3. 行政管理部门	6 000
4. 专设销售部门	1 000
合　计	80 000

二、外购动力费用的分配

1. 分配方法

当企业生产多种产品时，外购动力费用需要在各种产品（各成本核算对象）之间进行分配后计入到相应的产品成本中。外购动力费用的分配方法主要有机器工时分配法、生产工时分配法等。

2. 具体计算

（1）机器工时分配法。它是以各种产品生产使用的机器工时作为分配标准来分配外购动力费用的方法。当产品生产过程以机器加工为主时，采用机器工时分配法来分配动力费用比较合适。其计算公式如下：

$$费用分配率＝\frac{各种产品共同耗用的动力费用}{各种产品机器工时之和}$$

某产品应分配的费用＝该产品机器工时×费用分配率

（2）生产工时分配法。它是以各种产品的实际生产工时作为分配标准来分配外购动力费用的方法。

【业务 2－4】武平钢制品厂 2009 年 6 月生产 A、B、C 三种产品，本月三种产品共同耗用外购动力费 60 000 元；根据记录，本月三种产品的实际生产工时分别为 20 000 小时、40 000 小时、60 000 小时。采用生产工时分配法分配外购动力费用，外购动力费用分配表如表 2－11 所示。

表 2-11　　　　　　　　　　　　外购动力费用分配表

2009 年 6 月

产品名称	生产工时（小时）	分配率	分配金额（元）
A 产品	2 000	——	10 000
B 产品	4 000	——	20 000
C 产品	6 000	——	30 000
合　计	12 000	5	60 000

分析：本月外购动力费 60 000 元是 A、B、C 三种产品共同耗用的，要分配给 A、B、C 三种产品；有产品的实际生产工时记录，可采用生产工时分配法分配外购动力费用。

步骤一：计算费用分配率。

$$费用分配率 = \frac{各种产品共同耗用的动力费用}{各种产品生产工时之和}$$

步骤二：分别计算 A、B、C 三种产品应分配的外购动力费用，编制外购动力费用分配表如表 2-11 所示：

某产品应分配的费用 = 该产品实际生产工时 × 费用分配率

3. 分配结转外购动力费用的账务处理

根据"外购动力耗用汇总表"和"外购动力费用分配表"，编制"外购动力费用耗用分配汇总表"等，然后进行分配结转外购动力费用的账务处理。

表 2-12　　　　　　　　　　　　外购动力耗用分配汇总表

2009 年 6 月　　　　　　　　　　　　　　　　　　　　　　单位：元

使用部门	金　额
1. 基本生产车间	64 000
（1）生产产品小计	60 000
其中：A 产品	10 000
B 产品	20 000
C 产品	30 000
（2）车间一般耗用	4 000
2. 辅助生产车间	9 000
其中：机修车间	9 000
3. 行政管理部门	6 000
4. 专设销售部门	1 000
合　计	80 000

根据表2-10和表2-11编制表2-12，然后编制会计分录如下：

借：基本生产成本——A产品   10 000

           ——B产品   20 000

           ——C产品   30 000

    辅助生产成本——机修车间   9 000

    制造费用——基本生产车间   4 000

    管理费用   6 000

    销售费用   1 000

    贷：应付账款   80 000

任务三　职工薪酬费用的核算

一、职工薪酬费用的归集

1. 职工薪酬的概念

职工薪酬是指企业为获得职工提供的服务而给予各种形式的报酬以及其他相关支出。包括：

（1）企业按照有关规定向职工支付工资、奖金、津贴等。它是构成职工工资总额的各个部分。

（2）企业向职工支付职工福利费。它是指为职工集体提供的福利，如职工生活困难补助、非独立法人和非对外赢利的职工饭堂、职工医院的支出等。

（3）企业按照国家有关规定为职工缴纳社会保险费。它是指企业按国家规定的基准和比例计算，向社会保险机构缴纳的基本养老保险金、失业保险金、工伤保险金、生育保险金和医疗保险金等。

（4）企业按照国家有关规定缴纳住房公积金。它是指企业按国家规定的基准和比例计算，向住房公积金管理中心缴纳的职工住房公积金。

（5）企业支付的工会经费和职工教育经费。它是指企业按国家规定的基准和比例计算，用于开展工会活动、职工教育、技能培训的支出。

（6）企业因解除与职工的劳动关系而向职工给予的补偿。它是指企业按国家规定的基准和比例计算，支付给被辞退职工的补偿金。

小贴士

"三金"指：养老金、失业保险金和住房公积金。

"五险一金"指：养老保险、医疗保险、失业保险、生育保险、工伤保险和住房公积金。按《社会保险费征缴暂行条例》的规定，国有企业、城镇集体企业、外商投资企业、城镇私营企业和其他城镇企业及其职工，都是基本养老保险金、基本医疗保险金和失业保险金的征缴范围。

计算方法是：

1. 基本养老保险金＝工资×6％（个人缴纳比例）＋工资×25.5％（单位缴纳比例）；

2. 基本医疗保险金＝工资×1％（个人缴纳比例）＋工资×5.5％（单位缴纳比例）；

3. 失业保险金＝工资×1％（个人缴纳比例）＋工资×1％（单位缴纳比例）；

4. 住房公积金＝工资×12％（个人缴纳比例）＋工资×12％（单位缴纳比例）。

说明：1. 工资为职工本人上一年度月平均工资数；

2. 各省市依据各自规定，如：北京没有生育保险的强制性规定。

（资料来自 http：//www.exinchou.com）

2. 职工薪酬费用核算的原始凭证

采用计时工资的企业，一般以考勤记录作为原始凭证，常见的有考勤簿、考勤卡等；采用计件工资的企业，应以产量记录作为原始凭证，常见的有工作通知单、工序进程单和工作班产量报告表等。

表 2-13　　　　　　　　　　　　　生产工时记录

2009 年 6 月

单位：工时

人员类别	A 产品	B 产品	C 产品
基本生产车间	2 000	4 000	6 000

表 2-14　　　　　　　　　　　　　　考勤记录

2009 年 6 月

部门代码	姓　名	工资级别	日标准工资（元）	病假天数	事假天数
01	张华	6	35		1
01	李明	4	28		1
01	王强	5	31	2	
	……				

3. 职工薪酬费用的归集

企业应当根据职工提供服务的受益对象，对每月发生的职工薪酬费用进行归集。

2009 年 6 月，武平钢制品厂根据本月考勤记录和工资结算凭证，编制工资结算汇总表如表 2-15 所示：

表 2-15　　　　　　　　　　　　　**工资结算汇总表**

2009 年 6 月　　　　　　　　　　　　　单位：元

人员类别	职工工资				合　计
	计时工资	奖　金	津贴和补贴	加班工资	
1. 基本生产车间	160 000	21 000	6 000	5 000	192 000
其中：(1) 产品生产工人	150 000	20 000	5 000	5 000	180 000
(2) 车间管理人员	10 000	1 000	1 000		12 000
2. 辅助生产车间	18 000		1 000	1 000	20 000
其中：(1) 机修车间	10 000		1 000	1 000	12 000
(2) 供电车间	8 000				8 000
3. 行政管理部门	20 000				20 000
4. 专设销售部门	9 000	1 000			10 000
合　计	207 000	22 000	7 000	6 000	242 000

企业每月除了按照按劳分配原则支付员工工资以外，还应按照国家规定的基准和比例计算为职工缴纳社会保险费、住房公积金等。

武平钢制品厂 2009 年 6 月为职工缴纳的社会保险费、住房公积金汇总表如表 2-16 所示。

表 2-16　　　　　　　**社会保险费、住房公积金汇总表**

2009 年 6 月　　　　　　　　　　　　　单位：元

人员类别	社会保险费	住房公积金	合　计
1. 基本生产车间	61 440	23 040	84 480
其中：(1) 产品生产工人	57 600	21 600	79 200
(2) 车间管理人员	3 840	1 440	5 280
2. 辅助生产车间	6 400	2 400	8 800
其中：(1) 机修车间	3 840	1 440	5 280
(2) 供电车间	2 560	960	3 520
3. 行政管理部门	6 400	2 400	8 800
4. 专设销售部门	3 200	1 200	4 400
合　计	77 440	29 040	106 480

小贴士

表 2-16 计算的社会保险费的比例为 32%，住房公积金的比例为 12%，是单位承担

的那部分，而不是个人缴纳的部分。

二、职工薪酬费用的分配

1. 分配方法

（1）企业支付给基本生产车间生产工人的薪酬费用是采用计件工资结算的，可直接计入到各种产品成本。

（2）企业支付给基本生产车间生产工人的薪酬费用是采用计时工资结算的，若只生产一种产品，可直接计入该产品成本；若生产多种，需要按一定的标准分配计入各种产品成本。

直接人工费用的分配方法有实际生产工时分配法、定额工时分配法、产品产量分配法等，通过分配，编制"直接人工费用分配表"。

2. 具体计算

生产工时分配法，是指以产品的实际生产工时作为分配标准，分配工资费用的计算方法。在计时工资制下，生产工时的多少与工资费用的多少直接相关，因此，这种方法是比较合理的。

【业务 2 - 5】武平钢制品厂采用计时工资，2009 年 6 月支付给基本生产车间生产工人工资总额为 180 000 元，按生产工人工资总额提取的社会保险费为 57 600 元，住房公积金为 21 600 元。根据记录，本月生产 A、B、C 三种产品的实际生产工时分别为 2 000 小时、4 000 小时、6 000 小时。

分析：本月直接人工费用是 A、B、C 三种产品共同耗用的，要分配给 A、B、C 三种产品；有产品的实际生产工时记录，可采用生产工时分配法分配直接人工费用。

步骤一：计算费用分配率。

$$费用分配率=\frac{应分配的直接人工费用}{各种产品生产工时之和}$$

步骤二：分别计算 A、B、C 三种产品应分配的直接人工费用，编制直接人工费用分配表如表 2 - 17 所示。

某产品应分配费用＝该产品实际生产工时×费用分配率

表 2 - 17 直接人工费用分配表

2009 年 6 月

产品名称	实际生产工时	工 资		社会保险费		住房公积金		分配金额
		分配率	分配金额（元）	分配率	分配金额（元）	分配率	分配金额（元）	合计（元）
A 产品	2 000	—	30 000	—	9 600	—	3 600	43 200
B 产品	4 000	—	60 000	—	19 200	—	7 200	86 400
C 产品	6 000	—	90 000	—	28 800	—	10 800	129 600
合 计	12 000	15	180 000	4.8	57 600	1.8	21 600	259 200

3. 分配结转职工薪酬费用的账务处理

根据"工资结算汇总表""社会保险费、住房公积金计算表"等凭证，编制"直接人工费用分配表"，然后进行分配结转职工薪酬费用的账务处理。

直接进行产品生产的生产工人的工资和按照工资总额一定比例计算为职工缴纳的社会保险费、住房公积金等记入"基本生产成本"账户；辅助生产车间人员的工资和按照工资总额一定比例计算为职工缴纳的社会保险费、住房公积金等记入"辅助生产成本"账户；生产车间管理人员的工资和社会保险费、住房公积金等记入"制造费用"账户；行政管理人员的工资和社会保险费、住房公积金等记入"管理费用"账户；专设销售部门人员的工资和社会保险费、住房公积金等记入"销售费用"账户。

根据表 2-15、表 2-16 和表 2-17 的资料，编制会计分录如下：

借：基本生产成本——A 产品	43 200	
——B 产品	86 400	
——C 产品	129 600	
辅助生产成本——机修车间	17 280	
辅助生产成本——供电车间	11 520	
制造费用——基本生产车间	17 280	
管理费用	28 800	
销售费用	14 400	
贷：应付职工薪酬——职工工资		242 000
——社会保险费		77 440
——住房公积金		29 040

小 贴 士

根据《企业财务通则》的规定，执行新会计准则的企业 2007 年度不再计提职工福利费。

任务四　其他费用的核算

一、其他费用的归集

其他费用是指除了前面所述的直接材料、外购动力、职工薪酬等费用以外的各项要素费用，主要包括折旧费、修理费、利息费用、税金、差旅费、办公费、邮电费、租赁费、印刷费、书报费、排污费、保险费、实验检验费、职工技术培训费等。这部分支出，绝大部分属于物化劳动和活劳动的耗费。根据国家规定，上述支出中应按发生的车间、部门和费用的用途归集：

（1）与产品生产有关的计入产品成本费用，即借记"制造费用"账户；

（2）属于企业行政管理部门和销售部门的则作为期间费用处理，并不计入产品成本，分别借记"管理费用"、"销售费用"账户；

（3）对外出租的固定资产的折旧费，计入"其他业务成本"账户。

武平钢制品厂2009年6月固定资产折旧计提计算表如表2-18所示：

表2-18　　　　　　　　　　　固定资产折旧计提计算表

2009年6月　　　　　　　　　　　　　　　　　　单位：元

使用部门	房屋建筑物计提折旧额	机器设备计提折旧额	其他设备计提折旧额	合　计
1. 基本生产车间	15 000	2 480		17 480
2. 辅助生产车间	2 000	1 770		3 770
其中：（1）机修车间	1 000	850		1 850
（2）供电车间	1 000	920		1 920
3. 行政管理部门	4 900	400	200	5 500
4. 专设销售部门	800	200		1 000
5. 对外出租	350			350
合　计	23 050	4 850	200	28 100

小贴士

《企业会计准则第4号——固定资产》第十四条规定：除已提足折旧仍继续使用的固定资产和单独计价入账的土地外，其余应计提折旧。

企业应按月计提固定资产折旧，即：当月增加的固定资产，当月不提折旧，下月起计提折旧；当月减少的固定资产，当月仍提折旧，从下月起停止计提折旧。

固定资产可采用的折旧方法有：平均年限法、工作量法、双倍余额递减法和年数总和法等。

二、其他费用的分配

固定资产折旧费的分配是指按照固定资产的使用部门和用途将其折旧额计入产品成本和当期损益。

编制武平钢制品厂2009年6月固定资产折旧费用分配表如表2-19所示：

表 2 - 19   固定资产折旧计提分配表

2009 年 6 月   单位：元

使用部门	上月计提折旧额	上月增加计提	上月减少计提	合　计
1. 基本生产车间	15 550	2 480	550	17 480
2. 辅助生产车间	3 770			3 770
其中：(1) 机修车间	1 850			1 850
(2) 供电车间	1 920			1 920
3. 行政管理部门	5 600		100	5 500
4. 专设销售部门	1 000			1 000
5. 对外出租	350			350
合　计	26 270	2 480	650	28 100

步骤二：根据表 2 - 19 的资料，编制会计分录如下：

借：辅助生产成本——机修车间　　　　　1 850

辅助生产成本——供电车间　　　　　1 920

制造费用——基本生产车间　　　　　17 480

管理费用　　　　　　　　　　　　　5 500

销售费用　　　　　　　　　　　　　1 000

其他业务成本　　　　　　　　　　　350

贷：累计折旧　　　　　　　　　　　　　28 100

知识长廊

我们生活中的现象：制衣厂加工成衣要经过裁剪车间、缝纫车间、包装车间，同一款衣服有的制成 XS 码、S 码、M 码、L 码、XL 码、XXL 码、XXXL 码等，尺码不同衣服使用的布料、缝纫线、占用的包装空间不同，为什么我们在商场看到尺码不同的同一款衣服都一样的售价？为什么原材料多少有差异，而价格没差别？

（提示：可从产品成本项目中直接材料、直接人工、制造费用的构成来说明）

练习与实训

一、单项选择题

1. 为了正确计算材料消耗，对于已领未用材料，应当填制（　　）办理退料手续。

A. 领料单　　　　　B. 限额领料单　　　　　C. 退料单　　　　　D. 领料登记表

2. 按产品材料定额耗用量比例分配材料费用时，其适用的条件是（　　）。

A. 产品的产量与所耗用的材料有密切的联系

B. 产品的重量与所耗用的材料有密切的联系

C. 几种产品共同耗用几种材料

D. 各项材料消耗定额比较准确稳定

3. 在几种产品共同耗用几种材料的情况下，材料费用的分配可采用（　　）。

A. 定额耗用量比例分配法 　　　　　　　B. 产品产量比例分配法

C. 产品重量比例分配法 　　　　　　　　D. 定额成本比例分配法

4. 下列分配方法中，不宜作为原材料费用的分配方法的有（　　）。

A. 重量分配法 　　　　　　　　　　　　B. 生产工人工时分配法

C. 定额费用比例分配法 　　　　　　　　D. 定额耗用量比例分配法

5. 下列各项中，不计入直接人工成本项目的有（　　）。

A. 产品生产工人工资 　　　　　　　　　B. 车间管理人员工资

C. 按产品生产工人工资提取的应付福利费 　D. 产品生产工人的奖金

6. 分配结转外购动力费用时，会计分录中不可能出现的贷方科目有（　　）。

A. 银行存款 　　　　B. 应收账款 　　　　C. 应付账款 　　　　D. 预付账款

二、多项选择题

1. 对于几种产品共同耗用的原材料，常用的分配方法有（　　）。

A. 定额耗用量比例法 　　　　　　　　　B. 定额耗用比例法

C. 产量比例分配法 　　　　　　　　　　D. 定额工时法

E. 生产工人工资比例法

2. 对外购动力费用的分配，应借记有关成本费用账户，贷记（　　）账户。

A. 银行存款 　　　　　　　　　　　　　B. 生产成本——基本生产成本

C. 应付账款 　　　　　　　　　　　　　D. 生产成本——辅助生产成本

E. 管理费用

3. 外购动力费用的分配方法主要有（　　）。

A. 生产工人工时比例分配法 　　　　　　B. 机器工时比例分配法

C. 定额耗用量比例分配法 　　　　　　　D. 定额费用比例分配法

E. 交互分配法

4. 分配结转人工费用时，会计分录中对应的借方科目主要有（　　）。

A. 生产成本 　　　B. 制造费用 　　　C. 管理费用

D. 财务费用 　　　E. 应付职工薪酬

5. 工业企业各种要素费用中的其他费用包括（　　）。

A. 邮电费 　　　B. 印刷费 　　　C. 保险费

D. 差旅费 　　　E. 利息支出

三、判断题

1. 成本项目是工业企业费用按其经济内容分类的项目。（　　）

2. 固定资产折旧费是产品成本的组成部分，应该全部计入产品成本。（　　　）

3. 工资总分类核算是根据"工资结算汇总表"进行的。（　　　）

4. 当月增加的固定资产，当月应当计提折旧。（　　　）

5. 外购动力费用的核算，一般通过"应付账款"账户。（　　　）

四、计算题

1. 某企业本月生产甲、乙两种产品，共耗用原材料 10 000 千克，每千克 15 元。本月投产量为：甲产品 2 000 件，乙产品 1 000 件，各种产品消耗定额为甲产品 5 千克，乙产品 5 千克。

要求：按定额耗用量比例分配计算两种产品各自应负担的原材料费用。

2. 某企业有一个基本生产车间，生产甲、乙两种产品；两个辅助生产车间：机修和供电车间，为基本生产车间和管理部门提供劳务。某月甲产品产量为 500 件，乙产品产量为 900 件。

该企业日常收发材料采用实际成本核算，甲、乙两种产品共同耗用的材料按产品产量比例分配。

根据领料单汇总各单位领料情况如表 2 - 20 所示。

表 2 - 20　　　　　　　　　　耗用材料汇总表　　　　　　　　　　单位：元

领料部门及用途	合　计
1. 基本生产车间	195 000
（1）生产产品小计	193 000
其中：甲产品	80 000
乙产品	85 000
甲乙产品共同耗用	28 000
（2）车间一般耗用	2 000
2. 辅助生产车间	2 400
其中：机修车间	1 500
供电车间	900
3. 行政管理部门	1 200
合　计	198 600

要求：

（1）根据资料编制材料费用分配表；

（2）作出有关的会计分录。

3. 某企业本月生产甲、乙、丙三种产品，共发生产品生产工人工资 56 000 元，应提社会保险费 7 840 元。本月实际生产工时 10 000 小时，其中甲产品 3 000 小时，乙产品 4 000 小时，丙产品 3 000 小时。

要求：按生产工时分配法计算三种产品各自应负担的直接人工费。

4. 某企业基本生产车间某月份生产甲产品 1 200 件，每件实际工时 20 小时；乙产品 2 600 件，每件实际工时为 10 小时。生产工人工资按生产工时比例分配，社会保险费按工资总额的 32% 计提。本月应付工资的资料如表 2-21 所示：

表 2-21　　　　　　　　　　　　工资结算汇总表　　　　　　　　　单位：元

人员类别	合　计
1. 基本生产车间	195 000
其中：（1）产品生产工人	180 000
（2）车间管理人员	15 000
2. 辅助生产车间	72 400
其中：（1）机修车间	38 000
生产工人	26 000
管理人员	12 000
（2）供电车间	34 400
生产工人	24 400
管理人员	10 000
3. 行政管理部门	16 000
合　计	283 400

要求：

（1）根据上述资料，编制工资及社会保险费分配表；

（2）作出有关的会计分录。

5. 某企业 8 月份外购动力费用 80 000 元，款项尚未支付。该企业基本生产车间甲、乙两种产品，共耗电费 60 000 元，本月甲产品生产工时 55 000 小时，乙产品 45 000 小时。其外购动力耗用情况如表 2-22 所示：

表 2-22　　　　　　　　　　　　外购动力耗用情况　　　　　　　　　单位：元

使用部门	金　额
1. 基本生产车间	64 000
其中：（1）生产产品耗用	60 000
（2）车间一般耗用	4 000
2. 辅助生产车间	9 000
3. 行政管理部门	7 000
合　计	80 000

要求：

（1）甲、乙产品按生产工时分配电费；

（2）分配各部门电费，并编制会计分录。

五、实训题

〈实训目的〉：在学习了要素费用的归集和分配后，为巩固同学们对知识的学习和运用，提高实践能力。下面将新光服装厂 2009 年 9 月份的相关资料提供给同学们，要求同学们学以致用，贴近生活（如：大号纽扣会用在哪款服装？），生产工人实行计件工资制，大衣与西裤工资比例为 2∶1，计算出各款服装的要素费用。

〈实训资料〉：

服装生产流程如图 2-2 所示：

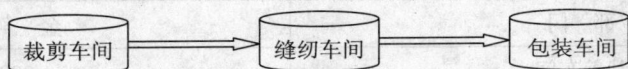

图 2-2　服装生产流程

新光服装厂专门生产各式服装。该厂设有裁剪、缝纫和包装三个生产车间；一个修理小组（主要负责修理各种缝纫机器设备小修理）；一个行政管理科室。

各批产品耗用的主要材料（各种布、尼、绒料）按批领用，辅助材料（各种纽扣、针线）也按批领用。要求按车间计算成本，生产工人实行计件工资制，大衣与西裤工资比例为 2∶1。

2009 年 9 月份有以下的耗费（如表 2-23～表 2-28 所示）：

表 2-23　　　　　　　　　　　　　完工产品　　　　　　　　　　　　　单位：件

产成品	数　量
宝蓝色男西裤	300
黑色女西裤	100
男绒大衣	200
女尼大衣	200

表 2-24　　　　　　　　　　　　根据领料单的汇总　　　　　　　　　　　单位：元

材　料	金　额
宝蓝色斜纹布	43 500
黑色斜纹布	3 800
黑色绒布	28 000
黑色尼布	27 000
大号纽扣	800
小号纽扣	160
针线有蓝黑色	120

表 2－25   电费结算单   单位：度

部 门	抄表读数
裁剪车间	2 000
缝纫车间	3 000
包装车间	1 000
修理小组	100
行政管理科室	500

注：每度 1.20 元

表 2－26   工资结算单   单位：元

部 门	金 额
裁剪车间	4 000
缝纫车间	14 400
包装车间	1 600
修理小组	2 000
行政管理科室	10 000

表 2－27   生产用设备，采用平均年限法计提折旧

设 备	数量（台）	单价（元）	使用年限（年）
裁剪机	2	100 000	5
缝纫机	50	3 000	5

表 2－28   房屋建筑物，采用平均年限法计提折旧

使用部门和用途	原始成本（元）	使用年限（年）
生产车间用房	3 600 000	30
行政办公用房	4 800 000	40

〈实训体会〉：

〈教师评价〉：

模块二 综合费用的核算

案例引入

我们在上一模块学习了材料、外购动力、职工薪酬等费用的核算，那么 A、B、C 三种产品的制造成本可以算出来了吗？

工厂还有供电车间和机修车间，它们发生的支出怎样计算？

工人王强在焊接 A 产品时失误，造成一件废品，并且无法修复，怎么办？

下面我们学习综合费用的核算。

学习思路

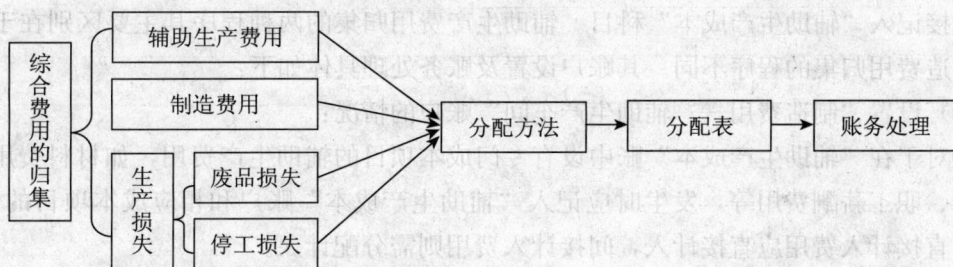

任务一 辅助生产费用的核算

一、辅助生产费用的归集

1. 辅助生产费用概述

工业企业的辅助生产是指为企业基本生产单位和其他部门服务而进行的产品生产和劳务供应。

辅助生产车间为生产产品或提供劳务而发生的材料费用、动力费用、职工薪酬费用以及辅助生产车间的制造费用，被称为辅助生产费用。为生产和提供一定种类和一定数量的产品或劳务所耗费的辅助生产费用之和，构成该种产品或劳务的辅助生产成本。

2. 辅助生产费用核算特点

辅助生产费用的核算，包括月中辅助生产费用的归集和月末辅助生产费用的分配两个方面。

（1）辅助生产费用归集，是辅助生产费用按照辅助生产车间以及产品和劳务类别归集的过程，也是辅助生产产品和劳务成本计算的过程；辅助生产费用的归集是为辅助生产费用的分配作准备的，因为只有先归集起来，才能够进行分配。

（2）辅助生产费用的分配，是指按照一定的标准和方法，将辅助生产费用分配到各受益单位或产品中去的过程。分配的及时性和准确性，将影响到基本生产产品成本、经营管理费用以及经营成果核算的及时性和准确性。辅助生产费用分配的核算是辅助生产费用核算的关键。

3. 辅助生产费用的归集

辅助生产费用的归集和分配是通过"辅助生产成本"账户进行的。对于辅助生产费用的归集，依据本企业辅助生产的规模一般有两种归集的程序。

第一种归集程序是"辅助生产成本"科目与"基本生产成本"科目一样，一般按车间以及产品和劳务设置明细账，账内按成本项目设立专栏或专行进行明细核算。辅助生产车间的制造费用，单独设置"制造费用——辅助生产车间"科目核算，先通过"制造费用——辅助生产车间"科目进行归集，然后转入"辅助生产成本"科目的借方，计入辅助生产产品或劳务的成本。

第二种归集程序是辅助生产的制造费用不通过"制造费用——辅助生产车间"核算，而是直接记入"辅助生产成本"科目。辅助生产费用归集的两种程序其主要区别在于辅助生产制造费用归集的程序不同。其账户设置及账务处理具体如下：

（1）设置"制造费用——辅助生产车间"账户的情况：

①对于在"辅助生产成本"账中设有专门成本项目的辅助生产费用，如材料费用、动力费用、职工薪酬费用等，发生时应记入"辅助生产成本"账户和相应成本项目的借方，其中，直接计入费用应直接计入，间接计入费用则需分配计入。

②对于未专设成本项目的辅助生产费用，发生时应先记入"制造费用——辅助生产车间"账户进行归集，然后再从该账户的贷方直接转入或分配转入"辅助生产成本"相应明细账的借方。

（2）不设置"制造费用——辅助生产车间"账户的情况。"辅助生产成本"账户中按若干费用项目设置专栏。对于发生的各种辅助生产费用，可直接计入或间接分配记入"辅助生产成本"账户的相应费用项目。

小贴士

在很多规模小、产品或劳务单一、制造费用少的辅助生产单位中，如果辅助生产车间不对外提供产品和劳务，为简化核算，则可以不设置辅助生产车间的制造费用明细账，直接将辅助生产车间的制造费用记入辅助生产成本二级账和明细账。此时，辅助生产成本二级账及所属的产品生产成本明细账，应将产品和劳务的成本项目与制造费用的费用项目结合起来设置专栏，组织辅助生产费用的明细核算和产品、劳务成本的核算。

二、辅助生产费用的分配

1. 分配方法

归集在"辅助生产成本"账中的辅助生产成本，主要是为基本生产车间和企业管理部门使用和服务的。但在有的辅助生产车间之间，也有相互提供产品和劳务的情况。为了正确地计算辅助生产车间产品和劳务的成本，将辅助生产费用正确地分配给各受益单位，在分配辅助生产费用时，有的需要在各辅助生产车间之间进行费用的交互分配。

辅助生产车间费用的分配是通过编制辅助生产费用分配表来进行的。通常采用的分配方法有：直接分配法、一次交互分配法、计划成本分配法、顺序分配法和代数分配法等。

2. 具体计算与分配

（1）直接分配法。直接分配法是将辅助生产车间发生的费用直接分配给辅助生产车间以外的受益对象的一种费用分配方法。

采用直接分配法进行辅助生产费用的分配，辅助生产车间相互提供的劳务不相互分配费用，因此在计算费用分配率时，应剔除辅助生产车间相互提供的产品和劳务数量。

【业务 2 - 6】 武平钢制品厂工厂设有供电和机修两个辅助生产车间，2009 年 6 月在"辅助生产成本"账户归集的本月辅助生产费用：供电车间为 65 320 元，机修车间为 58 200 元。该厂本月辅助生产车间提供的产品和劳务供应量如表 2 - 29 所示：

表 2 - 29　　　　　　　　　　辅助生产车间劳务供应量汇总表

受益对象	供电数量（度）	修理工作量（小时）
1. 基本生产车间		
其中：生产产品用	120 000	
车间一般耗用	8 000	5 500
2. 辅助生产车间		
其中：机修车间	18 000	
供电车间		800
3. 行政管理部门	12 000	4 500
4. 专设销售部门	2 000	
合　计	160 000	10 800

分析： 掌握直接分配法的"直接"理念是前提。

步骤一： 分别计算电费和修理费分配率。

$$费用分配率 = \frac{某辅助生产车间待分配费用总额}{该车间供应给辅助生产车间以外部门的劳务总量}$$

$$供电车间电费分配率 = \frac{65\ 320}{160\ 000 - 18\ 000} = 0.46（元/度）$$

机修车间修理费分配率 $=\dfrac{58\,200}{10\,800-800}=5.82$（元/小时）

步骤二：把辅助生产费用分配给辅助生产车间以外的受益对象，编制辅助生产费用分配表如表 2-30 所示。

某受益对象应负担费用＝该受益对象接受的劳务供应总量×分配率

表 2-30　　　　　　　　辅助生产费用分配表（直接分配法）

2009 年 6 月

辅助车间	待分配费用（元）	分配的劳务数量	分配率	分配金额				
				基本生产车间产品生产（元）	基本生产车间一般耗用（元）	行政管理部门（元）	专设销售部门（元）	合计（元）
供电车间	65 320	142 000	0.46	55 200	3 680	5 520	920	65 320
机修车间	58 200	10 000	5.82	—	32 010	26 190		58 200
合　计	123 520	—		55 200	35 690	31 710	920	123 520

步骤三：根据辅助生产费用分配表（直接分配法），编制分配结转辅助生产费用的会计分录：

```
借：基本生产成本                          55 200
    制造费用——基本生产车间               35 690
    管理费用                            31 710
    销售费用                               920
  贷：辅助生产成本——供电车间             65 320
      辅助生产成本——机修车间             58 200
```

小 贴 士

采用直接分配法，分配结转比较简单，但由于各辅助生产车间之间相互提供的产品和劳务没有相互分配费用，当各辅助生产单位之间相互提供的产品和劳务成本差额较大时，会影响分配结果的准确性。所以本方法主要适用于各辅助生产车间之间相互提供产品或劳务成本差额不大的企业。

（2）一次交互分配法。一次交互分配法也叫做交互分配法，它是进行两次分配的辅助生产费用分配法，先根据各辅助生产车间相互提供劳务的数量和费用分配率，在各辅助生产车间之间进行一次交互分配；接着，再将交互分配以后辅助生产车间的全部应分配费用（即交互分配前的待分配费用，加上交互分配转入的费用，减去交互分配转出的费用），按提供劳务的数量，在辅助生产车间以外的各受益对象之间进行分配。

【业务 2-7】利用直接分配法的资料，采用一次交互分配法进行分配。

分析：掌握一次交互分配法的"交互"理念是前提，且要注意和直接分配法下计算程序的不同。

步骤一：辅助车间之间的交互分配：

①交互分配费用分配率＝$\dfrac{\text{交互分配前某辅助生产车间待分配费用总额}}{\text{该辅助生产车间劳务供应总量}}$

供电车间分配费用分配率＝$\dfrac{65\,320}{160\,000}$＝0.408 25（元/度）

机修车间交互分配费用分配率＝$\dfrac{58\,200}{10\,800}$＝5.39（元/小时）

②某辅助生产车间应负担费用＝该辅助生产车间接受的劳务供应总量×

交互分配费用分配率

机修车间应负担电费＝18 000×0.40 825＝7 348.50（元）

供电车间应负担修理费＝800×5.39＝4 312（元）

步骤二：辅助车间之外的对外分配：

①

对外分配费用分配率＝$\dfrac{\text{某辅助生产车间对外分配应分配费用}}{\text{该辅助生产车间供应给本车间以外部门的劳务总量}}$＝

$\dfrac{\text{交互分配待分配费用总额＋交互分配转入费用－交互分配转出费用}}{\text{该辅助生产车间供应给辅助生产车间以外部门的劳务总量}}$

②计算某辅助生产车间对外分配应分配费用总额

供电车间对外分配的应分配费用＝65 320＋4 312－7 348.50＝62 283.50（元）

机修车间对外分配的应分配费用＝58 200＋7 348.50－4 312＝61 236.50（元）

③计算对外分配费用分配率

供电车间对外分配费用分配率＝$\dfrac{62\,283.50}{160\,000-18\,000}$＝0.438 6（元/度）

机修车间对外分配费用分配率＝$\dfrac{61\,236.50}{10\,800-800}$＝6.123 65（元/小时）

步骤三：经过辅助车间之间的交互分配和对辅助生产车间以外单位或部门应分配金额计算，编制辅助生产费用分配表如表 2-31 所示。

某受益对象应负担费用＝该受益对象接受的劳务供应总量×对外分配费用分配

表 2-31　　　　　　　　　　辅助生产费用分配表（交互分配法）

2009 年 6 月

项　目	交互分配				对外分配				金额合计（元）
	分配电费		分配修理费		分配电费		分配修理费		
	数量（度）	金额（元）	数量（小时）	金额（元）	数量（度）	金额（元）	数量（小时）	金额（元）	
待分配费用		65 320		58 200		62 283.5		61 236.5	123 520
劳务供应总量	160 000		10 800		142 000		10 000		
费用分配率		0.408 25		5.39		0.438 6		6.123 65	
受益对象									
供电车间			800	4 312					
机修车间	18 000	7 348.5							
基本生产车间									
产品生产					120 000	52 633.9			52 633.9
一般耗用					8 000	3 508.9	5 500	33 680.1	37 189
行政管理部门					12 000	5 263.4	4 500	27 556.4	32 819.8
专设销售部门					2 000	877.3			877.3
合　计		7 348.5		4 312		62 283.5		61 236.5	123 520

步骤四：根据辅助生产费用分配表（交互分配法），编制分配结转辅助生产费用的会计分录。

①根据辅助生产费用分配表（交互分配法），编制交互分配的会计分录如下：

借：辅助生产成本——供电车间　　　　　　　4 312

　　辅助生产成本——机修车间　　　　　　　7 348.5

　　贷：辅助生产成本——机修车间　　　　　　4 312

　　　　辅助生产成本——供电车间　　　　　　7 348.5

②根据辅助生产费用分配表（交互分配法），编制对外分配的会计分录如下：

借：基本生产成本　　　　　　　　　　　　52 633.9

　　制造费用——基本生产车间　　　　　　　37 189

　　管理费用　　　　　　　　　　　　　　32 819.8

　　销售费用　　　　　　　　　　　　　　　877.3

　　贷：辅助生产成本——供电车间　　　　　62 283.5

　　　　辅助生产成本——机修车间　　　　　61 236.5

小贴士

与直接分配法相比，采用一次交互分配法，辅助生产单位内部相互提供的产品和劳务进行了交互分配（即相互分配了费用），费用分配结果的正确性得以提高。但由于在分配费用时要计算交互分配和对外分配两个费用分配率，进行两次分配，也大大增加了分配计算的工作量。同时，交互分配的费用分配率是根据交互分配前待分配费用除以辅助生产车间提供的产品（或劳务）总量来计算的，也并不是该辅助生产车间产品（或劳务）的实际单位成本，因此，分配结果也不很准确。所以，在实际工作中，如果各月辅助生产的成本水平相差不大，也可以用上月辅助生产车间该产品或劳务的实际单位成本，作为本月交互分配的费用分配率。

任务二 制造费用的核算

一、制造费用的归集

1. 制造费用概念和内容

制造费用是指企业基本生产车间为生产产品和提供劳务而发生的各项间接费用，主要包括基本生产车间管理人员的工资薪酬、基本生产车间的房屋建筑物、机器设备折旧费、固定资产租赁费、机物料消耗、低值易耗品摊销、取暖费、水电费、办公费、差旅费、运输费、保险费、设计制图费、试验检验费、劳动保护费、季节性停工和生产用固定资产大修期间停工的损失以及其他制造费用。

制造费用应当按照费用发生的基本生产车间和费用项目来归集。计入最终产品成本构成项目的制造费用，是指企业基本生产车间所发生的制造费用。企业辅助生产单位发生的制造费用，应当单独归集，计入辅助生产成本。

产品成本项目中的直接材料费用和直接人工费用，称为要素费用项目；而制造费用一般包含的内容要素较多，属于综合费用项目。

2. 制造费用账户的设置

为了归集制造费用，正确计算产品成本，在"制造费用"总分类账户下，企业应当按照生产车间设置制造费用明细账，并按制造费用明细项目开设专栏进行制造费用的明细核算。

3. 制造费用的归集

制造费用的归集，是按月分别在"制造费用"账户的借方进行的，应归集的费用主要有基本生产车间管理上所耗用的各项要素费用，由辅助生产车间分配来的费用，以及以权责发生制原则为记账基础应计入当期成本的各项待摊费用和预提费用。

制造费用的归集按其记账依据不同可分为以下两种情况：

（1）如差旅费等一般费用发生时，根据付款凭证或据以编制的其他费用分配表，借记"制造费用"，贷记"银行存款"等有关账户。

（2）如车间发生的机物料消耗，外购动力费、车间管理人员的工资薪酬费用，车间计提的固定资产折旧费、车间发生季节性修理期间的停工损失等，在月末根据转账凭证及汇总编制的各种费用分配表，借记"制造费用"，贷记"原材料"、"应付账款"、"应付职工薪酬"、"累计折旧"、"银行存款"等有关账户。

【业务2-8】根据前述各项资料，武平钢制品厂2009年6月制造费用明细账如表2-32所示：

表2-32　　　　　　　　　　　　制造费用明细账

生产车间：基本生产车间　　　　　　2009年6月　　　　　　　　　单位：元

2009年		摘　要	水电费	物料消耗	办公费	职工薪酬	折旧费	机修费	合　计
月	日								
6	11	领用办公用品							
	15	领用劳保用品							
	30	支付水电费	4 000						
	30	领用材料		20 000					
	30	分配薪酬				17 280			
	30	计提折旧					17 480		
	30	分配机修费用						35 690	
		………							
	30	本月合计							180 000
	30	月末结转							180 000

二、制造费用的分配

1. 分配方法

制造费用是按照费用发生的基本生产车间来归集的，也就是说，制造费用明细账归集了该基本生产车间为组织和管理生产所发生的全部间接费用。当某生产车间只生产一种产品或只提供一种劳务时，制造费用不需分配，可以直接转入该产品生产成本明细账中的制造费用成本项目；如果生产车间生产多种产品或提供多种劳务时，制造费用则需要采用适当的方法在各个受益对象之间进行分配后再计入相应成本核算对象的产品成本明细账。

制造费用的分配方法主要有：按生产工人工资比例分配、按生产工人工时比例分配、按机器工时比例分配、按耗用原材料的数量或成本比例分配、按直接成本（直接材料费用、外购动力费用、直接人工费用）比例分配、按产品产量比例分配等。制造费用的分配方法一经确定，不得随意变更。如需变更，应在会计报表附注中予以说明。

2. 具体计算

(1) 生产工人工资比例分配法。生产工人工资比例分配法是以各种产品的生产工人工资的比例作为分配标准来分配制造费用的一种方法。这种分配标准只有在各产品的工艺过程机械化程度或需要工人的操作技能大致相同的情况下才比较适用。

【业务 2-9】武平钢制品厂 2009 年 6 月基本生产车间归集的制造费用总额为 180 000元。根据资料，本月支付给生产的 A 、B、C 三种产品生产工人的工资分别为 30 000 元、60 000 元、90 000 元。

分析：本月基本生产车间生产 A、B、C 三种产品，归集的制造费用要分配给 A、B、C 三种产品；有支付给产品生产工人的工资记录，可采用生产工人工资比例分配制造费用。

步骤一：计算费用分配率。

$$费用分配率 = \frac{某生产车间待分配的制造费用总额}{该生产车间各种产品生产工人工资之和}$$

步骤二：分别计算 A、B、C 三种产品应分配的制造费用，编制制造费用分配表如表 2-33所示。

$$某产品应分配制造费用 = 该产品生产工资 \times 费用分配率$$

表 2-33   制造费用分配表

编制单位：基本生产车间   2009 年 6 月

产品名称	生产工人工资（元）	分配率	分配金额（元）
A 产品	30 000	—	30 000
B 产品	60 000	—	60 000
C 产品	90 000	—	90 000
合　计	180 000	1	180 000

(2) 生产工人工时比例分配法。生产工时分配法是以各种产品的生产工人工时作为分配标准来分配制造费用的一种方法。采用生产工时作为制造费用的分配标准一般适用于机械化程度较低，或生产各产品的工艺过程机械化程度大致相同的单位。

【业务 2-10】武平钢制品厂 2009 年 6 月基本生产车间归集的制造费用总额为 180 000元。根据记录资料，本月生产的 A 、B、C 三种产品的实际生产工时分别为 2 000 小时、4 000小时、6 000 小时。

分析：本月基本生产车间生产 A、B、C 三种产品，归集的制造费用要分配给 A、B、C 三种产品；有产品的实际生产工时记录，可采用生产工时分配制造费用。

步骤一：计算费用分配率。

$$费用分配率 = \frac{某生产车间待分配的制造费用总额}{该生产车间各种产品实际生产工时之和}$$

步骤二：分别计算 A、B、C 三种产品应分配的制造费用，编制制造费用分配表如表 2-34所示。

某产品应分配制造费用＝该产品实际生产工时×费用分配率

表 2-34   **制造费用分配表**

编制单位：基本生产车间   2009 年 6 月

产品名称	生产工时（小时）	分配率	分配金额（元）
A 产品	2 000	—	30 000
B 产品	4 000	—	60 000
C 产品	6 000	—	90 000
合　计	12 000	15	180 000

（3）直接成本（直接材料费用）比例分配法。直接材料费用比例分配法是以各种产品本期发生的直接材料费用作为分配标准来分配制造费用的一种方法。这种分配标准适用于各种产品所耗的原料中主要材料相同，产品成本中材料费用所占比重较大，并且制造费用中原材料处理费用较多的生产单位。

【业务 2-11】武平钢制品厂 2009 年 6 月基本生产车间归集的制造费用总额为 180 000元。根据记录，本月生产的 A、B、C 三种产品的耗用直接材料分别为 169 840 元、185 200元、120 000 元。

分析：本月基本生产车间生产 A、B、C 三种产品，归集的制造费用要分配给 A、B、C 三种产品；有产品耗用直接材料的记录，可采用直接材料费用比例分配制造费用。

步骤一：计算费用分配率。

$$费用分配率＝\frac{某生产车间待分配的制造费用总额}{该生产车间各种产品耗用直接材料之和}$$

步骤二：分别计算 A、B、C 三种产品应分配的制造费用，编制制造费用分配表如表 2-35所示。

某产品应分配制造费用＝该产品直接材料费用×费用分配率

表 2-35   **制造费用分配表**

编制单位：基本生产车间   2009 年 6 月

产品名称	直接材料费用（元）	分配率	分配金额（元）
A 产品	169 840	—	64 355
B 产品	185 200	—	70 175
C 产品	120 000	—	45 470
合　计	475 040	0.378 9	180 000

小贴士

这些方法都是大同小异，学会让自己更轻松学习吧！

3. 分配结转制造费用的账务处理

制造费用包含的内容多，费用项目性质迥异，为制造费用分配标准的选择带来了一定的难度，前面我们用三种分配标准进行计算，结果也不尽相同，所以企业应该选择适合自己的制造费用分配方法。根据分配计算的结果编制"制造费用分配表"，并依据"制造费用分配表"进行分配结转制造费用的账务处理：

借：基本生产成本——A产品　　　　　　　　30 000

　　　　　　　　——B产品　　　　　　　　60 000

　　　　　　　　——C产品　　　　　　　　90 000

　　贷：制造费用——基本生产车间　　　　　　180 000

任务三　生产损失的核算

一、生产损失的概念

生产损失是指企业在生产过程中发生的不能形成正常产出的各种耗费。不同企业生产损失的类型也不尽相同，但通常可将其划分为以下几个类别：

表 2 - 36　　　　　　　　　　　　生产损失的类别

类　别	含　义	和生产成本的关系
生产损耗	主要指投入原材料的收缩、蒸发、跑、冒、滴漏、自然损耗等	生产过程中的损耗越多，投入量就越高，在生产数量一定的情况下，必然增加产品的制造成本
生产废料	指生产过程中产生的边角余料等。如服装业生产的边角布料、家具制造业加工中的边材碎料、以煤为燃料的企业未燃烧充分的煤	在投入量一定的情况下，废料越多，产出越少，必然增加产品的生产成本
废品损失	指在生产过程中，由于主观或客观原因造成的产品质量不符合规定技术标准而发生的额外耗费	当投入量一定时，产生的废品越多，合格品数量则越少。废品损失多，必然增加合格品的成本
停工损失	指由于机器故障停工、季节性停工及修理期间停工而发生的耗费	停工次数越多，停工时间越长，停工损失则越高，必然增加产品的制造成本

几乎所有的制造业都无法避免这样或那样的原因造成的损失，而生产中的一切损失（非正常损失除外），归根结底都要由合格品负担。为了充分利用有限的经济资源，生产出更多的合格品，把损失控制在合理的范围内，以达到降低产品成本的目的，除在生产技术上采取措施外，对生产损失进行核算不失为一项重要措施。其核算任务可概括为以下几个方面：

（1）加强对生产损失的控制，及时揭示造成损失的原因和责任。

（2）及时正确计算生产中的各种损失额。

（3）采用适当的方法，将各种损失恰当地计入产品成本。

对于生产损失中的生产损耗及生产废料，在计算产品成本时我们也要适当地将其考虑进去。以下我们着重介绍废品损失和停工损失的核算。

二、废品损失的概述

1. 废品的概念及分类

废品是指质量上不符合规定的标准或技术条件，不能按原定用途加以利用，或者需要加工修复后才能利用的产成品、自制半成品和零部件等。废品损失是指企业因产生废品而造成的损失。废品的分类如表 2 - 37 所示。

表 2 - 37   废品的分类

分　类		含　义	损失承担
按产生原因	工废品	指由于生产工人未执行技术操作规程的原因造成的废品，属于操作工人的过失造成	应由操作工人承担相应的责任，企业收回其赔款
	料废品	指由于被加工的原材料、半成品和零部件质量不符合要求而造成的废品	不应由生产工人承担责任，由当月合格产品成本负担
按消除缺陷在技术上的可行性和经济上的合理性	可修复废品	指技术上可以修复，并且支付修复费用在经济上合算的废品	发生的修复费用由当月合格产品成本负担
	不可修复废品	指在技术上不能修复，或者支付修复费用在经济上不合算的废品	不可修复废品的生产成本，应采用适当方法分配，由当月合格产品成本负担

2. 废品损失的含义

它包括可修复废品的修复费用和不可修复废品的生产成本（扣除回收的废品残料价值和过失单位或个人的赔款）。

需要注意的是，在几种特殊情况下，有些产品从含义上讲可能符合废品的定义，但是为了核算方便，我们一般不将其损失作为废品损失来单独核算，而是采用专门的方法进行处理。如产成品入库以后，由于保管不善或是发货过程中运输不当等原因造成的产品的变质、损毁，其损失属于管理上的原因，应列作管理费用，不作为废品损失处理；再如，实行产品包退、包修、包换（"三包"）的企业，在产品出售以后发现废品所发生的一切损失，一般也直接计入管理费用，不计算在废品损失内；经过质量检验部门鉴定不需要返修，但可以降价出售的不合格品（或次品），它应与合格品同等计算成本，其降价损失体现为销售损益，而不作为废品损失处理。

三、废品损失的核算

1. 废品损失核算的账户设置

对于经常发生废品损失的企业，为了更加准确地计算其产品成本，要严格考核和控制各生产单位的废品损失，在会计账户中，应当增设"废品损失"总分类账户，或者在"基本生产成本"总分类账户下设置"废品损失"明细账户，组织废品损失的核算；在产品成本项目中，也应当相应地增设"废品损失"成本项目。

"废品损失"账户借方登记可修复废品的修复费用和不可修复废品的生产成本；贷方登记回收的废品的残料价值和过失单位或个人的赔款；月末，应将废品损失净额由该账户的贷方转入"基本生产成本"账户的借方，由当月合格产品成本负担；月末将废品损失转入生产成本以后，"废品损失"账户应无余额。

同时，"废品损失"账户应当分生产单位按产品品种设置明细账，组织明细核算。"废品损失"明细账应按成本项目分设专栏或专行，以准确反映废品损失的构成情况。

2. 废品损失的归集

（1）计算废品损失的原始凭证。计算废品损失的原始凭证主要是经审核后的"废品通知单"如表 2－38 所示。

表 2－38　　　　　　　　　　　废品通知单

产品名称				报废日期		备　注
规格型号				生产日期		
报废工序				生产部门		
操作工人				检验人员		
废品记录	材料			修复费用		
	损失金额			残值		
	料废数			工废数		
	单件重量			单件工时		
	总重量			总工时		

制表：　　　　　生产：　　　　　　财务：　　　　　　审批：

"废品通知单"可以由企业质检部门在发现废品时填制；也可以由产生废品的生产单

位（分厂、车间或班组）填制。"废品通知单"应当列明废品的种类和数量、产生废品的原因、过失责任人以及废品的生产工时、修复费用和生产成本等。"废品通知单"一般一式三联：一联由生产单位存查，一联交质量检验部门，一联交财会部门核算废品损失。企业财会部门和质量检验部门应当对"废品通知单"所列各项目进行审核，只有经过审核无误的"废品通知单"，才能作为核算废品损失的原始凭证。

（2）可修复废品的废品损失的计算。废品损失包括可修复废品的修复费用和不可修复废品的生产成本（扣除残料价值和过失人赔款等），两者的计算和确定有所不同。

可修复废品的废品损失（也就是其修复费用）包括为修复废品所发生的材料费用、人工费用和应负担的制造费用等。材料费用一般可以根据有关领料凭证直接确定；人工费用有时可以直接确定，有时需要根据修复废品实际消耗的工时和小时工资率计算确定；应负担的制造费用一般不能直接确定，可以根据修复废品实际消耗的工时和小时费用率计算确定。

【业务 2－12】武平钢制品厂 2009 年 6 月基本生产车间生产完工 A 产品 1 200 件，在验收入库时发现有 20 件是可修复废品。本月修复 A 产品领用甲材料 600 元，实际耗用工时 50 小时，小时工资费用分配率为 22.33 元，小时制造费用分配率为 15 元，经修复 A 产品已验收入库。按规定本月发生的 20 件可修复废品应由操作工人王强赔偿 500 元。

步骤一：根据上述资料编制会计分录如下：

借：废品损失——A 产品　　　　　　　　　　2 466.50
　贷：原材料——甲材料　　　　　　　　　　　600
　　　应付职工薪酬　　　　　　　　　　　　　1 116.50
　　　制造费用——基本生产车间　　　　　　　750
借：其他应收款——王强　　　　　　　500
　贷：废品损失——A 产品　　　　　　　500

步骤二：根据会计分录登记废品损失明细账：

表 2－39　　　　　　　A 产品废品损失明细账　　　　　　单位：元

2009 年		摘　要	借　方	贷　方	余　额
月	日				
6	30	分摊修复费用	2 466.50		2 466.50
	30	应收赔款		500.00	1 966.50
	30	结转废品净损失		1 966.50	平

步骤三：编制产品生产成本计算表：

表 2 - 40 　　　　　　　　　　A 产品生产成本计算表

2009 年 6 月 　　　　　　　　　单位：元

摘　要	直接材料	直接人工	制造费用	废品损失	合　计
生产总成本	179 840	44 667	30 000		254 507
转入可修复废品净损失				1 966.50	1 966.5
合格产品总成本	179 840	44 667	30 000	1 966.50	256 473.50
合格产品单位成本	149.87	37.22	25	1.64	213.73

（3）不可修复废品生产成本的计算。不可修复废品的生产成本也包括材料费用、人工费用和制造费用，但这些费用与同种合格产品成本是同时发生的，已经计入了该种产品的生产成本明细账。因此，不可修复废品的生产成本，应采用适当方法，将全部生产成本在合格产品与废品之间进行分配，从生产成本明细账中将不可修复废品所包含的那部分成本转入废品损失明细账。

不可修复废品有的是在生产过程中发现的，有的是在完工验收入库时发现的，这就造成了废品的完工程度是不同的，所以，生产成本在合格产品与废品之间进行分配较为复杂。在实际工作中，不可修复废品的生产成本的计算有两种方法，一种是按废品实际生产成本计算，另一种是按废品定额成本计算。

①按废品实际生产成本计算。

【业务 2 - 13】武平钢制品厂 2009 年 6 月基本生产车间生产完工 B 产品 800 件，其中验收入库合格品为 795 件，发现不可修复废品为 5 件。本月 B 产品实际生产费用为 354 533 元，其中直接材料 205 200 元（B 产品原材料在生产开始时一次投入），直接人工 89 333 元，制造费用 60 000 元。废品残料价值为 500 元，已交原材料仓库验收入库。

步骤一： 根据上述资料计算废品损失，如表 2 - 41 所示：

表 2 - 41 　　　　　　　不可修复废品生产成本的计算表

生产单位：基本生产车间——B 产品 　　　2009 年 6 月 　　　　　单位：元

项　目	直接材料	直接人工	制造费用	合　计
生产总成本	205 200	89 333	60 000	354 533
分配标准量	800	800	800	
费用分配率	256.5	111.67	75	
废品生产成本	1 282.5	558.35	375	2 215.85

步骤二： 根据表 2 - 41 的计算结果编制的会计分录如下：

借：废品损失——B产品　　　　　　　　　　　　2 215.85

　　贷：基本生产成本——B产品　　　　　　　　　　2 215.85

回收废品残料，冲减废品损失，编制的会计分录如下：

借：原材料　　　　　　　　　　　　　　　　　　500

　　贷：废品损失——B产品　　　　　　　　　　　　500

步骤三：根据会计分录登记废品损失明细账：

表 2-42　　　　　　　　　　　　　B产品废品损失明细账　　　　　　　　　　　单位：元

2009 年		摘　要	借　方	贷　方	余　额
月	日				
6	30	废品生产成本	2 215.85		2 215.85
	30	回收残料		500.00	1 715.85
	30	结转废品净损失		1 715.85	平

步骤四：编制产品生产成本计算表：

表 2-43　　　　　　　　　　　　　B产品生产成本计算表

2009 年 6 月　　　　　　　　　　　　　　单位：元

摘　要	直接材料	直接人工	制造费用	废品损失	合　计
生产总成本	205 200	89 333	60 000		354 533
结转废品生产成本	−1 282.50	−558.35	−375		−2 215.85
转入废品损失				1 715.85	1 715.85
合格产品总成本	203 917.50	88 774.65	59 625	1 715.85	304 533
合格产品单位成本	256.50	111.67	75	2.16	445.33

②按废品定额成本计算。

【业务 2-14】武平钢制品厂 2009 年 6 月基本生产车间生产完工 B 产品 800 件，其中验收入库合格品为 795 件，发现不可修复废品为 5 件。本月 B 产品单位成本定额为 445元，其中直接材料消耗定额 260 元（B 产品原材料在生产开始时一次投入），直接人工定额 110 元，制造费用定额 75 元。废品残料价值为 500 元，已交原材料仓库验收入库。根据上述资料计算废品损失。

步骤一：不可修复废品 B 产品定额成本，编制的会计分录如下：

借：废品损失——B产品　　　　　　　　　　　　2 225

　　贷：基本生产成本——B产品　　　　　　　　　　2 225

回收废品残料，冲减废品损失，编制的会计分录如下：

借：原材料 500

  贷：废品损失——B产品 500

步骤二：根据会计分录登记废品损失明细账：

表2-44   **B产品废品损失明细账**   单位：元

2009年		摘 要	借 方	贷 方	余 额
月	日				
6	30	废品定额生产成本	2 225		2 225
	30	回收残料		500.00	1 725
	30	结转废品净损失		1 725	平

步骤三：编制产品生产成本计算表：

表2-45   **B产品生产成本计算表**

2009年6月   单位：元

摘 要	直接材料	直接人工	制造费用	废品损失	合 计
生产总成本	205 200	89 333	60 000		354 533
结转废品生产成本	−1 300	−550	−375		−2 225
转入废品损失				1 725	1 725
合格产品总成本	203 900	88 783	59 625	1 725	354 033
合格产品单位成本	256.48	111.68	75	2.17	445.33

3. 废品损失的分配

废品损失应由本月同种合格产品成本负担，计入当月同种产品的完工产品成本中。根据A、B产品废品损失明细账，编制的会计分录如下：

借：基本生产成本——A产品 1 966.50

       ——B产品 1 715.85

  贷：废品损失——A产品 1 966.50

      ——B产品 1 715.85

四、停工损失的概述

停工损失是指生产车间或车间内某个班组在停工期间发生的各项费用，包括停工期间发生的材料费用、职工薪酬费用和制造费用等。在实际工作中，停工不满一个工作日的，一般不计算停工损失。应由过失单位或保险公司负担的赔款、季节性生产企业在其季节性停工期间内发生的费用，不作为停工损失中来核算。

五、停工损失的核算

1. 停工损失核算的账户设置

企业通过设置"停工损失"总分类账户来考核和控制停工期间发生的各项费用；或者在"生产成本"总分类账户下设置"停工损失"明细账，组织停工损失的核算；并且应当增设"停工损失"成本项目。

"停工损失"账户借方登记生产单位停工期间发生的各项停工损失，借记"停工损失"科目，贷记"原材料"、"应付职工薪酬"、"制造费用"等科目。贷方登记应向过失单位或保险公司索赔的、计入营业外支出的和分配结转的停工损失，借记"其他应收款"、"营业外支出"、"基本生产成本"等科目，贷记"停工损失"科目；分配结转停工损失以后，该账户应无余额。

"停工损失"账户应当按照生产单位设置明细账，并按费用项目设置专栏组织明细账核算。

2. 停工损失的归集

(1) 计算停工损失的原始凭证。计算停工损失的原始凭证主要是经审核后的"停工报告单"，如表 2-46 所示。生产单位因各种原因发生停工时，值班人员应当及时向生产单位负责人报告，以便查明原因，尽快恢复生产。如果在一天内不能恢复生产，生产单位应填写"停工报告单"，报送厂部有关部门。厂部值班负责人应当及时通知有关部门和单位，采取措施恢复生产。企业由于外部原因和自然灾害发生的停工，除由生产单位填写"停工报告单"外，还应编写专门报告并附有关凭证，以便处理停工损失。另外企业发生停工后，可采取多种措施，如生产计划调度部门和有关生产单位，应当及时对停工人员分配其他工作等，尽量减少停工损失。

企业和生产单位的核算人员，应当对"停工报告单"所列停工范围、时间及其原因和过失单位等内容进行审核，并查明原因，明确责任单位或个人。只有经过审核以后的"停工报告单"，才能作为停工损失核算的原始依据。

表 2-46 　　　　　　　　　　停工报告单

No：　　　　　　　　　　　　　　　　　　　　　　　　　　　日期：

部　门			停工范围	
停工时间	开始时间			
	结束时间			
停工人数		损失时间		损失金额
停工产品		制单号		进度状况

停工原因说明:

1. 待料;

2. 季节性生产;

3. 机器设备大修理;

4. 机器故障;

5. 计划减产;

6. 品质异常;

7. 安全事故;

8. 其他

| 厂长: | 主管副厂长: | 生产主管: | 制表: |

（2）停工损失的计算。在核算停工损失时,由于是按照生产车间或车间内某个班组来组织核算,所以各项费用,如原材料、水电费、职工薪酬费用等,一般可以根据有关原始凭证确认后直接计入;制造费用能够直接确认的应尽量直接计入,不能直接确认的可以按照停工工时数和制造费用分配率分配计入。

【业务 2-15】武平钢制品厂 2009 年 6 月基本生产车间由于设备故障停工 2 天,停工期间支付生产工人工资薪酬费用 12 000 元;由于外部供电线路故障停工 2 天,停工期间支付生产工人工资薪酬费用 12 000 元,损失材料费用 2 000 元,分摊制造费用 8 000 元。根据资料编制会计分录如下:

借:停工损失——基本生产车间　　　　　　　 34 000
　　贷:原材料　　　　　　　　　　　　　　　　　　 2 000
　　　　应付职工薪酬——工资　　　　　　　　　 24 000
　　　　制造费用——基本生产车间　　　　　　　 8 000

3. 停工损失的分配结转

企业"停工损失"账户归集的停工损失,应当根据发生停工的原因进行分配和结转。可以获得赔偿的停工损失,应当积极索赔,并冲减停工损失。在确认停工损失时,由于自然灾害等原因引起的非正常停工损失,应计入营业外支出;机器设备大修期间停工的损失计入生产单位制造费用;其他原因造成的停工损失,应计入产品成本(停工损失项目)。

应计入产品成本的停工损失,如果停工的车间只生产一种产品,应直接记入该种产品成本明细账的"停工损失"成本项目;如果停工的车间生产多种产品,可以采用一定的分配方法在各种产品之间进行分配以后,分别计入该生产单位各种产品生产成本明细账中的"停工损失"成本项目,其分配方法可参照制造费用的分配方法。

【业务 2-16】武平钢制品厂 2009 年 6 月基本生产车间生产 A、B、C 三种产品,由于设备故障停工损失 12 000 元计入产品成本;由于外部线路原因造成停工损失 22 000 元,供电局已同意赔偿 8 000 元,则净损失的 14 000 元列作营业外支出。有关索赔和分配结转停工损失的会计分录如下：

借：基本生产成本——A产品　　　　　　　　　2 000

　　　　　　　　——B产品　　　　　　　　　4 000

　　　　　　　　——C产品　　　　　　　　　6 000

　　其他应收款——供电局　　　　　　　　　8 000

　　营业外支出　　　　　　　　　　　　　14 000

　　　贷：停工损失——基本生产车间　　　　　　34 000

知识长廊

（1）什么是知识经济

知识经济作为一种建立在知识、信息的生产、分配和使用之上的经济，是一种与工业经济相对应的一种新的经济形态。

工业经济社会中生产要素主要包括劳动资料、劳动对象和劳动手段，即物质资源和人力资源的消耗。工业经济社会中产品成本构成中直接材料消耗一般占65%，直接人工消耗一般占20%，制造费用的消耗一般占15%。

在知识经济社会中，知识成为了生产要素的重要构成部分。近期，美、日等国的成本资料显示，成本构成中直接材料所占比重不足20%，工资所占比重不足10%，其余大部分都是知识资源的消耗和一般费用的消耗。

（2）其他辅助生产费用分配方法

代数分配法是指根据联立方程原理，计算辅助生产劳务的单位成本。然后根据各受益单位耗用的数量和单位成本进行分配的方法。属于比较烦琐但分配结果较为精确的方法。

计划成本分配法，是根据辅助生产提供劳务的计划单位成本和各受益单位的受益量分配辅助生产费用的一种方法。其内容也是进行两次分配，先是按劳务的计划单位成本分配辅助生产部门为各受益单位（包括其他辅助生产部门）提供的费用，然后再将辅助生产部门实际发生的费用（包括交互分配转入的费用在内）与按计划成本分配出去的费用的差额，即成本差异，分配给辅助生产以外的受益单位。是一种复杂、难掌握的辅助生产费用分配方法。

顺序分配法是指先按各辅助生产车间的相互耗用劳务的多少排列一个顺序，受益最少的排列在最前面，以此类推。从排列在最前的辅助车间开始，向后依次分配费用不再返还的方法。各辅助生产车间之间不进行交互分配，各辅助生产费用只分配一次。这种分配方法只适合在各辅助生产车间或部门之间相互受益程度有明显顺序的情况下采用，计算较为简单。

练习与实训

一、单项选择题

1. 不可修复废品的成本，应借记"废品损失"，贷记（　　）账户。

A. 库存商品　　　　　B. 生产成本　　　　　C. 应收账款　　　　　D. 原材料

2. 废品残料价值和应收赔偿款，应贷记（　　）账户。

A. 其他应收款　　　　B. 废品损失　　　　　C. 原材料　　　　　　D. 生产成本

3. 下列情形造成的停工损失应当计入营业外支出的是（　　）。

A. 季节性停工

B. 因计划压缩产量使主要车间停工 10 天

C. 因灾害使企业停工 20 天

D. 因机器故障使主要车间停工 5 天

4. 采用直接分配法分配辅助生产费用时，各辅助生产车间费用分配率计算公式中的分母数应是（　　）。

A. 该辅助生产车间向基本生产车间提供的劳务总量

B. 该辅助生产车间向行政管理部门提供的劳务总量

C. 该辅助生产车间提供的劳务总量

D. 该辅助生产车间向基本生产车间和行政管理等部门提供的劳务总量

5. 采用一次交互分配法分配辅助生产费用时，计算第二阶段直接分配率的分子数应是（　　）。

A. 该辅助生产车间直接发生的费用

B. 该辅助生产车间直接发生的费用加上分配转入的费用

C. 该辅助生产车间直接发生的费用加上分配转入减去分配转出的费用

D. 该辅助生产车间直接发生的费用减去分配转出的费用

6. 辅助生产费用的一次交互分配法，交互分配是在（　　）。

A. 各受益单位之间进行分配　　　　　B. 受益的各辅助生产车间之间分配

C. 辅助生产车间以外的受益单位之间分配　　　　D. 受益的各基本生产车间之间分配

7. "制造费用"账户（　　）。

A. 一般有借方余额

B. 一般有贷方余额

C. 期末应无余额

D. 除季节性生产企业外，期末应无余额

8. 机器工时分配法适用对象是（　　）。

A. 制造费用中折旧费和修理费比重较小

B. 制造费用中折旧费和修理费比重较大

C. 制造费用中管理人员工资比重较小

D. 制造费用中管理人员工资比重较大

9. 按照生产工时比例分配制造费用，要求（　　）。

A. 各种产品的机械化程度较高　　　　B. 各种产品的机械化程度较低

C. 各种产品的机械化程度相差不大　　D. 不考虑各种产品的机械化程度差异

二、多项选择题

1. 下列项目中，不属于废品损失项目的有（　　）。

A. 产成品入库后，因保管不善而毁损变质的损失

B. 质检鉴定不需返修，可降价出售的不合格品成本

C. 可修复废品的材料费用

D. 实行"三包"的产品出售后发生的废品损失

E. 可修复废品的修复费用

2. 废品损失包括（　　）。

A. 不可修复废品的报废损失　　　　　B. 可修复废品的修复费用

C. 不合格品的降价损失　　　　　　　D. "三包"损失

E. 返修前发生的原材料费用

3. 企业的停工损失包括（　　）。

A. 停工期间发生的原材料费用　　　　B. 停工期间发生的工资及福利费

C. 停工期间发生的制造费用　　　　　D. 停工不满一个工作日的损失

E. 季节性生产企业在停工期间发生的费用

4. 制造费用的分配方法有（　　）等。

A. 生产工人工时分配法　　　　　　　B. 机器工时分配法

C. 生产工人工资分配法　　　　　　　D. 产品产量比例分配法

E. 计划成本法

5. 下列各项费用中，（　　）应计入制造费用。

A. 车间管理人员工资及福利费　　　　B. 销售人员的工资及福利费

C. 生产单位固定资产折旧费　　　　　D. 基本生产车间的办公费

E. 行政管理人员工资和福利费

6. 基本生产车间发生的下列费用中，（　　）应记入"制造费用"账户。

A. 车间管理人员的工资　　　　　　　B. 机器设备折旧费

C. 车间机物料消耗　　　　　　　　　D. 劳动保护费

E. 生产工人工资

三、判断题

1. 可修复废品是指经过修复可以使用，而且在经济上合算的废品。（　　）

2. 企业无论在什么环节发现的废品，都应并入废品损失内核算。（　　）

3. 废品损失，包括可修复废品的修复费用和不可修复废品的净损失。（　　）

4. 废品损失仅指生产原因产生的废品所造成的损失。（　　）

5. 制造费用是各生产单位发生的间接计入费用。（　　）

6. 企业应当按照制造费用项目设置制造费用明细账。（　　）

7. 企业制造费用分配方法一经确定，不得随意变更。（　　）

8. 制造费用不包括车间用于组织和管理生产的费用。（　　）

9. 工业企业辅助生产车间发生的制造费用，不能通过"制造费用"科目核算。（　　）

10. "制造费用"科目期末若有余额，只能在借方。（　　）

11. 辅助生产费用的交互分配法，先进行辅助生产车间之间的交互分配，然后进行对外分配。（　　）

四、计算题

1. 企业某生产车间生产甲、乙、丙三种产品，甲产品实耗生产工人工时 2 000 小时，乙产品实耗生产工人工时 600 小时，丙产品实耗生产工人工时 1 400 小时，该车间本月制造费用实际发生额为 64 000 元。

要求：根据上述资料，采用生产工时比例法计算分配各种产品应分担的制造费用。

2. 企业某生产车间本月份生产甲、乙、丙三种产品，共发生制造费用 64 000 元，甲产品发生的生产工人工资为 30 000 元，乙产品发生的生产工人工资为 9 000 元，丙产品发生的生产工人工资为 21 000 元。

要求：根据上述资料，采用生产工人工资比例法分配各种产品应负担的制造费用。

3. 利华工厂设有供水、供电两个辅助生产车间，主要为基本生产车间和厂行政管理部门服务。根据辅助生产成本明细账，供水车间本月发生费用为 22 400 元，供电车间本月发生费用为 21 000 元。该工厂辅助生产的制造费用不通过制造费用科目核算。假定企业确定产品的计划单位成本为每吨水 2.87 元，每度电 0.68 元。整理各车间和部门耗用劳务情况如表 2 - 47 所示。

表 2 - 47　　　　　　　　　　辅助生产车间劳务供应量汇总表

受益对象	供电数量（度）	用水数量（吨）
1. 基本生产车间		
其中：甲产品用	12 000	
乙产品用	8 000	
车间一般耗用	4 000	5 000
2. 辅助生产车间		
其中：供电车间		960
供水车间	5 000	
3. 行政管理部门	6 000	3 000
合　计	35 000	8 960

要求：

（1）分别采用直接分配法、交互分配法分配辅助生产费用。

（2）编制相关会计分录。

4. 某企业规定不可修复废品成本按定额成本计价。某月某产品的不可修复废品 60 件，每件直接材料定额为 32 元；60 件废品的定额工时共为 300 小时。每小时的费用定额为：直接人工 10 元，制造费用 14 元。该月产品的可修复废品的修复费用为：直接材料 2 000 元，直接人工 800 元，制造费用 2 500 元。废品的残料作为辅助材料入库，计价 210 元。应由责任人赔偿的废品损失 500 元。废品净损失由当月同种产品成本负担。

要求：

（1）计算不可修复废品的生产成本。

（2）计算全部废品的净损失。

（3）编制归集废品修复费用，以及结转不可修复废品生产成本、废品残值、应收赔款和废品净损失的会计分录。

五、实训题

〈实训目的〉：结合学习的要素费用和综合费用的归集和分配，巩固和扩展同学们对知识的学习和运用，提高同学们实践能力。缺少的信息资料我们到网上或市场中获取，计算目前一碗拉面的成本。

〈实训资料〉：

1. 山田大叔开了一间面食店，店铺租期 5 年，每月支付租金 6 000 元。在开业前进行了装修，装修费 12 万元。添置厨房设备支出 8 万元。店员有：山田大叔夫妻，每人每月 3 000 元；三个钟点工人每人每月 1 500 元。这间面食店每月大概卖出 5 000 碗拉面。

2. 一碗拉面（约 120 克）需要的原材料如表 2-48 所示：

表 2-48

原材料项目	重量（g）
面粉	90
粉末状碱	1
食盐	1
水	30

3. 售出一碗拉面所需要的材料和费用如表 2-49 所示：

表 2-49

售出一碗拉面的材料	计量单位（克）	费用（元）
面条	120	
汤料		0.50
酱油		0.05

续　表

售出一碗拉面的材料	计量单位（克）	费用（元）
小菜		1.00
调味品		0.05
一次性筷子		
牙签		0.05
面巾纸		

4. 每月固定的开支：

房租、分摊铺面装修费、山田大叔夫妻的工资、钟点工工资、厨房设备的折旧费、平均每月用水 50 吨、平均每月用电 1 000 度、平均每月有 20 碗拉面。

〈实训体会〉：

〈教师评价〉：

项目小结

本项目的重点是各种要素费用的核算，难点是辅助生产费用和废品损失的核算。

因为费用的合理分配是科学计算成本的前提，本项目介绍了要素费用和综合费用的分解与分配的内容、方法和步骤。

生产费用要在各个成本对象之间进行归集与分配。制造业企业最常见的成本项目是直接材料、直接人工和制造费用。凡直接用于产品生产、构成产品实体的原材料和主要材料，属于直接费用，应直接计入该种产品基本生产明细账的"直接材料"成本项目。对于多种产品共同耗用的原材料，分配标准很多。可以按照产品重量、产量进行分配，也可以按材料定额消耗量比例或材料定额成本比例进行分配。

在实际工作中，材料费用的分配是通过编制材料费用分配表进行的。动力费用的分配，在有仪表记录的情况下，应根据仪表所显示的耗用量以及动力的单价计算；在没有仪表记录的情况下，可以按照生产工时比例、机器工时比例或定额耗用量等标准进行分配。

辅助生产费用是生产企业中生产费用的重要部分，可以归集在辅助生产成本中。辅助生产费用的分配可以采用直接分配法、交互分配法、顺序分配法、计划成本分配法和代数分配法等。

制造费用作为成本项目的组成内容，在生产部门发生的制造费用项目很多。发生时可以用制造费用明细账归集，月末采用一定方法分配计入基本生产成本。

如果企业生产损失经常发生，在产品成本中所占的比重较大，对产品成本的影响也较大，则生产损失就需要单独进行核算，即单独归集生产损失，计算发生的生产损失数额。可通过设置"废品损失"和"停工损失"成本项目，在产品成本组成中单独列示。

项目三　产品成本计算

模块一　产品成本计算基础

案例引入

中阳汽车有限责任公司生产的汽车经过加工、装配和油漆三个工序完成。某月末各工序在产品数量为：第一道工序 50 辆，第二道工序 100 辆，第三道工序 150 辆。该月加工完成的产品有 800 辆，其中有 200 辆尽管已经完工，但尚未办理入库手续。三道工序核定的工时分别为 120 小时、80 小时和 40 小时。

初上任的会计游育明在核算本月产品成本时，认为产成品为 800 辆和在产品数量 300 辆。而企业财务主管在审核时告诉游育明：产成品的数量应为 600 辆，在产品数量为 425 辆，这是怎么回事呢？

学习思路

产品成本计算基础
- 完工产品与在产品的概念
- 生产费用分配的思路
- 生产费用在完工产品与在产品之间分配的方法
- 经典计算与分析一、二、三

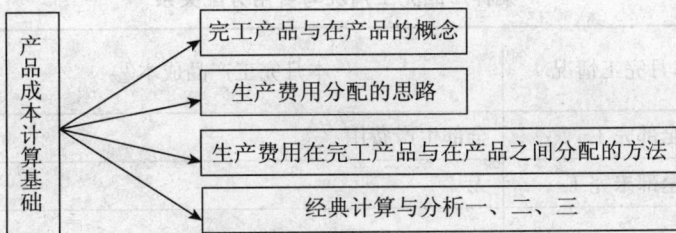

任务一　完工产品与在产品概念

从中阳汽车有限公司的案例中我们得知，汽车制造需要经过加工、装配和油漆三个工序才能完成。完成了这三个工序，可以作为商品销售的产品就是完工产品。那什么叫"在产品"呢？

在产品有广义与狭义之分。

狭义在产品是指正停留在生产车间进行加工的产品，以及正在生产车间返修的废品和虽已完成了本车间生产，但尚未送入库的产品。如中阳汽车有限公司正在第一道工序加工的部件或完成第一道工序正在装配的汽车就叫狭义在产品。

广义在产品不仅包括本步骤正在加工中的在产品即狭义在产品，还包括本步骤已完工转入半成品库和以后各步骤继续加工但尚未最后完工制成产成品的半成品，以及未经验收入库的完工产品和待返修的废品。如中阳汽车有限公司第一道加工工序完后入库的部件就叫半成品，但还等待继续加工，属于广义在产品。

你还能举出案例中哪些是广义在产品和狭义在产品吗？

我们不但要认识在产品，还得确定好在产品的数量。

在产品的数量核算，要做的"两做好"工作，第一是做好在产品收发结存的日常核算工作，如做好"在产品台账"等；第二是做好在产品定期清查工作，以保账实相符。

任务二　生产费用在完工产品与在产品之间的分配核算

到了期末，生产费用都归集在"生产成本"或"基本生产成本"账户，我们得知道这个月在产品的成本是多少，完工产品的成本是多少。

一、生产费用在完工产品与在产品之间分配的思路

表 3 - 1　　　　　　　　　某种产品完工情况与费用分配关系

本月全部生产费用①	本月完工情况	本月完工产品成本②	月末在产品成本③
月初在产品成本＋本月生产费用	本月全部完工	全部生产费用	无
	月末全部未完工	无	全部生产费用
	月末既有完工产品，又有未完工产品	选择以下分配方法中的一种，进行生产费用在完工产品与在产品之间的分配： 1. 不计算在产品成本法 2. 按年初数固定计算在产品成本法 3. 在产品按所耗原材料计价法 4. 在产品按约当产量比例法 5. 在产品按完工产品成本计算法 6. 在产品按定额成本计价法 7. 定额比例法	③＝①－②

二、常用生产费用在完工产品与月末在产品之间分配方法

表 3 - 2　　　　　生产费用在完工产品与月末在产品之间分配方法对比表

含义　　分配方法	适用条件	在产品数量的多少	在产品数量变化的大小	各项费用所占比重	定额管理基础的好坏
1. 不计算在产品成本法（一种简化的方法）	每月发生的生产费用，全部由该种完工产品成本负担，其每月生产费用之和也就是每月完工产品成本。适用于煤炭等采掘企业、自来水生产企业、发电企业	很小	变动不大		
2. 在产品按固定成本计价法（一种简化的方法）	采用这种分配方法时，各月末在产品的成本固定不变。适用于冶炼企业的炉内溶液、化工企业的输送带等（因为高炉与化学反应装置的容积固定）	较小，或者较大，但各月之间变化不大	变动不大		
3. 在产品按所耗原材料费用计价法	月末在产品只计算其所耗用的原材料费用，不计算工资及福利费等加工费用，就是说，产品的加工费用全部由完工产品成本负担。适用于造纸、酿酒、纺织等行业	较大	较大	原材料费用在成本中所占比重较大	
4. 在产品按约当产量比例法	将月末在产品数量按照完工程度折算为相当于完工产品的产量，即约当产量，然后按照完工产品产量与月末在产品约当产量的比例分配计算完工产品费用和月末在产品费用。适用范围最广泛	较大	较大	各项费用比重相差不多	
5. 在产品按完工产品成本计算法（一种简化的方法）	在产品视同完工产品分配费用。如果包装环节复杂，而且成本较高时，此方法要谨慎使用	月末在产品已经接近完工，或者加工完毕，但尚未验收或包装入库的产品			
6. 在产品按定额成本计价法（一种简化的方法）	月末在产品的各项费用按各该费用定额计算，亦即月末在产品成本按其数量和单位定额成本计算。某种产品的全部生产费用减去按定额单位成本计算的月末在产品成本，其余作为完工产品成本		变动不大	各项费用所占比重相差不多	定额准确、稳定

含义 分配方法	适用条件	在产品数量的多少	在产品数量变化的大小	各项费用所占比重	定额管理基础的好坏
7. 在产品按定额比例法	其生产费用按照完工产品与月末在产品定额消耗量或定额费用的比例分配。其中原材料费用按原材料的定额消耗量或定额费用比例分配。工资及福利费等其他费用，可以按各该定额费用的比例分配，也可按定额工时（即工时的定额消耗量）比例分配		变动较大		定额准确、稳定

还是让我们看看生产费用在完工产品与在产品之间分配的计算吧！

三、经典计算与分析一（在产品按完工产品成本计算法）

【业务3-1】长阳合营工业企业某种产品的月初在产品费用为：原材料费用 24 340 元，工资及福利费 7 610 元，制造费用 27 890 元，合计 59 840 元；本月生产费用为：原材料费用 62 280 元，工资及福利费 13 130 元，制造费用 28 230 元，合计 103 640 元。本月完工产品 810 件，月末在产品 410 件。月末在产品都已完工，尚未验收入库。

要求：计算完工产品与在产品成本。

分析：月末在产品已完工，仅是未验收入库，所以在产品可以视同完工产品分配各项费用。可以采用在产品按完工产品成本计算法分配产品费用。

步骤一：分别计算直接材料、直接人工、制造费用的分配率，算出完工产品与在产品分别应负担的的金额。

（1）直接材料（原材料）费用分配率＝原材料费用总额÷（完工产品产量＋月末在产品数量）＝（24 340＋62 280）÷（810＋410）＝71（元/件）

完工产品应负担的直接材料费用＝71×810＝57 510（元）

月末在产品应承担的直接材料费用＝（24 340＋62 280）－57 510＝29 110（元）

（2）直接人工费用分配率＝直接人工费用总额÷（完工产品产量＋月末在产品数量）
＝（7 610＋13 130）÷（810＋410）＝17（元/工时）

完工产品应负担的直接人工费用＝17×810＝13 770（元）

月末在产品应承担的直接人工费用＝（7 610＋13 130）－13 770＝6 970（元）

（3）制造费用分配率＝制造费用总额÷（完工产品产量＋月末在产品数量）

$$＝（27\ 890＋28\ 230）÷（810＋410）＝46（元/工时）$$

完工产品应负担的制造费用＝46×810＝37 260（元）

月末在产品应承担的制造费用＝（27 890＋28 230）－37 260＝18 860（元）

步骤二：汇总计算完工产品与在产品总成本。

完工产品的总成本为：57 510＋13 770＋37 260＝108 540（元）

月末在产品的总成本为：29 110＋6 970＋18 860＝54 940（元）

或 59 840＋103 640－108 540＝54 940（元）

四、经典计算与分析二（在产品按约当产量法）

约当产量比例法的一般计算公式：

月末在产品约当产量＝月末在产品数量×在产品完工（投料）百分比

$$某项费用分配率＝\frac{月初在产品成本＋本月生产费用}{完工产品产量＋月末在产品约当产量}×100\%$$

完工产品某项费用＝完工产品数量×某项费用分配率

月末在产品某项费用＝月末在产品约当产量×某项费用分配率（或倒推）

完工产品成本＝完工产品直接材料成本＋完工产品直接人工成本＋完工产品制造费用成本

月末在产品成本＝在产品直接材料成本＋在产品直接人工成本＋

在产品制造费用成本（或倒推）

小贴士

计算完工产品与在产品成本时，首先要解决两个问题：由于在产品各种费用的投入程度不同，必须先计算在产品投料程度（或投料率）和加工程度（或完工率、完工程度），其次是计算约当产量。

【业务3-2】康华工厂丙产品的材料消耗定额为80千克，需经两道工序完成。相关资料如表3-3所示，期初在产品及本月发生的直接材料为10 000元。

表3-3

工 序	材料消耗定额（千克）	在产品数量（件）	完工产品数量（件）
一	32	100	
二	48	200	400
合 计	80	300	400

假定：

（1）原材料在开工时一次投入；

（2）原材料在每道工序开始时一次投入；

（3）如果原材料随着生产进度陆续投入，且在第一工序也是陆续投入的，且与加工进度不一致（第1道工序工时定额24小时，第2道工序工时定额16小时）。

要求：计算在产品的约当产量。

分析：本题主要是确定月末分配原材料费用时，不同投料程度下在产品约当产量的计算。

（1）如原材料在开工时一次投入，在产品耗用的材料同完工产品耗用的相等，即投料率100％。此时直接材料费用按完工产品的数量和在产品数量比例分配。

即：

在产品约当产量＝在产品数量

在产品约当产量＝100＋200＝300（件）

（2）如原材料分工序在每工序开始时一次投入，则每一工序内的在产品所耗用的直接材料与该工序完工的半成品所耗用的直接材料相同。

$$\text{某道工序在产品投料率}=\frac{\text{前一道工序止累计投料定额＋本道工序投料定额}}{\text{产品材料消耗总定额}}\times100\%$$

其投料率计算如下：

第一工序投料率＝32÷80×100％＝40％

第二工序投料率＝（32＋48）÷80×100％＝100％

在产品约当产量＝100×40％＋200×100％＝240（件）

（3）如原材料随着生产进度陆续投入，且在第一工序也是陆续投入的，则直接材料费用的投料率可按下式计算：

某道工序在产品投料率＝

$$\frac{\text{前一道工序为止累计的投料定额＋本道工序的投料定额×本道工序的平均完工程度}}{\text{产品材料消耗总定额}}\times$$

100％（本道工序的平均完工程度按50％计算）

按材料消耗定额计算在产品投料率为：

第一工序投料率＝（32×50％）÷80×100％＝20％

第二工序投料率＝（32＋48×50％）÷80×100％＝70％

约当产量＝100×20％＋200×70％＝160（件）

【业务3-3】康华工厂乙产品的工时定额为40小时，需经两道工序完成，相关材料如表3-4所示。

表3-4

工　序	工时定额（小时）	在产品数量（件）
一	24	100
二	16	150
合　计	40	250

假定：

（1）如果分布在各工序的在产品数量比较均衡，而且各工序上生产定额工时也相差不大；

（2）如产品经若干工序加工，月末在产品各工序加工数量不均衡。

要求：分别计算两道工序的完工率及约当产量。

分析：本题主要是确定加工费用（直接人工及制造费用）分配给在产品与完工产品时，完工率及约当产量的计算。

（1）如果分布在各工序的在产品数量比较均衡，而且各工序上生产定额工时也相差不大，全部在产品完工程度不同，均可按 50% 平均计算。

某工序在产品完工率＝

$$\frac{前面各工序的工时定额之和＋本道工序的工时定额×本道工序的平均完工程度（50\%）}{工时定额} ×100\%$$

上列公式中，本工序的工时定额乘以 50%，是因该工序中各件在产品的完工程度不同，为了简化完工程度的测算工作，都按平均完工程度 50% 计算。

第一工序完工率＝24×50%÷40×100%＝30%

第二工序完工率＝24＋（16×50%）÷40×100%＝80%

假设上例第三工序工时为 40，则：

第三工序完工率＝24＋16＋（40×50%）÷80×100%＝75%

约当产量＝100×30%＋150×80%＝150（件）

动　脑　筋

为什么第二工序完工率要加上第一工序的定额工时呢？

原因是第二工序在产品是第一工序完成加工后转到第二工序的在产品，因而前面各道工序的工时定额应按 100% 计算，所以应该加上，以此类推。

（2）如产品经若干工序加工，月末在产品各工序加工数量不均衡。需用技术测定或其他方法对每道工序的完工率逐一测定，公式中的完工率就不按平均 50% 计算。其他计算方法同上。

【业务 3-4】某工业企业生产甲产品，2008 年 3 月份月初在产品成本及本月发生的费用见表 3-5；该产品由三道工序连续加工制成，各工序工时定额见表 3-6；该产品本月完工 126 件，月末在产品盘存件数见表 3-6。该产品原材料在投入生产时一次投入，各工序产品加工程度不一致，按约当产量法计算完工产品成本和在产品成本，并编制相关的会计分录。

表 3 - 5   单元：元

项　目	直接材料	直接人工	燃料和动力	制造费用
月初在产品成本	9 200	3 500	4 800	4 500
本月生产费用	13 120	3 700	6 080	4 620

表 3 - 6

生产工序	工时定额（小时）	月末在产品盘存数量（件）
一	20	20
二	20	20
三	10	20

分析：本题主要考虑不同的材料投料方式和不同的加工程度条件下，采用约当产量法计算完工产品成本与在产品成本。

步骤一：如果期初基本生产成本明细账中有期初余额即在产品成本，则要将期初在产品成本与本期发生的产品成本费用相加，再进行完工产品和在产品成本的分配。

步骤二：考虑投料方式的不同，本题生产时一次投入，投料程度可视为100%。直接材料费用按照完工产品的数量和在产品的盘存数量进行分配。

步骤三：考虑加工程度，因为本题是多步骤生产，各工序产品加工程度不一致，应按其在各工序的加工程度分别折算，然后再确定期末在产品约当产量。

计算每道工序的加工程度：

第一工序完工率＝（20×50%）÷（20＋20＋10）×100%＝20%

第二工序完工率＝（20＋20×50%）÷（20＋20＋10）×100%＝60%

第三工序完工率＝（20＋20＋10×50%）÷（20＋20＋10）×100%＝90%

步骤四：计算约当产量。

按投料程度确定的在产品约当产量＝（20＋20＋20）×100%＝60（件）

按加工程度计算在产品约当产量：

每道工序在产品约当产量＝本工序在产品数量×本工序在产品完工程度

第一工序约当产量＝20×20%＝4（件）

第二工序约当产量＝20×60%＝12（件）

第三工序约当产量＝20×90%＝18（件）

各工序在产品约当产量合计数：4＋12＋18＝34（件）

步骤五：计算费用分配率。

直接材料分配率＝（9 200＋13 120）÷（126＋60）＝120

直接人工分配率＝（3 500＋3 700）÷（126＋34）＝45

燃料动力分配率＝（4 800＋6 080）÷（126＋34）＝68

制造费用分配率＝（4 500＋4 620）÷（126＋34）＝57

步骤六：计算在产品成本。

月末在产品成本＝月末在产品直接材料成本＋月末在产品直接人工成本＋月末在产品
制造费用成本＝60×120＋（45＋68＋57）×34＝12 980（元）

步骤七：计算完工产品成本。

完工产品成本＝月末完工产品直接材料成本＋月末完工产品直接人工成本＋月末完工
产品制造费用成本＝126×120＋126×45＋126×68＋12×57＝36 540（元）

步骤八：结转完工产品成本。

借：库存商品——甲产品 36 540
　　贷：基本生产成本——甲产品 36 540

小贴士

在计算完工率时，要注意实际生产中在产品耗用的原材料和加工费用（直接工资、制造费用等）的情况是不一样的，所以我们必须分开讨论加工费用的完工程度和原材料的投料程度（也称投料率）。实际工作中在产品约当产量一般要求分成本项目计算，即分别算出直接材料、直接人工、制造费用的月末在产品和完工产品成本，然后汇总得出月末在产品全部成本。

五、经典计算与分析三（定额成本与定额比例法）

【业务3-5】某企业生产丙产品，需经过两道工序连续加工制成，本月完工752件，原材料在生产开始时一次投入。单件产品原材料费用定额为93元，工时定额10小时。每工时直接人工费用定额4.9元，制造费用定额1.7元。该企业生产较稳定，定额准确、稳定。各工序工时定额及在产品数量如表3-7所示。

表3-7

生产工序	工时定额（小时）	月末在产品盘存数量（件）
一	6	100
二	4	80
合　计	10	180

各工序月末在产品平均加工程度为50%。丙产品月初及本月生产费用合计为150 333.60元，其中直接材料95 343.60元，直接人工42 300元，制造费用12 690元。

分析1：该企业生产较稳定，定额准确、稳定，可采用在产品按定额成本计算分配方法。

动脑筋

什么叫生产较稳定？什么叫定额准确、稳定？

步骤一：在产品单项定额成本的计算。

（1）在产品直接材料定额成本＝在产品数量×材料消耗定额×材料计划单价

$$＝100×93＋80×93＝16\ 740（元）$$

（2）计算在产品定额工时：

定额工时＝各工序累计工时定额×该工序在产品的数量

第一工序定额工时＝6×50％×100＝300（小时）

第二工序定额工时＝（6＋4×50％）×80＝640（小时）

（3）在产品直接人工定额成本＝在产品数量×工时定额×计划小时工资率

（或定额工时×计划小时工资率）

$$＝4.9×（300＋640）＝1\ 470＋3\ 136＝4\ 606（元）$$

（4）在产品制造费用定额成本＝在产品数量×工时定额×计划小时费用率

（或定额工时×计划小时费用率）

$$＝1.7×（300＋640）＝510＋1\ 088＝1\ 598（元）$$

步骤二：在产品定额成本的汇总如表3－8所示。

月末在产品定额成本＝在产品直接材料定额成本＋在产品直接人工定额成本＋在产品

制造费用定额成本＝16\ 740＋4\ 606＋1\ 598＝22\ 944（元）

步骤三：推出完工产品总成本如表3－9所示。

表3－8　　　　　　　　　　　　月末在产品定额成本计算表

生产工序	在产品数量（件）	原材料费用（元）	定额工时（小时）	直接人工（元）	制造费用（元）	定额成本合计（元）
一	100	9 300	100×6×50％＝300	1 470	510	11 280
二	80	7 440	80×（6＋4×50％）＝640	3 136	1 088	11 664
合　计	180	16 740	940	4 606	1 598	22 944

表3－9　　　　　　　　　　　　产品成本计算单

产品名称：丙产品　　　　　　　　　　　　　　　　　　　　　　　单位：元

摘　要	直接材料	直接人工	制造费用	合　计
月初及本月生产费用合计	95 343.6	42 300	12 690	150 333.6
月末在产品成本定额	16 740	4 606	1 598	22 944
本月完工产品成本	78 603.6	37 694	11 092	127 389.6

![小贴士]

什么是工时定额？工时定额也可称"时间定额"，是生产单位产品或完成一定工作量所规定的时间消耗量。如对车工加工一个零件、装配工组装一个部件或一个产品所规定的时间；设备检修工时定额是检修设备的劳动定额，一般以工时为单位，即工时定额。而定额工时一般是从总量角度去说。

分析2：该企业生产较稳定，定额准确、稳定，也可采用在产品按定额比例法计算分配方法。

步骤一：计算完工产品与月末在产品的总定额。

（1）完工产品直接材料定额费用＝完工产品数量×单件产品直接材料定额

$$=752×93＝69\ 936（元）$$

（2）月末在产品直接材料定额费用＝180×93＝16 740（元）

（3）完工产品定额工时＝完工产品数量×工时定额＝752×10＝7 520（小时）

（4）月末在产品定额工时＝100×6×50％＋80×（6＋4×50％）＝940（小时）

步骤二：计算费用分配率。

（1）直接材料费用分配率＝$\dfrac{月初在产品直接材料费用＋本月实际发生直接材料费用}{完工产品定额材料费＋月末在产品定额材料费}$

$$=95\ 343.6÷（16\ 740＋19\ 740）＝1.1（元/件）$$

（2）直接人工费用分配率＝$\dfrac{月初在产品直接人工费用＋本月实际发生直接人工费用}{完工产品定额工时＋月末在产品定额工时}$

$$=42\ 300÷（7\ 520＋940）＝5（元/工时）$$

（3）制造费用分配率＝$\dfrac{月初在产品制造费用＋本月实际发生制造费用}{完工产品定额工时＋月末在产品定额工时}$

$$=12\ 690÷（7\ 520＋940）＝1.5（元/工时）$$

步骤三：计算月末在产品成本和本月完工产品成本。

（1）月末在产品总成本为24 524元（或倒推），其中：

月末在产品实际直接材料＝月末在产品定额材料费用×直接材料分配率

$$=16\ 740×1.1＝18\ 414（元）$$

月末在产品实际直接人工＝月末在产品定额工时×直接人工费用分配率

$$=940×5＝4\ 700（元）$$

月末在产品实际制造费用＝月末在产品定额工时×制造费用分配率

$$=940×1.5＝1\ 410（元）$$

（2）月末完工产品总成本为125 809.6元（或倒推），其中：

月末完工产品实际直接材料＝月末完工产品定额材料费用×直接材料分配率

$$=69\ 936×1.1＝76\ 929.6（元）$$

月末完工产品实际直接人工＝月末完工产品定额工时×直接人工费用分配率

＝7 520×5＝37 600（元）

月末完工产品实际制造费用＝月末完工产品定额工时×制造费用分配率

＝7 520×1.5＝11 280（元）

表 3－10 产品成本计算单

产品名称：丙产品 单位：元

摘　要		直接材料	直接人工	制造费用	合　计
月初及本月生产费用合计		95 343.6	42 300	12 690	150 333.6
定额材料、定额工时	完工产品	69 936	7 520	7 520	84 876
	月末在产品	16 740	940	940	18 620
	合计	86 676	8 460	8 460	103 496
费用分配率		1.1	5	1.5	
费用分配	完工产品成本	76 929.6	37 600	11 280	125 809.6
	月末在产品成本	18 414	4 700	1 410	24 524

任务三 企业生产特点与管理要求对产品成本计算方法的影响

一、企业生产特点

表 3－11 企业生产特点分类表

分　类		概念及适用范围	特　点
按产品工艺过程分类	简单生产（单步骤生产）	指产品生产工艺不能间断，或者不便于分散在不同地点进行的单步骤生产。如发电、采煤、采矿等的生产	生产周期较短，生产过程中间不产出半成品
	复杂生产 装配式多步骤生产	指各生产步骤可以在不同的时间和地点对原材料进行平行加工，制成产品的各种零部件，然后将零部件装配成完工产品。例如机械、车辆、仪表、计算机、电视机等制造工业。计算机装配图如图3-1所示	生产周期相对较长，在产品生产过程中会产出半成品
	连续式多步骤生产	指原材料投入生产后，要依次经各生产步骤连续加工，才能成为产品。在生产过程中上一步完工的半成品要转入下一步骤作为加工对象。例如纺织、钢铁、水泥、造纸、啤酒等工业生产。啤酒流程图如图3-2所示	

分　类		概念及适用范围	特　点
按生产组织方式分类	大量生产	指不断地重复进行相同产品的生产。如纺织、冶金、啤酒、化肥、矿泉水、面粉等的生产。矿泉水工艺流程如图3-3所示	产品的品种一般较少，在产品生产过程中，材料不断投入，产品陆续产出，产量比较稳定
	成批生产　大批生产	指按与客户约定的数量和规格，间隔一段时期重复进行某种产品的生产。如服装、电梯、药品、印刷品的生产	产品批量大，往往在几个月内不断地重复生产一种或几种产品，其性质接近于大量生产
	成批生产　小批生产		生产产品的批量小，一批产品一般可以同时投产，又同时完工，其性质接近于单件生产
	单件生产	指根据购买者订单，为制造特定品种与规格的个别产品而进行的生产。如重型机器、大型设备、船舶的制造	从事单件生产的企业或车间中，能生产的产品品种多，数量少，生产周期长，产品很少重复

小贴士

什么叫产品生产工艺过程？什么叫生产组织方式？

产品生产工艺过程是指产品从投料到完工的生产工艺、加工制造过程。

生产组织方式是企业生产的专业化程度，具体是指在一定时期生产产品品种的多少、同种类产品的数量以及生产的重复程度。

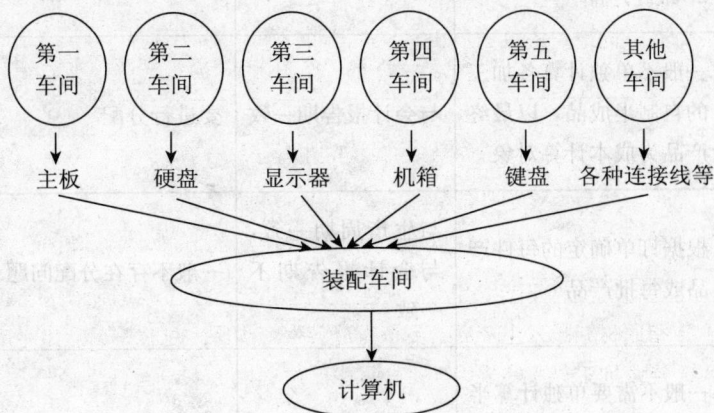

图3-1　计算机装配式多步骤生产

制麦 →产出麦芽化→ 糖化 →成麦汁→ 发酵 →生成生啤酒→ 包装 →形成→ 瓶装啤酒

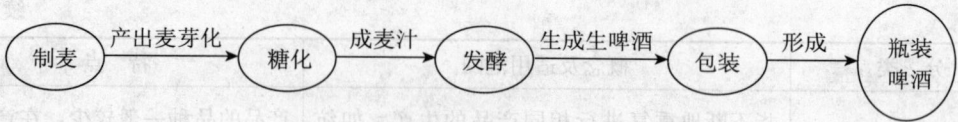

图 3-2　啤酒连续式多步骤生产

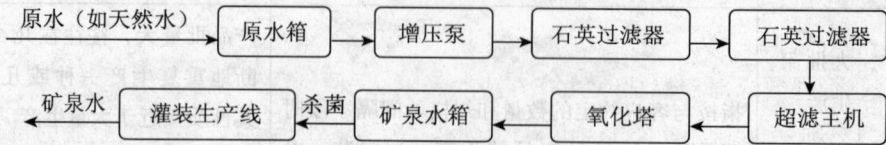

原水（如天然水）→ 原水箱 → 增压泵 → 石英过滤器 → 石英过滤器

矿泉水 ← 灌装生产线 ←杀菌← 矿泉水箱 ← 氧化塔 ← 超滤主机

图 3-3　矿泉水工艺流程

二、生产特点与管理要求对产品成本计算方法的影响

1. 生产特点对产品成本计算方法的影响

表 3-12　　　　　　　　产品生产特点和管理要求对成本计算的影响

生产特点	成本计算对象	成本计算期	完工产品和在产品之间生产费用的分配	适用成本计算方法
简单生产（单步骤大量生产）	最终产品	与会计报告期一致	没有期末在产品，即便有数量较稳定，一般不存在分配问题	品种法
连续式复杂生产（多步骤大量大批生产）	1. 单独计算各加工的自制半成品 2. 最终产品	与会计报告期一致	要进行分配	分步法——逐步结转分步法
连续式复杂生产（多步骤大量大批生产）	一般不单独计算各加工的自制半成品，以最终产品为成本计算对象	与会计报告期一致	要进行分配	分步法——平行结转分步法
装配式复杂生产（单件小批生产）	根据订单确定的每件产品或每批产品	与生产周期一致，与会计报告期不一致	一般不存在分配问题	分批法（订单法）
装配式复杂生产（大量大批生产）	一般不需要单独计算半成品成本，以最终产品为成本计算对象	与会计报告期一致	要进行分配	分步法——平行结转分步法

小贴士

什么叫成本计算对象？什么叫确定成本计算对象？

成本计算对象，即计算什么的成本。确定成本计算对象，就是为了解决生产费用由什么来承担的问题。

2. 企业管理要求对产品成本计算方法的影响

成本计算对象的确定，不完全取决于企业生产类型的特点，还受到企业内部管理要求的影响。例如，确订单件小批生产的成本计算对象时，可以根据经济、合理地组织生产和便于管理的要求，对客户的订单作适当合并或再划小批别，按重新组合的生产批别作为成本计算对象。又如，确定大量大批多步骤生产的成本计算对象时，对管理上不需要计算半成品成本的加工步骤可作适当归并，以减少产品的成本计算对象和简化核算。

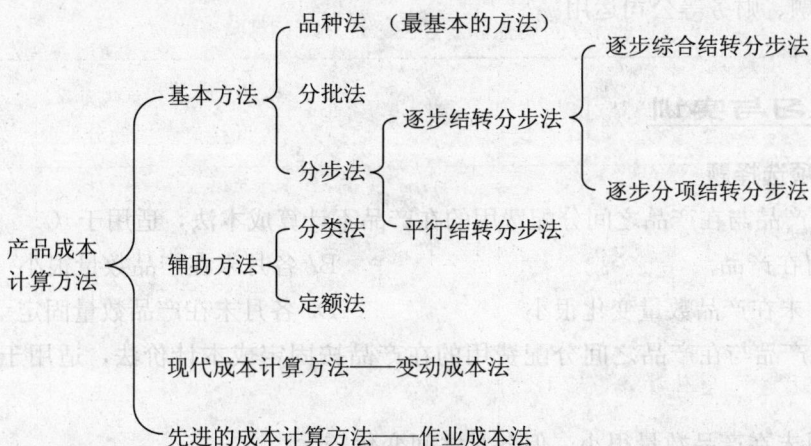

产品成本计算方法
- 基本方法
  - 品种法　（最基本的方法）
  - 分批法
  - 分步法
    - 逐步结转分步法
      - 逐步综合结转分步法
      - 逐步分项结转分步法
    - 平行结转分步法
- 辅助方法
  - 分类法
  - 定额法
- 现代成本计算方法——变动成本法
- 先进的成本计算方法——作业成本法

图 3－4　产品成本计算方法汇总

产品成本计算方法（如图3-4所示）就在后面的项目中，很快要和大家见面啦！

知识长廊

（1）在产品按定额比例法与在产品按定额成本计价的区别

在产品按定额成本计价，其实际成本与定额成本的差异全部由完工产品成本负担；而采用定额比例法分配的情况下，产品实际成本脱离定额成本的差异，则按完工产品和月末在产品按定额消耗量或定额成本的比例分摊。因此，按定额比例法划分完工产品与在产品的总成本，可以减少由于月初、月末在产品数量波动对完工产品成本准确性的影响。

(2) 什么是作业成本法

作业成本法简称 ABC 法，即以作业为基础的成本计算方法。作业成本法的基本理论认为，企业的全部经营活动是由一系列相互关联的作业组成的，企业每进行一项作业都要耗用一定的资源，而企业生产的产品（包括提供的服务）需要通过一系列的作业来完成。因而，产品的成本实际上就是企业全部作业所消耗资源的总和。在计算成本时，首先按经营活动中发生的各项作业来归集成本，计算作业成本；然后再按各项作业成本与成本对象（产品或服务）之间的因果关系，将作业成本追溯到成本对象，最终完成成本计算过程。

运用作业成本法，我们可以将制造费用、销售费用、管理费用等间接成本更加准确地分配到有关产品，从而得到满足不同需要的成本信息。作业成本法首先在制造业运用，近年来也在金融、财务等公司运用。

练习与实训

一、单项选择题

1. 完工产品与在产品之间分配费用的在产品不计算成本法，适用于（ ）的产品。

A. 没有在产品　　　　　　　　　　B. 各月末在产品数量很小

C. 各月末在产品数量变化很小　　　　D. 各月末在产品数量固定

2. 完工产品与在产品之间分配费用的在产品按固定成本计价法，适用于（ ）的产品。

A. 各月末在产品数量很小、但各月之间变化较大

B. 各月末在产品数量较大

C. 各月末在产品数量变化较大

D. 各月末在产品数量虽大，但各月之间变化不大

3. 完工产品与在产品之间分配费用的在产品按所耗原材料费用计价法，适用于（ ）的产品。

A. 各月末在产品数量较大　　　　　　B. 各月末在产品数量变化较大

C. 原材料费用在产品成本中比重较大　　D. 以上三项条件同时具备

4. 约当产量比例法适用于（ ）。

A. 月末在产品数量较大

B. 各月末在产品数量变化较大

C. 产品成本中原材料费用和工资等加工费用的比重相差不大

D. 以上三个条件同时具备

5. 在产品完工率为下列工时定额与完工产品工时定额的比率（　　）。

A. 所在工序工时定额

B. 所在工序工时定额之半

C. 所在工序累计工时定额

D. 上道工序累计工时定额与所在工序工时定额之半的合计数

6. 原材料在每道工序开始时分别一次投入的情况下，分配原材料费用的在产品完工率，为原材料的下列消耗定额与完工产品消耗定额的比率（　　）。

A. 所在工序消耗定额别

B. 所在工序累计消耗定额

C. 所在工序累计消耗定额之半

D. 上一道工序累计消耗定额与所在工序消耗定额之半的合计数

7. 在产品按定额成本计价法适用于（　　）的产品。

A. 消耗定额比较准确、稳定　　　　　　B. 各月末在产品数量变化较大

C. 各月末在产品数量变化不大　　　　　D. 第一、三项条件同时具备

8. 某种产品的成本中原材料费用所占比重很大，原材料随着生产进度逐渐投入生产，在分配完工产品与月末在产品费用时，应采用的方法是（　　）。

A. 在产品按所耗原材料费用计价法　　　B. 约当产量比例法

C. 原材料费用按约当产量比例法分配　　D. 第一、三两法结合的方法

9. 某企业只生产一种产品。2009 年 4 月 1 日期初在产品成本 3.5 万元；4 月份发生如下费用：生产领用材料 6 万元，生产工人工资 2 万元，制造费用 1 万元，管理费用 1.5 万元，广告费 0.8 万元；月末在产品成本 3 万元。该企业 4 月份完工产品的生产成本为（　　）万元。

A. 8.3　　　　　　B. 9　　　　　　C. 9.5　　　　　　D. 11.8

10. 某企业只生产和销售甲产品，2009 年 4 月 1 日期初在产品成本 3.5 万元。4 月份发生如下费用：领用材料 6 万元，生产工人工资 2 万元，制造费用 1 万元，行政管理部门物料消耗 1.5 万元，专设销售机构固定资产折旧费 0.8 万元；月末在产品成本 3 万元。该企业 4 月份完工甲产品的生产成本为（　　）万元。

A. 9　　　　　　B. 9.5　　　　　　C. 8.3　　　　　　D. 11.8

二、多项选择题

1. 采用在产品按定额成本计价法分配完工产品和月末在产品费用，应具备的条件是（　　）。

A. 消耗定额比较准确　　　　　　B. 消耗定额变动较大

C. 消耗定额比较稳定　　　　　　D. 各月末在产品数量变化较大

E. 各月末在产品数量变化较小

2. 采用定额比例法分配完工产品和在产品费用应具备的条件是（　　）。

A. 消耗定额比较准确、稳定　　　　　　B. 各月末在产品数量很小

C. 各月末在产品数量变化不大 D. 各月末在产品数量变化较大

E. 定额管理基础好

3. 在确定完工产品与月末在产品费用的分配方法时，应该考虑的条件是（　　）。

A. 各月末在产品数量多少 B. 各月末在产品数量变化大小

C. 产品成本中各项费用比重大小 D. 在产品是否接近完工

E. 定额管理基础好坏

4. 属于产品计算的基本方法是（　　）。

A. 成本法 B. 分批法 C. 分步法 D. 分类法

E. 定额法

5. 确定成本计算对象的原则是（　　）。

A. 符合企业生产的特点 B. 满足企业成本管理的要求

C. 企业的职工人数的多少 D. 与成本计算期相关联

E. 一切从简

三、判断题

1. 各月末的在产品数量变化不大的产品，可以不计算月末在产品成本。（　　）

2. 在产品按其所耗原材料费用计价时，在产品所耗其他费用全部由完工产品成本负担。（　　）

3. 完工产品与在产品之间分配费用的约当产量比例法只适用于工资和其他加工费用的分配，不适用于原材料费用的分配。（　　）

4. 完工产品与在产品之间分配费用，如果采用不计算在产品成本的方法，则在产品就成为完工产品，全部生产费用之和就是完工产品成本。（　　）

5. 采用在产品按定额成本计价法，由于技术进步，劳动熟练程度提高而降低了当月消耗定额以后，反而会使完工产品成本相对提高。（　　）

6. 采用在产品按固定成本计价法时，每年末都应实际盘点、计算一次在产品成本。（　　）

7. 如果原材料在生产产品的每道工序开始时一次投入，则用来分配原材料费用的最后一道工序的完工率为100%。（　　）

8. 采用约当产量法分配原材料费用的完工率与分配加工费用的完工率都是通用的。（　　）

9. 在产品按定额成本计价时，在产品费用脱离定额的差异全部由完工产品成本负担。（　　）

10. 如果企业各月末在产品数量很少，价值很低，算不算在产品成本对完工产品成本的影响很小，且各月在产品数量比较稳定，可以采用不计算在产品成本的方法。（　　）

11. 发电、采掘企业属于大量大批的多步骤生产企业。（　　）

12. 单步骤生产是指工艺技术过程不能间断，或者不便于分散在不同地点进行的生产。（　　）

13. 企业可以以一种成本计算方法为主,结合其他成本计算方法综合应用。(　　)

14. 工业企业生产按不同的标准分类,可以分为不同的生产类型。分类不是孤立、相斥的,而是交融的。(　　)

四、计算题

1. 某企业生产的甲产品分三道工序制成,各工序的原材料消耗定额为:第一道工序100千克,第二道工序60千克,第三道工序40千克。月末在产品数量:第一道工序150件,第二道工序200件,第三道工序250件。

要求:

(1)若原材料于每道工序开始时一次投入,计算各工序在产品的投料率和约当产量,并填在表3-13中。

表3-13　　　　　　　　月末在产品直接材料约当产量计算表

工 序	月末在产品数量（件）	单位产品原材料消耗定额（千克）	投料率	在产品约当产量（件）
一				
二				
三				
合 计				

(2)若原材料于每道工序开始后随生产进度陆续投入,计算各工序在产品的投料率和约当产量,并填在表3-14中。

表3-14　　　　　　　　月末在产品直接材料约当产量计算表

工 序	月末在产品数量（件）	单位产品原材料消耗定额（千克）	投料率	在产品约当产量（件）
一				
二				
三				
合 计				

2. 某企业生产A产品,分三道工序制成,A产品工时定额为100小时,其中:第一道工序40小时,第二道工序30小时,第三道工序30小时。月末在产品数量:第一道工序1 000件,第二道工序1 200件,第三道工序1 500件。各工序月末在产品在本道工序的平均加工程度按50%计算。

要求:计算各工序在产品的完工率和约当产量。

3. 甲公司生产 M 产品，有关成本资料如表 3 - 15 所示：

表 3 - 15 　　　　　　　　　　M 产品生产成本构成表 　　　　　　　　　　单位：元

摘　要	直接材料	直接人工	制造费用	合　计
月初在产品成本	20 000	1 200	2 400	23 600
本月发生生产成本	70 000	10 000	20 000	100 000
本月生产成本合计	90 000	11 200	22 400	123 600

原材料在生产开始时一次投入，其他费用在生产过程中均衡发生。本月完工产品数量为 800 件，月末在产品数量为 200 件。直接材料计划单价每千克 2 元，每件产品材料定额为 48 千克。单位产品工时定额 2.5 小时，计划每工时费用分配率为：直接人工 5 元/小时，制造费用 10 元/小时。

要求：采用月末在产品按定额成本计价法分配计算本月完工产品和月末在产品成本。将计算结果填入表 3 - 16、表 3 - 17 中。

表 3 - 16 　　　　　　　　　月末在产品定额成本计算表

在产品数量	原材料费用（元）	定额工时（小时）	直接人工（元）	制造费用（元）	定额成本合计（元）

表 3 - 17 　　　　　　　　　产品成本计算单 　　　　　　　　　单位：元

摘　要	直接材料	直接人工	制造费用	合　计
月初在产品成本				
本月发生生产费用				
本月生产成本合计				
月末在产品定额成本				
本月完工产品成本				

4. 某公司 A 产品本月完工产品产量 3 000 个，月末在产品数量 400 个。完工程度按平均 50% 计算，材料在开始生产时一次投入，A 产品本月月初在产品和本月耗用直接材料共计 1 360 000 元，直接人工 640 000 元，制造费用 960 000 元。

要求：分别计算各完工产品项目成本及最后总成本，并写出会计分录。

5. 某公司 A 产品本月完工产品产量 300 个，在产品数量 40 个。单位完工产品定额消耗为：材料 400 千克/个，100 工时/个。单位在产品材料定额 400 千克。工时定额 50 小时。有关成本资料如表 3 - 18 所示：

表 3-18 A产品生产成本构成表 单位：元

项　　目	直接材料	直接人工	制造费用	合　　计
期初在产品成本	400 000	40 000	60 000	500 000
本期发生费用	960 000	600 000	900 000	2 460 000
合　　计	1 360 000	640 000	960 000	2 960 000

要求：按定额比例法计算在产品成本及完工产品成本，并写出会计分录。

6. 某工业企业大量生产甲产品，生产费用在完工产品与在产品之间的分配采用约当产量比例法。本月有关成本资料表如3-19所示。

表 3-19 本月成本表

工　序	工时定额（小时）	月末在产品数量（件）
一	90	500
二	60	300
合　计	150	800

该企业本月完工 600 件，月初在产品和本月为生产发生的职工薪酬费用累计7 128元。

要求：采用约当产量比例法，计算以下内容：

（1）各工序的产品完工率；

（2）各工序在产品约当产量；

（3）职工薪酬费用分配率；

（4）完工产品职工薪酬费用；

（5）月末在产品职工薪酬费用。

五、实训题

〈实训目的〉：1. 熟练掌握生产费用在完工产品与在产品之间的几种分配方法，比较各种方法的优缺点。2. 更多了解企业生产特点及管理要求，懂得选择合理的分配方法。

〈实训资料〉：1. 走出课堂，上网搜集大中小型工业企业生产产品的工艺过程、生产组织方式及管理要求。2. 业余时间或利用参观的机会走进企业，实践企业的生产流程，了解企业的生产经营特点等，并和会计理论相结合。3. 结合成本会计要求，分组进行讨论。

〈实训体会〉：

〈教师评价〉：

模块二 产品成本基本计算方法——品种法

案例引入

某学校组织学生在几个城市的多个企业实习工业企业成本会计业务，这些学生离开学校，真正运用学过的知识，难免有些紧张。几天后的一个晚上，大家便在网上聊了起来。

网名叫"临阵磨枪"的同学说："晕啊，不知怎么办啊！我们这里采用的是品种法核算，不知如何下手啊！Help me！"

网名叫"有点好运气"的同学说："着啥急，我们公司是运用分步法核算产品成本，更难呢，可帮带老师是个会计师，她对我提出的问题都能很耐心地回答，但我现在还是不懂整个核算流程是什么，唉！"

网名叫"不离书"的同学说："车到山前必有路，没路还有书！我们的帮带老师可不耐烦了，我今天问她一个问题，她都不理我，瞧不起我这个实习生，还好，我把成本会计书带在了身边。"

这回网名叫"脚踏实地"的同学说："前两天，我们主管带我们参观了公司的各个车间，主管说成本会计一定要了解企业的生产流程和各个关键的作业，了解车间最新的生产情况，及时地分析每个月的成本波动，坐在办公室每天进行核算可不行，理论一定要联系实际啊。我们老师又给我们讲解了成本会计核算流程，还夸我们学得扎实呢！"

过了一会儿，"脚踏实地"又说："主管说，还得看看企业的成本会计管理制度，每个企业成本会计核算是大同小异的。再接下来一般是建立成本费用总账和明细账……"

学习思路

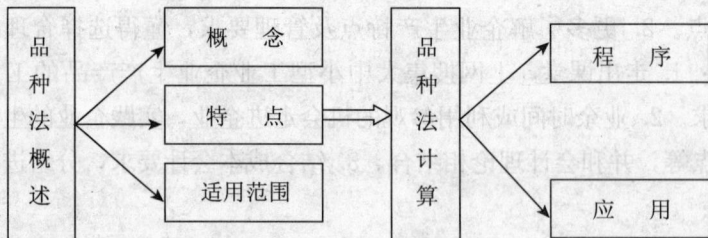

任务一 品种法概述

一、品种法的概念

品种法也称简单法，是以产品品种为产品成本计算对象，归集和分配生产费用，计算产品成本的一种最基本的方法。

二、品种法的特点

1. 成本计算对象

品种法以产品品种作为成本计算对象，并据以设置产品成本明细账归集生产费用和计算产品成本。如果企业生产的产品不止一种，就需要以每一种产品作为成本计算对象，分别设置产品成本明细账或计算单。

2. 成本计算期

由于大量大批的生产是不间断的连续生产，无法按照产品的生产周期来归集生产费用、计算产品成本，因此，产品成本是按月定期计算的，与报告期一致，与产品生产周期不一致。

3. 有期末在产品时，生产费用需要在完工产品和在产品之间进行分配

（1）如果是大量大批的简单生产，由于简单生产是一个生产步骤就完成了整个生产过程，月末一般没有在产品，因此，计算产品成本时不需要将生产费用在完工产品和在产品之间进行分配。

（2）如果是管理上不要求分步骤计算产品成本的大量大批的复杂生产，那么就采用品种法计算产品成本。由于复杂生产是需要经过多个生产步骤的生产，所以月末（或者任何时点）一般生产线上都会有在产品，因此，计算产品成本时就需要将生产费用在完工产品和在产品之间进行分配。可分析具体情况，选择合适的方法进行分配。

三、品种法的适用范围

（1）品种法主要适用于大量大批的单步骤生产企业，如发电、供水、采掘等企业。

（2）在大量大批的多步骤生产的企业中，如果企业规模较小，管理上又不要求提供各步骤的成本资料时，也可以采用品种法计算产品成本。

（3）企业的辅助生产车间也可以采用品种法计算产品成本。

任务二 品种法的计算

一、品种法计算的程序

1. 开设成本明细账

按产品品种设置"基本生产成本明细账"或"成本计算单"、"辅助生产成本明细账"、"制造费用明细账"，并按成本项目或费用项目设置专栏。

2. 分配各种要素费用

（1）根据货币资金支出业务，按用途分类汇总各种付款凭证，登记各项费用，据以登记有关明细账。

（2）根据领退料凭证及有关分配标准，编制材料费用分配表，分配材料费用，据以登记有关明细账。

（3）根据电费付款凭证和实际耗用量，编制外购动力费用分配表，据以登记有关明细账。

（4）根据工资结算凭证和社保费等提取标准，编制工资及社保费等分配表，分配工资及社保费等，据以登记有关明细账。

（5）根据固定资产使用情况及折旧办法，编制固定资产折旧费用分配表，分配固定资产折旧费，据以登记有关明细账。

（6）根据"长期待摊费用明细账""待摊费用明细账"和"预提费用明细账"记录，编制长期待摊费用、待摊费用和预提费用分配表，分配待摊费用和预提费用，据以登记有关明细账。

3. 分配辅助生产费用。

根据"辅助生产成本明细账"归集的生产费用，编制辅助生产费用分配表，采用适当的分配方法，分配辅助生产费用，据以登记有关明细账。

4. 分配基本生产车间制造费用

根据基本生产车间"制造费用明细账"上归集的生产费用，编制制造费用分配表，采用适当的分配方法，分配制造费用，据以登记"基本生产成本明细账"或"成本计算单"。

5. 计算各种产品的完工产品成本和在产品成本

根据"基本生产成本明细账"或"成本计算单"上归集的生产费用，在月末采用适当的计算方法，计算各种产品的完工产品成本和在产品成本。如果月末没有在产品，则本月生产费用总额就全部是完工产品成本。

6. 结转完工产品成本

根据"基本生产成本明细账"或"成本计算单"计算的各种产品完工产品成本，编制"完工产品成本汇总表"，计算完工产品和在产品的成本和单位成本，据以结转产成品生产成本。

二、品种法的应用

> 同学们，接下来要认真一点，让细心和耐心都派上场！

【业务3-6】下面举一个较完整的例子来说明品种法的计算，相关资料如下：

华天电脑有限公司是生产与销售主板、硬盘、显示器、机箱等产品的中型企业，是大量大批的单步骤生产，是一般纳税人，实行一级成本核算。其工艺流程如图3-5所示：

图 3-5 产品工艺流程

（1）原材料采用计划成本法核算，期末编制材料"发料或收料凭证汇总表"，发出材料要结转应分摊的材料成本差异额。包装物、低值易耗品的核算采用实际成本法和一次摊销法。外购水电费均按各使用电表、水表的实际记录入账。

（2）每月按本月工资总额的 12%、2%、20%分别计提住房公积金、工会经费、养老保险费。月终，基本生产车间生产工人的工资按各种产品的生产工时比例进行分配。

（3）固定资产折旧的核算采用平均年限法，按分类折旧计算。机器设备类的月折旧率为 1%，房屋建筑物为 0.6%。

（4）基本生产车间的"制造费用"，按各种产品的生产工时（主板 18 000 工时，硬盘 20 000，液晶显示器 10 000）为标准进行分配。辅助生产不设"制造费用"账户，机修车间费用按直接分配法并按生产工时分配各受益对象，受益工时分别为：基本生产车间 5 000 工时，厂部管理部门为 1 000 工时。

（5）基本生产成本明细账户期初余额如表 3-20 所示：

表 3-20
单位：元

产品名称	直接材料	直接人工	制造费用	合　计
主板	20 000	10 000	4 000	34 000
硬盘	940 000	160 000	190 000	1 290 000
合计	960 000	170 000	194 000	1 324 000

（6）期末在产品按约当产量法计算。材料从开始生产时一次性投入，完工程度按 50%计算。

要求：按品种法进行 2009 年 8 月的成本核算。

成本核算程序如下：

步骤一：按照产品品种设置相关成本明细账。

动脑筋

根据以前学过的知识，你认为要设置哪些账簿呢？各个企业的明细账会绝对一致吗？另外，凭证中账户明细科目要和账簿中保持一致吗？

步骤二： 分配各种要素费用。

任务1： 各期间根据购买办公用品的发票及付款凭证，填制办公用品分配表，编制会计凭证（或会计分录），登记相关账簿。

表3-21

办公用品分配表

2009 年 8 月 11 日

单位：元

单 位	金额（不含增值税）	合 计
基本生产车间	700	700
机修车间	100	100
厂部管理部门	560	560
合 计	1 460	1 460

会计主管：　　　　　　　　　审核：　　　　　　　　　制表：

借：制造费用——基本生产车间（办公费）　　　　700
　　辅助生产成本——机修车间（办公费）　　　　100
　　管理费用——办公费　　　　　　　　　　　　560
　　应交税费——应交增值税（进项税额）　　　248.2
　　贷：银行存款或应付账款　　　　　　　　　　　1 608.2

动脑筋

要注意区别购入后直接领用和购入后先入库再出库的凭证或分录。

任务2： 各期间根据出库单或领料单，填制劳保用品分配表，编制会计凭证（或会计分录），登记相关账簿。

表3-22

劳保用品分配表

2009 年 8 月 15 日

单 位	工作服		手 套		合计（元）
	数量（套）	金额（元）	数量（副）	金额（元）	
基本生产车间	200	20 000	2 000	4 000	24 000
机修车间	19	1 900	50	100	2 000
合 计	219	21 900	250	4 100	26 000

会计主管：　　　　　　　　　审核：　　　　　　　　　制表：

借：制造费用——基本生产车间（物料消耗）　　24 000

　　辅助生产成本——机修车间（物料消耗）　　2 000

　　贷：周转材料——低值易耗品　　　　　　　　　26 000

任务 3：各期间根据各种水电费发票及付款原始凭证，以及各仪器计量数，填制水电费分配表，编制会计凭证（或会计分录），登记相关账簿。

表 3 - 23　　　　　　　　　　　　　　**水电费分配表**

2009 年 8 月 26 日　　　　　　　　　　　　　　　　　单位：元

单 位	水费（不含增值税）	电费（不含增值税）	合 计
基本生产车间一般耗用	2 300	9 711	12 011
机修车间	160	585	745
厂部管理部门	440	1 404	1 844
合 计	2 900	11 700	14 600

会计主管：　　　　　　　　　审核：　　　　　　　　　制表：

借：制造费用——基本生产车间（水电费）　　12 011

　　辅助生产成本——机修车间（水电费）　　745

　　管理费用——水电费　　　　　　　　　　1 844

　　应交税费——应交增值税（进项税额）　　2 163

　　贷：银行存款　　　　　　　　　　　　　　16 763

小 贴 士

对购进独立核算水厂的自来水的一般纳税人取得的增值税专用发票上注明的增值税税款（按 6% 征收率开具）予以抵扣。

任务 4：期末，根据领料单或出库单或汇总表，填制原材料费用分配表，编制会计凭证（或会计分录），登记相关账簿。

表 3 - 24
原材料费用分配表

2009 年 8 月 30 日
单位：元

受益对象	材料名称	原材料（计划成本）	合 计
基本生产	主板	800 000	800 000
	硬盘	1 000 000	1 000 000
	液晶显示器	510 000	510 000
	小计	2 310 000	2 310 000
基本生产车间		38 558.24	38 558.24
机修车间		8 000	8 000
厂部管理部门		15 000	15 000
合 计		2 371 558.24	2 371 558.24

会计主管：　　　　　　　审核：　　　　　　　制表：

借：基本生产成本——主板（直接材料）　　　　　　800 000
　　　　　　　——硬盘（直接材料）　　　　　1 000 000
　　　　　　　——液晶显示器（直接材料）　　　510 000
　　制造费用——基本生产车间（物料消耗）　　38 558.24
　　辅助生产成本——机修车间（物料消耗）　　　8 000
　　管理费用——物料消耗　　　　　　　　　　15 000
　　　贷：原材料　　　　　　　　　　　　　　2 371 558.24

任务 5：期末，根据原材料费用分配表，填制发出材料成本差异计算表，编制会计凭证（或会计分录），登记相关账簿。

表 3 - 25
发出材料成本差异计算表

2009 年 8 月 31 日
单位：元

受益对象	材料名称	原材料（计划成本）	差异率	差异额
基本生产	主板	800 000		16 000
	硬盘	1 000 000		20 000
	液晶显示器	510 000		10 200
	小计	2 310 000		46 200
基本生产车间		38 558.24		771.16
机修车间		8 000		160
厂部管理部门		15 000		300
合 计		2 371 558.24	2%	47 431.16

会计主管：　　　　　　　审核：　　　　　　　制表：

借：基本生产成本——主板（直接材料） 16 000

　　　　　　——硬盘（直接材料） 20 000

　　　　　　——液晶显示器（直接材料） 10 200

　　制造费用——基本生产车间（物料消耗） 771.16

　　辅助生产成本——机修车间（物料消耗） 160

　　管理费用——物料消耗 300

　　贷：原材料 47 431.16

任务 6： 期末，根据相关工资、住房公积金、工会经费、养老保险等资料，填制职工薪酬分配表，编制会计凭证（或会计分录），登记相关账簿。

表 3-26　　　　　　　　　　　　　职工薪酬分配表

2009 年 8 月 31 日

受益对象	材料名称	应分配的工资			工会经费 (2%) (元)	住房公积金 (12%) (元)	应提养老保险费 (20%) (元)	合计（元）
		生产工人工时（小时）	分配率（元/小时）	分配额（元）				
基本生产	主板	18 000		148 500	2 970	17 820	29 700	198 990
	硬盘	20 000		165 000	3 300	19 800	33 000	221 100
	液晶显示器	10 000		82 500	1 650	9 900	16 500	110 550
	小计	48 000	8.25	396 000	7 920	47 520	79 200	530 640
基本生产车间				22 800	456	2 736	4 560	30 552
机修车间				24 500	490	2 940	4 900	32 830
厂部管理部门				374 700	7 494	44 964	74 940	502 098
合　计		48 000		818 000	16 360	98 160	163 600	1 096 120

会计主管：　　　　　　审核：　　　　　　　　　　制表：

借：基本生产成本——主板（直接人工） 198 990

　　　　　　——硬盘（直接人工） 221 100

　　　　　　——液晶显示器（直接人工） 110 550

　　制造费用——基本生产车间（职工薪酬） 30 552

　　辅助生产成本——机修车间（职工薪酬） 32 830

　　管理费用——职工薪酬 502 098

　　贷：应付职工薪酬——职工工资 818 000

　　　　　　——工会经费 16 360

　　　　　　——住房公积金 98 160

　　　　　　——社会保险费 163 600

任务 7：期末，根据相关资料计提本月固定资产折旧，填制固定资产折旧计算表，编制会计凭证（或会计分录），登记相关账簿。

表 3 - 27　　　　　　　　　　　　固定资产折旧计算表

2009 年 8 月　　　　　　　　　　　　　　　　　　　　　单位：万元

使用部门		月折旧率（%）	上月计提折旧原值	上月增加原值	上月减少原值	本月计提	
						原值	折旧额
基本生产车间	厂房	0.6	600	200		800	4.8
	机器设备	1	3 000			3 000	30
机修车间	厂房	0.6	100			100	0.6
	机器设备	1	150			150	1.5
厂部管理部门	厂房	0.6	450		50	400	2.4
	机器设备	1	130			130	1.3
合　计			4 430	200	50	4 580	40.6

会计主管：　　　　　　　　　审核：　　　　　　　　　　制表：

借：制造费用——基本生产车间（折旧费）　　348 000

　　辅助生产成本——机修车间（折旧费）　　21 000

　　管理费用——折旧费　　　　　　　　　　37 000

　　贷：累计折旧　　　　　　　　　　　　　　406 000

步骤三：分配辅助生产费用。

任务：期末，根据辅助生产车间明细账汇集的合计数，按直接分配法分配辅助生产费用，填制辅助生产费用分配表，编制会计凭证（或会计分录），登记辅助生产成本明细账簿。以下账簿凭证编号（略）。

表 3 - 28　　　　　　　　　　　辅助生产成本明细账

辅助生产车间：机修车间　　　　2009 年 8 月 31 日　　　　　　　单位：元

2009 年		摘　要	水电费	物料消耗	办公费	职工薪酬	折旧费	其 他	合　计
月	日								
8	11	领用办公用品			100				100
	15	领用劳保用品		2 000					2 000
	26	支付水电费	745						745
	30	领用材料		8 000					8 000
	31	结转材料差异		160					160

续 表

2009 年		摘　要	水电费	物料消耗	办公费	职工薪酬	折旧费	其　他	合　计
月	日								
8	31	分配薪酬				32 830			32 830
	31	计提折旧					21 000		21 000
	31	本月合计	745	10 160	100	32 830	21 000		64 835
	31	月末结转	745	10 160	100	32 830	21 000		64 835

表 3 - 29　　　　　　　　　　　　　　　辅助生产费用分配表

辅助生产车间：机修车间　　　　　2009 年 8 月 31 日

受益对象	工时（小时）	分配率（元/小时）	分配额（元）
基本生产车间	5 000		54 050
厂部管理部门	1 000		10 785
合　计	6 000	10.81	64 835

会计主管：　　　　　　　审核：　　　　　　　　制表：

借：制造费用——基本生产车间（机修费）　54 050
　　管理费用——机修费　　　　　　　　　　10 785
　　贷：辅助生产成本——机修车间　　　　　　　　64 835

步骤四：分配制造费用。

任务：期末，根据制造费用明细账汇集的合计数，按实际生产工时分配制造费用，填制制造费用分配表，编制会计凭证（或会计分录），登记制造费用明细账簿。

表 3 - 30　　　　　　　　　　　　　　　制造费用明细账

生产车间：基本生产车间　　　　　2009 年 8 月　　　　　　　　单位：元

2009 年		摘　要	水电费	物料消耗	办公费	职工薪酬	折旧费	机修费	合　计
月	日								
8	11	领用办公用品			700				700
	15	领用劳保用品		24 000					24 000
	26	支付水电费	12 011						12 011
	30	领用材料		38 558.24					38 558.24
	31	结转材料差异		771.16					771.16
	31	分配薪酬				30 552			30 552

2009年		摘 要	水电费	物料消耗	办公费	职工薪酬	折旧费	机修费	合 计
月	日								
8	31	计提折旧					348 000		348 000
	31	分配机修费用						54 050	54 050
	31	本月合计	12 011	63 329.4	700	30 552	348 000	54 050	508 642.4
	31	月末结转	12 011	63 329.4	700	30 552	348 000	54 050	508 642.4

表3-31　　　　　　　　　　　　　制造费用分配表

生产车间：基本生产车间　　　　　　2009年8月31日

受益对象	生产工人工时（小时）	分配率（元/小时）	分配额（元）
主板	18 000		190 746
硬盘	20 000		211 940
液晶显示器	10 000		105 956.4
合 计	48 000	10.597	508 642.4

会计主管：　　　　　　　　审核：　　　　　　　　制表：

借：基本生产成本——主板（制造费用）　　　　190 746

　　　　　　——硬盘（制造费用）　　　　211 940

　　　　　　——液晶显示器（制造费用）　105 956.4

　　贷：制造费用　　　　　　　　　　　　508 642.4

步骤五：计算并结转完工产品成本。

任务1：期末，根据基本生产成本明细账汇集的合计数、产品入库单及在产品台账等资料，填制产品成本计算单。

表3-32　　　　　　　　　　　　　产成品入库汇总表

移交单位：基本生产车间　　　　　　2009年8月31日

产品名称	计量单位	交付数量	实收数量	金额（元）
主板	片	4 800	4 800	1 198 032
硬盘	个	20 000	20 000	2 527 600
液晶显示器	台	1 423	1 423	736 706.4
合 计				4 462 338.4

会计主管：　　　　　　　　审核：　　　　　　　　制表：

表 3-33　　　　　　　　　**产品成本计算单（一）**　　　　完工数量：4 800 片

在产品数量：200 片

产品：主板　　　　　　　　　2009 年 8 月 31 日　　　　　　　　单位：元

项　目	直接材料	直接人工	制造费用	合　计
期初在产品	20 000	10 000	4 000	34 000
本期生产费用	816 000	198 990	190 746	1 205 736
生产费用合计	836 000	208 990	194 746	1 239 736
完工产品总成本	802 560	204 720	190 752	1 198 032
完工产品单位成本（元/片）	167.20	42.65	39.74	249.59
期末在产品成本	33 440	4 270	3 994	41 704

会计主管：　　　　　　审核：　　　　　　　　制表：

表 3-34　　　　　　　　　**产品成本计算单（二）**　　　　完工数量：20 000 个

在产品数量：2 000 个

产品：硬盘　　　　　　　　　2009 年 8 月 31 日　　　　　　　　单位：元

项　目	直接材料	直接人工	制造费用	合　计
期初在产品	940 000	160 000	190 000	1 290 000
本期生产费用	1 020 000	221 100	211 940	1 453 040
生产费用合计	1 960 000	381 100	401 940	2 743 040
完工产品总成本	1 781 800	363 000	382 800	2 527 600
完工产品单位成本（元/个）	89.09	18.15	19.14	126.38
期末在产品成本	178 200	18 100	19 140	215 440

会计主管：　　　　　　审核：　　　　　　　　制表：

表 3-35　　　　　　　　　**产品成本计算单（三）**　　　　完工数量：1 423 台

产品：液晶显示器　　　　　　2009 年 8 月 31 日　　　　　　　　单位：元

项　目	直接材料	直接人工	制造费用	合　计
本期生产费用	520 200	110 550	105 956.4	736 706.4
生产费用合计	520 200	110 550	105 956.4	736 706.4
完工产品总成本	520 200	110 550	105 956.4	736 706.4
完工产品单位成本（元/台）	365.57	77.68	74.46	517.71

会计主管：　　　　　　审核：　　　　　　　　制表：

任务 2： 根据上面的成本计算单，编制会计凭证（或会计分录），登记基本生产成本等账簿。

借：库存商品——主板　　　　　　　1 198 032

　　　　　　——硬盘　　　　　　　2 527 600

　　　　　　——液晶显示器　　　　736 706.4

贷：基本生产成本——主板　　　　　1 198 032

　　　　　　　　——硬盘　　　　　2 527 600

　　　　　　　　——液晶显示器　　736 706.4

动 脑 筋

所做的会计分录中的账户名称写完整了吗？为什么写成这样？

表 3 - 36　　　　　　　　　　基本生产成本明细账（一）

产品名称：主板　　　　　　　　　　　　　　　　　　　　　　　单位：元

2009 年		摘　要	直接材料	直接人工	制造费用	合　计
月	日					
8	1	期初余额	20 000	10 000	4 000	34 000
	31	根据材料分配表	800 000			800 000
	31	根据材料成本差异计算表	16 000			16 000
	31	根据职工薪酬分配表		198 990		198 990
	31	根据制造费用分配表			190 746	190 746
	31	生产费用合计	836 000	208 990	194 746	1 239 736
	31	结转完工产品成本	802 560	204 720	190 752	1 198 032
	31	月末在产品成本	33 440	4 270	3 994	41 704

表 3 - 37　　　　　　　　　　基本生产成本明细账（二）　　　　完工数量：20 000 个

在产品数量：2 000 个

产品名称：硬盘　　　　　　　　　　　　　　　　　　　　　　　单位：元

2009 年		摘　要	直接材料	直接人工	制造费用	合　计
月	日					
8	1	期初余额	940 000	160 000	190 000	1 290 000
	31	根据材料分配表	1 000 000			1 000 000
	31	根据材料成本差异计算表	20 000			20 000

2009 年		摘　要	直接材料	直接人工	制造费用	合　计
月	日					
8	31	根据职工薪酬分配表		221 100		221 100
	31	根据制造费用分配表			211 940	211 940
	31	生产费用合计	1 960 000	381 100	401 940	2 743 040
	31	结转完工产品成本	1 781 800	363 000	382 800	2 527 600
	31	月末在产品成本	178 200	18 100	19 140	215 440

表 3 - 38　　　　　　　　　　基本生产成本明细账（三）　　　　　完工数量：1 423 台

产品名称：液晶显示器　　　　　　　　　　　　　　　　　　　　　　单位：元

2009 年		摘　要	直接材料	直接人工	制造费用	合　计
月	日					
8	31	根据材料分配表	510 000			510 000
	31	根据材料成本差异计算表	10 200			10 200
	31	根据职工薪酬分配表		110 550		110 550
	31	根据制造费用分配表			105 956.4	105 956.4
	31	生产费用合计	520 200	110 550	105 956.4	736 706.4
	31	结转完工产品成本	520 200	110 550	105 956.4	736 706.4

真是一个大工程，做起来真不容易！

知识长廊

（1）关于购进自来水的抵扣

原国税发［2002］56 号规定，自 2002 年 6 月 1 日起，对自来水公司销售自来水按 6％的征收率征收增值税的同时，对其购进独立核算水厂的自来水取得的增值税专用发票上注明的增值税税款（按 6％征收率开具）予以抵扣。2009 年 1 月 1 日实行新《增值税暂行条例》后，根据财税［2009］9 号规定，如自来水生产企业为一般纳税人的，按 13％的税率计算并抵扣进项税额后缴税或选择按照简易办法依 6％征收率计算缴纳增值税时但不得抵扣进项税额。如果自来水公司还是小规模纳税人的，按 3％的征收率征收增值税。

（2）一级成本核算和两级成本核算

大中型企业一般都实行厂部和车间两级成本核算。小型企业以及内部经济责任不要求单独考核车间成本的企业，可以实行厂部一级成本核算。

实行厂部一级成本核算的企业，和前面讲的"集中核算"相同。

实行两级成本核算的企业，和前面讲的"分散核算"相同。所谓两级成本核算体制是指生产费用的核算由厂部和车间两级财会部门分别进行核算的方式。主要车间应配备专职成本核算员，计算各车间产品的制造成本，然后，由厂部财会部门进行汇总，计算全厂各种产品的总成本和单位成本。

（3）生产费用按与生产工艺的关系分类和按计入产品成本的方法分类之间的联系

直接生产费用在多数情况下是直接计入费用。例如原料、主要材料费用大多能够直接计入某种产品成本；间接生产费用在多数情况下是间接计入费用，例如机物料消耗大多需要按照一定标准分配计入有关的各种产品成本。但它们毕竟是对生产费用的两种不同分类，直接生产费用与直接计入费用、间接生产费用与间接计入费用不能等同。例如，在只生产一种产品的企业（或车间）中，直接生产费用和间接生产费用都可以直接计入这种产品的成本，因而均属于直接计入费用。又如，在用同一种原材料同时生产出几种产品的联产品生产企业（或车间）中，直接生产费用和间接生产费用都需要按照一定标准分配计入有关的各种产品成本，因而均属于间接计入费用。

练习与实训

一、单项选择题

1. 品种法是按照产品（　　）归集生产费用，计算产品成本的一种方法。

A. 批别　　　　　　　B. 品种　　　　　　　C. 类别　　　　　　　D. 生产步骤

2. 品种法适用于（　　）单步骤生产。

A. 大量大批　　　　　B. 大量成批　　　　　C. 大量　　　　　　　D. 大批

3. 在大量大批多步骤生产下，如果管理上不要求按照生产步骤计算产品成本的，也可以采用（　　）计算产品成本。

A. 分批法　　　　　　B. 分类法　　　　　　C. 品种法　　　　　　D. 分步法

4. 品种法下，企业如果只生产一种产品，则其发生的生产费用全部都是（　　）。

A. 间接费用　　　　　B. 直接费用　　　　　C. 固定费用　　　　　D. 变动费用

5. 品种法下，企业如果生产两种或两种以上产品，则需要按照各产品的（　　）分别开设成本明细账。

A. 批别　　　　　　　B. 品种　　　　　　　C. 类别　　　　　　　D. 定额

6. 品种法一般都定期在（　　）计算产品的生产成本。

A. 生产周期末　　　　　　　　　　　　　　B. 产品销售时

C. 月末　　　　　　　　　　　　　　　　　D. 产品完工时

7. 品种法是产品成本计算中的（　　）的方法。

A. 最基本　　　　　　　B. 最重要　　　　　　　C. 最简化　　　　　　　D. 最复杂

8. 品种法在产品成本明细账内按照（　　）设置专栏。

A. 要素费用　　　　　　B. 成本项目　　　　　　C. 产品品种　　　　　　D. 产品规格

9. 下列企业中，适合运用品种法计算产品成本的有（　　）。

A. 家具厂　　　　　　　B. 饼干厂　　　　　　　C. 拖拉机厂　　　　　　D. 造船厂

10. 工业企业按其生产工艺技术过程的特点，可以分（　　）。

A. 简单生产和单步骤生产　　　　　　　　　B. 复杂生产和多步骤生产

C. 单步骤生产和多步骤生产　　　　　　　　D. 大量大批生产和单件小批生产

二、多项选择题

1. 采用品种法计算产品成本，需根据各种费用分配表登记（　　）等。

A. 基本生产成本明细账　　　　　　　　　　B. 管理费用明细账

C. 辅助生产成本明细账　　　　　　　　　　D. 制造费用明细账

2. 下列属于品种法成本计算主要特点的是（　　）。

A. 成本计算对象是产品品种

B. 一般每月月末定期计算产品成本

C. 一般月末要将生产费用在完工产品和在产品之间进行分配

D. 成本计算期与产品生产周期一致

3. （　　）一般采用品种法进行成本核算。

A. 发电企业　　　　　　　　　　　　　　　B. 石油企业

C. 供水企业　　　　　　　　　　　　　　　D. 飞机制造企业

4. 下列关于品种法说法正确的是（　　）。

A. 按产品品种开设生产成本明细账

B. 按产品品种归集生产费用，每一种产品直接发生的费用直接计入产品成本明细账，两种以上的产品共同发生的生产费用进行分配后计入各种产品成本明细账

C. 生产费用在各种产品之间的分配和归集，是通过编制各种费用分配表进行的

D. 一般适用于大量大批的单步骤的生产

5. 下列属于品种法核算的程序的是（　　）。

A. 编制各种费用分配明细表

B. 分配制造费用

C. 分配辅助生产费用

D. 月末，将各种产品成本明细账所汇集的各产品成本，分别加总，扣除在产品成本（如有在产品），就是产成品总成本，除以产量，便是单位产品成本

三、判断题

1. 品种法既不要求按照产品的批别计算成本，也不要求按照产品的生产步骤计算成本。（　　）

2. 品种法的成本计算对象是每件产品。（　　　）

3. 采用品种法计算产品成本时，企业如果只生产一种产品，只需要为这一种产品开设产品成本明细账即可。（　　　）

4. 品种法的产品成本明细账内应按照产品的成本项目设立栏目。（　　　）

5. 品种法产品成本的计算一般都定期在每个月的月末进行。（　　　）

6. 采用品种法计算产品成本，月末如果没有在产品或在产品数量很少，且在产品成本的数额不大，也可以不计算在产品成本。（　　　）

7. 按照品种法，如果不计算在产品成本，则成本明细账中归集的生产费用，就是完工产品成本。（　　　）

8. 采用品种法计算产品成本，月末需汇总编制"完工产品成本汇总计算表"。（　　　）

9. 品种法只适用于简单生产。（　　　）

10. 不论什么组织方式的制造企业，不论生产什么类型的产品，也不论成本管理要求如何，最终都必须按照产品品种计算出产品成本。（　　　）

四、计算题

甲产品经两道工序完工，采用约当产量比例法分配各项生产费用。4月份，甲产品完工产品 500 件；月末在产品数量为：第一道工序 350 件，第二道工序 200 件。其他有关资料如下：

（1）原材料分两道工序在每道工序开始时一次投入；第一道工序的消耗定额为 30 千克，第二道工序的消耗定额为 20 千克。甲产品月初在产品和本月发生的原材料费用共计 182 000 元。

（2）甲产品完工产品工时定额为 50 小时，其中第一道工序为 40 小时；第二道工序为 10 小时。每道工序在产品工时定额（本工序部分）按本工序工时定额的 50% 计算。甲产品月初在产品和本月发生的工资及福利费共计 16 400 元，制造费用共计 24 600 元。

要求：计算下列（1）～（6）题，并列出计算过程：

（1）按原材料消耗定额计算甲产品各工序在产品完工率。

（2）按工时定额计算甲产品各工序在产品完工率。

（3）按以原材料消耗定额确定的完工率计算甲产品在产品约当产量。

（4）按以工时定额确定的完工率计算甲产品在产品约当产量。

（5）分别计算直接材料、直接人工、制造费用等费用的分配率。

（6）根据上述计算的直接材料费用、直接人工、制造费用分配率，分别计算完工产品成本及月末在产品成本。

五、实训题

〈实训目的〉：通过实训掌握单项直接材料费用、人工费用、其他费用、辅助生产费用、制造费用的归集与分配，并熟悉产品成本核算的基本原理和一般程序，掌握产品成本核算最基本的方法——品种法，能够胜任中小型企业成本核算岗位的会计工作。

〈**实训资料**〉：

面奇饼干厂是一家小型企业，主营饼干的生产与销售业务。该厂的基本生产车间是饼干车间，大量生产蛋元饼干和曲奇饼干两种产品，采用封闭式的流水线生产，饼干的主要原料为面粉、植物油、鸡蛋、食糖等。该厂还设有一个机修车间，为企业提供各种修理劳务。机修车间的成本通过"辅助生产成本—机修车间"账户核算。

该企业的原材料根据生产需要领用，并在领用后一次投入（车间内期初期末均无材料余额），领用的鸡蛋按定额消耗比例分配，其定额为百公斤蛋元饼干消耗 10 公斤鸡蛋，百公斤曲奇饼干消耗鸡蛋 5 公斤。其他原材料 60％用于蛋元饼干的生产，40％用于曲奇饼干的生产。饼干车间工人的薪酬和制造费用按生产工时比例分配，机修车间费用按修理工时比例分配。

两种饼干均采用约当产量法计算完工产品成本和月末在产品成本。企业发生的费用均用转账支票支付。有关行政管理部门发生的费用已省略一部分。

2009 年 10 月末的相关资料如表 3 - 39、表 3 - 40 所示：

表 3 - 39　　　　　　　　　　　　　生产车间月末在产品盘存单

车间：饼干车间　　　　　　　　2009 年 10 月 28 日　　　　　　　　　　第 1 联

在产品名称	型号规格	单位	盘点数量	单位成本	总成本	在产品完工率（％）
蛋元饼干		公斤	1 860			50
曲奇饼干		公斤	1 580			50

主管：　　　　　　审核：　　　　　　保管：　　　　　　盘点：

表 3 - 40　　　　　　　　　　　　　　月末在产品成本

2009 年 10 月 28 日　　　　　　　　　　　　单位：元

产 品	直接材料	直接人工	制造费用	合 计
蛋元饼干	9 580	1 860	1 230	12 670
曲奇饼干	7 900	1 580	1 100	10 580

面奇饼干厂 2009 年 11 月有关经济业务的原始凭证和相关资料见下。

要求：请根据该厂 2009 年 11 月发生相关费用凭证按步骤完成各任务，最后计算两种饼干的成本。

（1）领料凭证如下：

表3-41　　　　　　　　　　　　　领料汇总表（一）

车间：饼干车间　　　　　　　　　　2009 年 11 月 30 日

用途　　　项目	材料名称	单　位	数　量	单价（元）	金额（元）	备　注
生产饼干用	植物油	公斤	2 000	16.00	32 000	

主管：　　　　　　领料人：　　　　　　审核：　　　　　　发料人：

②转财务科

表3-42　　　　　　　　　　　　　领料汇总表（二）

车间：饼干车间　　　　　　　　　　2009 年 11 月 30 日

用途　　　项目	材料名称	单　位	数　量	单价（元）	金额（元）	备　注
生产饼干用	苏打	公斤	500	10.00	5 000	

主管：　　　　　　领料人：　　　　　　审核：　　　　　　发料人：

②转财务科

表3-43　　　　　　　　　　　　　领料汇总表（三）

车间：饼干车间　　　　　　　　　　2009 年 11 月 30 日

用途　　　项目	材料名称	单　位	数　量	单价（元）	金额（元）	备　注
生产饼干用	面粉	公斤	20 000	3.00	60 000	

主管：　　　　　　领料人：　　　　　　审核：　　　　　　发料人：

②转财务科

表3-44　　　　　　　　　　　　　领料汇总表（四）

车间：饼干车间　　　　　　　　　　2009 年 11 月 30 日

用途　　　项目	材料名称	单　位	数　量	单价（元）	金额（元）	备　注
生产饼干用	鸡蛋	公斤	2 400	6.00	14 400	

主管：　　　　　　领料人：　　　　　　审核：　　　　　　发料人：

②转财务科

表 3 - 45　　　　　　　　　　　**领料汇总表（五）**

车间：饼干车间　　　　　　　　　　2009 年 11 月 30 日

项目 用途	材料名称	单 位	数 量	单价（元）	金额（元）	备 注
生产饼干用	食糖	公斤	5 000	3.80	19 000	

主管：　　　　　　领料人：　　　　　　　审核：　　　　　　　　发料人：

表 3 - 46　　　　　　　　　　　**领料汇总表（六）**

车间：饼干车间　　　　　　　　　　2009 年 11 月 30 日

项目 用途	材料名称	单 位	数 量	单价（元）	金额（元）	备 注
生产饼干用	食用添加剂	公斤	250	60.00	15 000	

主管：　　　　　　领料人：　　　　　　　审核：　　　　　　　　发料人：

表 3 - 47　　　　　　　　　　　**领料单（一）**

车间：机修车间　　　　　　　　　　2009 年 11 月 11 日

项目 用途	材料名称	单 位	数 量	单价（元）	金额（元）	备 注
修理用	专用漏斗	只	30	20.00	600	

主管：　　　　　　领料人：　　　　　　　审核：　　　　　　　　发料人：

表 3 - 48　　　　　　　　　　　**领料单（二）**

车间：机修车间　　　　　　　　　　2009 年 11 月 30 日

项目 用途	材料名称	单 位	数 量	单价（元）	金额（元）	备 注
一般用	手套	双	20	2.00	40	

主管：　　　　　　领料人：　　　　　　　审核：　　　　　　　　发料人：

②转财务科

步骤一：根据领料凭证及汇总表，完成三个任务：

任务 1：根据原材料汇总资料，分配间接计入材料费用。

表 3‑49　　　　　　　　　　间接计入材料费用分配表（一）

车间：饼干车间　　　　　　　　　　2009 年 11 月 30 日　　　　　　　　　材料名称：原材料

项　目	原材料应分配金额（元）	蛋元饼干		曲奇饼干		合　计
		分配比例	分配金额（元）	分配比例	分配金额（元）	
植物油						
苏打						
面粉						
食糖						
合计						

会计主管：　　　　　　　　审核：　　　　　　　　　制表：

表 3‑50　　　　　　　　　　间接计入材料费用分配表（二）

车间：饼干车间　　　　　　　　　　2009 年 11 月 30 日　　　　　　　　　材料名称：原材料

项　目	分配金额（元）	蛋元饼干		曲奇饼干		合　计
		分配比例	分配金额（元）	分配比例	分配金额（元）	
鸡蛋						
合计						

会计主管：　　　　　　　　审核：　　　　　　　　　制表：

任务 2：根据以上资料，编制原材料费用分配表。

表 3‑51　　　　　　　　　　原材料费用分配表

2009 年 11 月 30 日　　　　　　　　　单位：元

材料使用车间或部门		直接计入费用金额	分配计入费用金额	合　计
生产成本——基本生产成本	蛋元饼干			
	曲奇饼干			
辅助生产车间	机修车间			
基本生产车间	饼干车间			
合　计				

会计主管：　　　　　　　　审核：　　　　　　　　　制表：

任务3：根据原材料费用分配表等资料，编制记账凭证（或会计分录）。

表3-52

记账凭证

字第 号

年 月 日　　　　　　　　　　　附件 张

摘　要	会计科目		记　账	借方金额（元）	贷方金额（元）
	总账科目	明细科目			
合　计					

会计主管：　　　　　　记账：　　　　　　审核：　　　　　　制表：

（2）人工资料凭证如下：

表3-53

工资结算汇总表

2009 年 11 月 30 日　　　　　　　　　　　　　　单位：元

部　门	各类人员	基本工资	奖　金	津　贴	合　计
饼干车间	生产饼干工人	40 000	3 600	1 200	44 800
	管理人员	3 500	700		4 200
机修车间	修理工人	4 500	1 000	300	5 800
	管理人员	2 000	500		2 500
合　计		50 000	5 800	1 500	57 300

会计主管：　　　　　　审核：　　　　　　制表：

表3-54

社保费用计提表

2009 年 11 月 30 日　　　　　　　　　　　　　　单位：元

部　门	各类人员	工资总额	计提比例（%）	计提金额
饼干车间	生产饼干工人	44 800	36	16 128
	管理人员	4 200	36	1 512
机修车间	修理工人	5 800	36	2 088
	管理人员	2 500	36	900
合　计		57 300	36	20 628

会计主管：　　　　　　审核：　　　　　　制表：

步骤二：根据工资、社保费用等汇总凭证，编制记账凭证。

表 3 - 55

记账凭证

字第　号

年　　月　　日　　　　　　　　　　　　　　　　　　　附件　　张

| 摘　要 | 会计科目 | | 记　账 | 借方金额（元） | 贷方金额（元） |
	总账科目	明细科目			
合　　计					

会计主管：　　　　　　记账：　　　　　　审核：　　　　　　制单：

（3）折旧相关资料如下：

表 3 - 56

固定资产折旧计算表
2009 年 11 月 30 日

单位：元

使用单位和固定资产类别		原值	年折旧率（%）	上月计提折旧额	上月增加固定资产的原值	上月减少固定资产的原值	本月应计提折旧额
饼干车间	厂房	600 000	4	2 000			2 000
	设备	500 000	6	2 500			2 500
	合计	1 100 000		4 500			4 500
机修车间	厂房	180 000	4	600			600
	设备	50 000	6	250			250
	合计	230 000		850			850

会计主管：　　　　　　审核：　　　　　　制表：

步骤三： 根据折旧资料，编制会计凭证。

表 3 - 57　　　　　　　　　　　　　　记账凭证　　　　　　　　　字第　　号
　　　　　　　　　　　　　　　　年　　月　　日　　　　　　　　　附件　　张

摘　要	会计科目		记账	借方金额（元）	贷方金额（元）
	总账科目	明细科目			
合　计					

会计主管：　　　　　记账：　　　　　审核：　　　　　制单：

（4）外购动力费用分配表如下：

表 3 - 58　　　　　　　　　　　　外购动力费用分配表
供电单位：市电力公司　　　　　　　2009 年 11 月 30 日　　　　　　　　单位：元

部　门	耗电量	单　价	金　额
饼干车间	14 200	1.00	14 200
机修车间	5 800	1.00	5 800
合　计	20 000		20 000

会计主管：　　　　　审核：　　　　　制表：

步骤四： 根据外购动力费用凭证资料，编制会计凭证。

表 3 - 59　　　　　　　　　　　　　　记账凭证　　　　　　　　　字第　　号
　　　　　　　　　　　　　　　　年　　月　　日　　　　　　　　　附件　　张

摘　要	会计科目		记账	借方金额（元）	贷方金额（元）
	总账科目	明细科目			
合　计					

会计主管：　　　　　记账：　　　　　审核：　　　　　制单：

（5）报刊费、保险费分配表如下：

表 3－60　　　　　　　　　　报刊费、保险费分配表

2009 年 11 月 30 日　　　　　　　　　　　　　　单位：元

部　门	报刊费	保险费	合　计
饼干车间	500	3 100	3 600
机修车间	200	800	1 000
行政管理部门	200	800	1 000
合　计	900	4 700	5 600

会计主管：　　　　　　审核：　　　　　　制表：

步骤五： 根据报刊费、保险费用资料，编制会计凭证。

表 3－61　　　　　　　　　　记账凭证　　　　　　　　　字第　　号

年　　月　　日　　　　　　　　　　附件　　张

摘　要	会计科目		记　账	借方金额（元）	贷方金额（元）
	总账科目	明细科目			
合　计					

会计主管：　　　记账：　　　　审核：　　　　制单：

（6）办公费用及其他费用分配表如下：

表 3－62　　　　　　　　办公费用及其他费用分配表

2009 年 11 月 30 日　　　　　　　　　　　　　　单位：元

部　门	办公费用	其他费用	金　额
饼干车间	9 000	1 800	10 800
机修车间	3 000	500	3 500
合　计	12 000	2 300	14 300

会计主管：　　　　　　审核：　　　　　　制表：

步骤六：根据办公费用及其他费用资料，编制会计凭证。

表 3 - 63 记账凭证 字第 号
年 月 日 附件 张

| 摘 要 | 会计科目 | | 记 账 | 借方金额（元） | 贷方金额（元） |
	总账科目	明细科目			
合 计					

会计主管： 记账： 审核： 制单：

（7）辅助生产成本、制造费用相关资料如下：

表 3 - 64 定额消耗量、工时记录

部 门		生产工时	修理工时	定额消耗比例（％）
饼干车间	蛋元饼干	7 360		60
	曲奇饼干	5 440		40
	一般		700	
企业管理部门			220	
合 计		12 800	920	100

会计主管： 审核： 记录员：

步骤七：辅助生产成本的归集与分配，完成四个任务。

任务 1：根据以上所有资料，登记辅助生产成本明细账。凭证编号（略）。

表 3 - 65　　　　　　　　　　　　　　**辅助生产成本明细账**

车间名称：机修车间　　　　　　　　2009 年 11 月 30 日　　　　　　　　单位：元

2009 年		摘　要				
月	日					

任务 2：期末，根据辅助生产车间明细账归集的合计数，按直接分配法分配辅助生产费用，编制辅助生产费用分配表。

表 3 - 66　　　　　　　　　　　　　　**辅助生产费用分配表**

辅助生产车间：机修车间　　　　　　　2009 年 11 月 30 日

受益对象	修理工时（小时）	分配率（元/小时）	分配额（元）
饼干车间			
行政管理部门			
合　计			

会计主管：　　　　　　　审核：　　　　　　　制表：

任务 3：根据辅助生产费用相关资料，编制会计凭证。

表 3 - 67　　　　　　　　　　　**记账凭证**　　　　　　　字第　　号

　　　　　　　　　　　　　　年　　月　　日　　　　　　　　附件　　张

摘　要	会计科目		记　账	借方金额	贷方金额
	总账科目	明细科目			
合　计					

会计主管：　　　　　　记账：　　　　　　审核：　　　　　　制单：

任务 4：根据以上凭证，登记辅助生产成本明细账簿。

步骤八：制造费用的归集与分配，完成四个任务。

任务 1：根据以上所有资料，登记制造费用明细账。凭证编号（略）。

表 3 - 68　　　　　　　　　　　　　　**制造费用明细账**

生产车间：基本生产车间　　　　　　　　2009 年 11 月　　　　　　　　单位：元

2009 年		摘　要							
月	日								

任务 2：期末，根据制造费用明细账归集的合计数，按实际生产工时分配制造费用，编制制造费用分配表。

表 3 - 69　　　　　　　　　　　　　　**制造费用分配表**

生产车间：基本生产车间　　　　　　　　2009 年 11 月 30 日

受益对象	生产工人工时（小时）	分配率（元/小时）	分配额（元）

会计主管：　　　　　　　　审核：　　　　　　　　制单：

任务3：根据制造费用分配资料，编制会计凭证。

表3-70   **记账凭证**   字第   号
                                      年   月   日   附件   张

摘 要	会计科目		记账	借方金额	贷方金额
	总账科目	明细科目			
合 计					

会计主管：   记账：   审核：   制单：

任务4：根据以上凭证，登记制造费用明细账簿。

（8）期末在产品、完工产品数量如下表：

表3-71   **产品成本入库单**

交库单位：饼干车间   2009 年 11 月 29 日   编号：

产材料名称	型号规格	单位	交付数量	检查结果		实收数量	备注
				合格	不合格		
蛋元饼干		公斤	16 300	16 300		16 300	
曲奇饼干		公斤	10 800	10 800		10 800	

车间送库（盖章）：   检验（盖章）：   仓库经收（盖章）：

② 转 财 务 科

表3-72   **生产车间月末在产品盘存单**

车间：饼干车间   2009 年 11 月 31 日   第 1 联

在产材料名称	型号规格	单位	盘点数量	单位成本	总成本	在产品完工率（%）
蛋元饼干		公斤	3 080			50
曲奇饼干		公斤	2 250			50

主管：   审核：   保管：   盘点：

步骤九：根据以上相关资料，核算产品的总成本与单位成本，完成四个任务。

任务1：开设基本生产成本明细账后，根据以上相关资料登记账簿。

表 3 - 73　　　　　　　　　**基本生产成本明细账（一）**　　　　完工数量：

在产品数量：

产品名称：蛋元饼干　　　　　　　　　　　　　　　　　　　单位：元

2009 年					
月	日				

表 3 - 74　　　　　　　　　**基本生产成本明细账（二）**　　　　完工数量：

在产品数量：

产品名称：蛋元饼干　　　　　　　　　　　　　　　　　　　单位：元

2009 年					
月	日				

　　任务2：期末，根据基本生产成本明细账汇集的合计数、产品入库单及在产品台账等资料，编制产品成本计算单。

表 3 - 75　　　　　　　　　　　**产品成本计算单 （一）**　　　　完工数量：

在产品数量：

产品：　　　　　　　　　　2009 年 11 月 30 日　　　　　　　　　单位：元

项　　目	直接材料	直接人工	制造费用	合　　计
期初在产品				
本期生产费用				
生产费用合计				
完工产品数量/千克				
月末在产品约当量/千克				
生产量合计/千克				
费用分配率或完工产品单位成本（元/千克）				
完工产品总成本				
期末在产品成本				

　会计主管：　　　　　　　审核：　　　　　　　　制表：

表 3 - 76　　　　　　　　　　　**产品成本计算单 （二）**　　　　完工数量：

在产品数量：

产品：　　　　　　　　　　2009 年 11 月 30 日　　　　　　　　　单位：元

项　　目	直接材料	直接人工	制造费用	合　　计
期初在产品				
本期生产费用				
生产费用合计				
完工产品数量/千克				
月末在产品约当量/千克				
生产量合计/千克				
费用分配率或完工产品单位成本（元/千克）				
完工产品总成本				
期末在产品成本				

　会计主管：　　　　　　　审核：　　　　　　　　制表：

任务 3：根据产品成本计算单，编制会计凭证。

表 3 - 77　　　　　　　　　　　　记账凭证　　　　　　　　　　字第　　号
　　　　　　　　　　　　　　　　年　　月　　日　　　　　　　　附件　　张

摘　要	会计科目		记账	借方金额（元）	贷方金额（元）
	总账科目	明细科目			
合　计					

会计主管：　　　　　记账：　　　　　审核：　　　　　制单：

任务 4： 登记基本生产成本明细账簿。

〈实训体会〉：

〈教师评价〉：

模块三　产品成本基本计算方法——分批法

案例引入

　　截至 2009 年 7 月，我国有 57.1% 的企业使用品种法，5.7% 的企业采用分批法，41.5% 的企业使用分步法进行产品成本计算，其中使用平行结转法的有 22.9%，使用逐步结转法的有 18.6%。

　　品种法适用于单步骤类型或大批大量的多步骤的生产，之所以有更多的企业选择该方法，一方面是因为该方法是最简便的，另一方面在于中国的广大企业生产工艺还不够复杂，适用于品种法。

当前世界生产发展的趋势是小批量多品种的生产方式，因为购买者的偏好并非完全相同，随着生产的发展，购买者完全可以根据自己的需要要求厂方设计并生产自己最满意的商品，厂方也以高效率保证购买者在短时间内得到理想的商品。在这种情况下，一条生产线上可能只有几个相同甚至是没有两个完全一样的设备，这样的生产方式就适合用于分批法计算成本。我国现在只有5.7％的企业采用分批法计算成本，表明我国的生产组织还比较粗放，对消费个性的重视不够。但随着市场经济的发展，分批法也越来越受重视。

那么究竟该在什么情况下采用分批法核算成本，又该如何核算呢？

学习思路

分批法概述 → 概　念 / 特　点 / 适用范围 → 分批法计算 → 分批法的计算程序 / 一般分批法的应用 / 简化分批法的应用

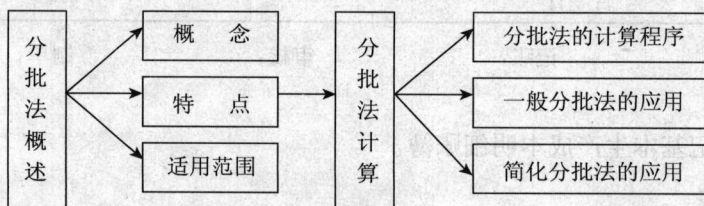

任务一　分批法概述

一、分批法的概念

分批法是按照产品批别归集生产费用、计算产品成本的一种方法。在小批单件生产的企业中，企业的生产活动基本上是根据订货单位的订单签发工作令号来组织生产的，按产品批别计算产品成本，往往与按订单计算产品成本相一致，因而分批法也叫订单法。

二、分批法的特点

1. 成本计算对象

分批法的成本计算对象是产品的批别（单件生产为件别）或工作令号。通常以生产部门下达的生产任务通知单作为产品的批别，单内对该批生产任务进行编号，称为产品的工作令号或生产批号。但严格说来，按批别组织生产，并不一定就是按订单组织生产，还要结合企业自身的生产负荷能力来合理组织安排产品生产的批量与批次。比如说：

（1）如果一张订单中要求生产好几种产品，为了便于考核分析各种产品的成本计划执行情况、加强生产管理，就要将该订单按照产品的品种划分成几个批别组织生产。

（2）如果一张订单中只要求生产一种产品，但数量极大，超过企业的生产负荷能力，或者购货单位要求分批交货的，也可将该订单分为几个批别组织生产。

（3）如果一张订单中只要求生产一种产品，但该产品属于价值高、生产周期长的大型复杂产品（如万吨轮），也可将该订单按产品的零部件分为几个批别组织生产。

（4）如果在同一时期接到的几张订单要求生产的都是同一种产品，为了更经济合理地组织生产，也可将这几张订单合为一批组织生产。

2. 以产品的生产周期作为成本计算期

采用分批法计算产品成本的企业，虽然各批产品的成本计算单仍按月归集生产费用，但是只有在该批产品全部完工时才计算其实际成本。由于各批产品的生产复杂程度不同、质量数量要求也不同，生产周期就各不相同。有的批次当月投产，当月完工；有的批次要经过数月甚至数年才能完工。可见完工产品的成本计算因各批次的生产周期而异，是不定期的。所以，分批法的成本计算期与产品的生产周期一致，与会计报告期不一致。

3. 生产费用一般不需要在完工产品和在产品之间分配

在单件或小批生产，购货单位要求一次交货的情况下，每批产品要求同时完工。这样该批产品完工前的成本明细账上所归集的生产费用，即为在产品成本；完工后的成本明细账上所归集的生产费用，即为完工产品成本。因此在通常情况下，生产费用不需要在完工产品和在产品之间分配。

但是如果产品批量较大、购货单位要求分次交货时，就会出现批内产品跨月陆续完工的情况，这时应采用适当的方法将生产费用在完工产品和月末在产品之间分配。采用的分配方法视批内产品跨月陆续完工的数量占批量的比重大小而定。

三、分批法的适用范围

分批法适用于单件、小批生产类型的企业，也可用于管理上不要求分步骤计算成本的多步骤生产企业。

主要包括：

（1）单件、小批生产的重型机械、船舶、精密工具、仪器等制造企业。

（2）不断更新产品种类的加工企业，如时装厂。

（3）新产品的试制、机器设备的修理作业以及辅助生产的工具、器具、模具的制造车间或分厂等。

（4）产品种类经常变动的小规模企业，如生产门窗把手、插销等的小五金企业。

任务二 分批法的计算

一、分批法计算的程序

（1）财会部门根据生产计划部门下达的"生产任务通知单"中注明的工作令号，开设各批别或订单的产品成本计算单，并根据费用发生的用途确定成本项目，设置成本计算单的专栏。

（2）根据各项生产费用发生的原始凭证等资料，按产品批别归集和分配本月发生的各项费用。

（3）期末，归集辅助生产车间发生的费用，按其提供的劳务数量，在各批别或订单产品、等受益对象之间进行分配。

（4）将各基本生产车间"制造费用明细账"中归集的制造费用进行汇总，根据投产的批别或订单的完成情况，选择相应方法分配制造费用。

（5）计算完工产品成本。分批法一般不需要在完工产品和在产品之间分配。当某批产品批量较大，又存在跨月陆续完工或分次交货情况时，应在批内计算完工产品成本和月末在产品成本。

（6）结转完工产品成本。根据完工产品成本计算表提供的相关数据，将完工产品总成本从基本生产成本明细账转入库存商品明细账。月末，未完工的订单成本明细账上所归集的生产费用就是在产品成本。

小 贴 士

分批法成本计算程序，除了生产成本明细账的设置和完工产品成本的计算与品种法有区别外，其他与品种法基本一致。

二、一般分批法的应用

【业务 3 - 7】下面举一个较完整的例子来说明一般分批法的计算：

枫信服装厂有帽子、西裤、西装三个基本生产车间，分别小批生产高档帽子、高档西裤和高档西装三种产品，只设一个生产车间管理部门，另外设置了相应的行政管理部门（相关数字略）。水电费等已通过银行支付。

2009 年先后接受帽子、西裤、西装等订单，产品全部销往美国。客户要求分批交货，厂生产科按产品不同，分批组织这三种产品的生产，按批别组织成本核算。所需原料在开工时一次投入，车间内期初、期末无材料余额；原材料费用按照完工产品和在产品实际数量比例分配，其他费用按约当产量法在完工产品与在产品之间分配。2009 年 4 月，期初资料如表 3 - 78 和表 3 - 79 所示。

表 3 - 78　　　　　　　　　各批产品生产情况表

2009 年 4 月

产品批号	产品名称	开工日期	批量（件）	完工产量（件）	完工日期	备　注
045	高档帽子	3.1	500	500	4.28	在产品完工程度50%
046	高档西裤	3.15	1 000	100	4.30	
055	高档西装	4.10	80	0		

表 3-79 　　　　　　　月初在产品成本

2009 年 4 月 　　　　　　　　　单位：元

批　号	在产品名称	直接材料	直接人工	制造费用	合　计
045	高档帽子	40 000	10 000	12 000	62 000
046	高档西裤	60 000	15 000	13 000	88 000

要求：按分批法进行 2009 年 4 月的成本核算。

成本核算程序如下：

步骤一： 按照产品批别设置生产成本、制造费用等明细账。

步骤二： 分配各种要素费用。

任务 1： 各期间根据领料单或领料汇总表，编制会计凭证（或会计分录），登记相关账簿。

表 3-80 　　　　　　　领料单

工作令号：055

产品名称：高档西装

部门：西装生产车间 　　　　　　　2009 年 4 月 10 日

用　途	材料名称	单　位	数　量	单价（元）	金额（元）	备　注
生产西装用	面料	米	240	120	28 800	
	衬里	米	280	60	16 800	
	辅料	元			10 400	附清单（略）
合　计					56 000	

主管： 　　　　　领料人： 　　　　　审核： 　　　　　发料人：

②转财务科

根据上面资料（如表 3-80 所示），编制会计分录：

借：基本生产成本——055（直接材料）　　56 000

　贷：原材料　　　　　　　　　　　　　　　56 000

任务 2： 期末，根据相关工资资料，填制工资结算分配表，编制会计凭证，登记相关账簿。

表 3-81 　　　　　　　工资结算汇总表

2009 年 4 月 30 日 　　　　　　　　单位：元

生产车间	各类人员	基本工资	奖　金	合　计
帽子生产车间	生产帽子工人	30 000	5 087.7	35 087.7
西裤生产车间	生产西裤工人	55 000	6 403.5	61 403.5

生产车间	各类人员	基本工资	奖　金	合　计
西装生产车间	生产西装工人	47 000	5 631.6	52 631.6
车间管理部门	车间管理人员	15 000	5 000.0	20 000.0
合　计		147 000	27 122.8	169 122.8

会计主管：　　　　　　　审核：　　　　　　　　　制表：

根据上面资料（如表 3-81 所示），编制会计分录：

借：基本生产成本——045（直接人工）　　　35 087.7

　　　　　　——046（直接人工）　　　61 403.5

　　　　　　——055（直接人工）　　　52 631.6

　　制造费用——基本生产车间（职工薪酬）　20 000.0

　　贷：应付职工薪酬——职工工资　　　　　　169 122.8

任务 3：期末，根据相关工资及社保资料，填制各项社保费计提表，编制会计凭证，登记相关账簿。

表 3-82　　　　　　　　　　**各项社保费计提表**

2009 年 4 月 30 日

单位：元

生产车间	各类人员	工资总额	计提比例（％）	计提各项社保费
帽子生产车间	生产帽子工人	35 087.7		10 877.2
西裤生产车间	生产西裤工人	61 403.5		19 035.1
西装生产车间	生产西装工人	52 631.6		16 315.8
车间管理部门	车间管理人员	20 000		6 200
合　计		169 122.8	31	52 428.1

会计主管：　　　　　　　审核：　　　　　　　　　制表：

根据以上资料（如表 3-82 所示），编制会计分录：

借：基本生产成本——045（直接人工）　　　10 877.2

　　　　　　——046（直接人工）　　　19 035.1

　　　　　　——055（直接人工）　　　16 315.8

　　制造费用——基本生产车间（职工薪酬）　6 200

　　贷：应付职工薪酬——社会保障费　　　　　52 428.1

任务 4：期末，根据相关资料计提本月固定资产折旧，填制固定资产折旧计算表，编制会计凭证，登记相关账簿。

表3-83   固定资产折旧计算表

2009 年 9 月 30 日   单位：元

使用部门	固定资产类别	原值	月折旧率（%）	上月计提折旧额	上月增加固定资产的原值	上月减少固定资产的原值	本月折旧额
帽子车间	厂房	1 200 000	0.25	3 000			3 000
	设备	1 200 000	0.5	6 000			6 000
	小计			9 000			9 000
西裤车间	厂房	1 680 000	0.25	4 200			4 200
	设备	1 000 000	0.5	5 000			5 000
	小计			9 200			9 200
西装车间	厂房	1 440 000	0.25	3 600			3 600
	设备	1 500 000	0.5	7 500			7 500
	小计			11 100			11 100
车间管理部门	厂房	500 000	0.25	1 250			1 250
	设备	100 000	0.5	500			500
	小计			1 750			1 750
合 计				31 050			31 050

会计主管：   审核：   制表：

根据以上资料（如表3-83所示），编制会计分录：

借：基本生产成本——045（制造费用）   9 000

            ——046（制造费用）   9 200

            ——055（制造费用）   11 100

     制造费用——基本生产车间（折旧费）   1 750

贷：累计折旧   31 050

任务 5：根据各种电费发票及付款原始凭证，填制外购动力费用分配表，编制会计凭证，登记相关账簿。

表3-84   外购动力费用分配表

2009 年 9 月   单位：元

生产车间	耗电量（度）	金额（不含增值税）
帽子车间 045	2 000	2 000
西裤车间 046	4 500	4 500
西装车间 055	6 500	6 500

生产车间	耗电量（度）	金额（不含增值税）
车间管理部门	1 000	1 000
合　计	14 000	14 000

会计主管：　　　　　　　　审核：　　　　　　　　制表：

根据以上资料（如表3-84所示），编制会计分录：

借：基本生产车间——045（制造费用）　　　2 000

　　　　　　　　——046（制造费用）　　　4 500

　　　　　　　　——055（制造费用）　　　6 500

　　制造费用——基本生产车间（水电费）　　1 000

　　应交税费——应交增值税（进项税额）　　2 380

　　贷：银行存款　　　　　　　　　　　　　　　16 380

动　脑　筋

外购电力怎么记入"基本生产成本——045（制造费用）"呢？

任务6：根据水费发票及付款凭证，以及各水表计量数，填制水费分配表，编制会计凭证，登记相关账簿。

表3-85　　　　　　　　　　　　　　水费分配表

2009年9月　　　　　　　　　　　　　　　　　　　　　　单位：元

生产车间	水费（不含增值税）	合　计
帽子车间045	600	600
西裤车间046	1 250	1 250
西装车间055	1 900	1 900
车间管理部门	350	350
合　计	4 100	4 100

会计主管：　　　　　　　　审核：　　　　　　　　制表：

根据以上资料（如表3-85所示），编制会计分录：

借：基本生产车间——045（制造费用）　　　600

　　　　　　　　——046（制造费用）　　1 250

　　　　　　　　——055（制造费用）　　1 900

制造费用——基本生产车间（水电费）　　350

应交税费——应交增值税（进项税额）　　246

　　贷：银行存款　　　　　　　　　　　　　4 346

步骤三： 分配制造费用。

任务： 期末，根据制造费用明细账汇集的合计数，按实际生产工时分配制造费用，填制制造费用分配表，编制会计凭证，登记制造费用明细账簿。制造费用明细账略。

表 3 - 86　　　　　　　　　　　　　　制造费用分配表

2009 年 4 月

应借账户		成本项目	实用工时	分配率	应分配金额（元）
基本生产成本	045	制造费用	4 800	1.2575	6 036
	046	制造费用	10 000	1.2575	12 575
	055	制造费用	8 500	1.2575	10 689
合　计			23 300	—	29 300

会计主管：　　　　　　　审核：　　　　　　　制表：

根据以上资料（如表 3 - 86 所示），编制会计分录：

　　借：基本生产成本——045（制造费用）　　6 036

　　　　　　　　　　——046（制造费用）　　12 575

　　　　　　　　　　——055（制造费用）　　10 689

　　贷：制造费用——基本生产车间　　　　　29 300

步骤四： 计算并结转完工产品成本。

任务 1： 填制成本计算单。具体操作略，详情可见表 3 - 87、表 3 - 88、表 3 - 89。

表 3 - 87　　　　　　　　　　　　　　成本计算单（一）

批号：045　　　　　　　　　　　　　　　　　　　　　　开工日期：3 月 1 日

产品名称：帽子　　　　批量：500 件　　　完工数量：500 件　　　完工日期：4 月 28 日

项　目	直接材料	直接人工	制造费用	合　计
期初在产品（元）	40 000	10 000	12 000	62 000
本期生产费用（元）		45 964.9	17 636	63 600.9
生产费用合计（元）	40 000	55 964.9	29 636	125 600.9
完工产品总成本（元）	40 000	55 964.9	29 636	125 600.9
完工产品单位成本（元/件）	80	111.93	59.27	251.2

会计主管：　　　　　　　审核：　　　　　　　制表：

表 3-88 　　　　　　　　　　成本计算单（二）

批号：046 　　　　　　　　　　　　　　　　　　　　　开工日期：4 月 1 日

产品名称：西裤　　批量：1 000 件　　完工数量：100 件　　完工日期：4 月 30 日（部分完工）

项　目	直接材料	直接人工	制造费用	合　计
期初在产品（元）	60 000	15 000	13 000	88 000
本期生产费用（元）		80 438.6	27 525	107 963.6
生产费用合计（元）	60 000	95 438.6	40 525	195 963.6
完工产品总成本（元）	5 455	17 352	7 368	30 175
完工产品单位成本（元/件）	54.55	173.52	73.68	301.75
期末在产品成本（元）	54 545	78 086.6	33 157	165 788.6

会计主管：　　　　　　　　审核：　　　　　　　　制表：

表 3-89 　　　　　　　　　　成本计算单（三）

批号：055 　　　　　　　　　　　　　　　　　　　　　开工日期：4 月 15 日

产品名称：西装　　批量：80 件　　完工数量：　　完工日期：

项　目	直接材料	直接人工	制造费用	合　计
期初在产品（元）				
本期生产费用（元）	56 000	68 947.4	30 189	155 136.4
生产费用合计（元）	56 000	68 947.4	10 689	135 636.4
完工产品总成本（元）				
完工产品单位成本（元/片）				
期末在产品成本（元）				

会计主管：　　　　　　　　审核：　　　　　　　　制表：

动脑筋

完工产品单位成本是怎么计算的？

任务 2：根据成本计算单编制结转 045（帽子）、046（西裤）完工产品成本的会计分录。登记相关账簿略。

借：库存商品——045 　　　　　　　125 600.9

　　　　　　——046 　　　　　　　　30 175

　　贷：基本生产成本——045 　　　　　　　125 600.9

　　　　　　　　　　——046 　　　　　　　　30 175

动 脑 筋

感觉到品种法与分批法的相似与区别之处了吗？

三、简化分批法的应用

1. 简化分批法的基本知识

表 3 - 90　　　　　　　　　　简化分批法的基本知识

基本知识	解　　释
前提	在有些小批单件生产的企业或车间里，订单多、生产周期长，实际每月完工的订单并不多。在这种情况下，如果采用当月分配法分配各项费用，即将当月发生的各项生产费用全部分配给各批产品，而不论各批产品完工与否，那么，由于产品批次众多，费用分配的核算工作量将非常繁重。因而，为了简化核算，这类企业或车间可采用简化分批法，如来料加工，修理作业等
概念	简化的分批法也称不分批计算在产品成本的分批法。在简化的分批法下，每月发生的各项间接计入费用（是指直接人工费用和制造费用），不是按月在各批产品之间进行分配，而是先在基本生产成本二级账中累计起来，在有完工产品的月份，按照完工产品累计生产工时的比例，在各批完工产品之间进行分配；对未完工产品应负担的工费成本，仍然留在原成本费用账中，逐月累计起来，直到有完工产品的月份，才计算累计的工费分配率，分配间接费用，计算完工产品成本
适用范围	各月投产的批数很多、月末未完工批数也较多、各月份的间接费用水平相差不大的企业
特点	1. 按产品批别设立"产品成本明细账"。采用简化分批法计算成本时，仍需按产品批别设置产品成本明细账，但在这种产品成本明细账当中只登记直接计入的费用和发生的生产工时 2. 采用简化的分批法，必须设立基本生产成本二级账。在基本生产二级账中登记全部各批产品发生的生产总工时、直接计入的费用、间接计入的费用等资料 3. 在各批产品之间（横向）、完工产品与月末在产品之间（纵向）分配间接费用，都是利用累计间接费用分配率来进行的。 全部产品累计间接费用分配率＝全部产品累计间接费用÷全部产品累计工时
优点	采用简化的分批法，在投产批别较多，每月完工批别较少的企业或车间，成本计算工作中的横向分配工作与纵向分配工作，在有完工产品时，根据同一个费用分配率一次分配完成，这大大地简化了费用的分配和登记工作
缺点	1. 各未完工批别的基本生产成本明细账内，不反映直接人工、制造费用等加工费用，也就不能完整地反映各订单的在产品成本 2. 如果各月份加工费用波动较大，各订单的工时数（即加工费用分配基础）又各月不一，采用这种方法会使加工费用平均化，不能反映真实情况，影响产品成本的正确性。因此，只有在各月加工费用及其分配标准大致均衡的情况下才可采用这种方法

动脑筋

为什么直接人工费用称为间接计入费用？

因为这些企业采用计时工资制度。

2. 简化分批法的应用

【业务3-8】 下面举一个较完整的例子来说明简化分批法的计算：

某企业的分厂的产品批别多，生产周期较长，每月末经常有大量未完工的产品批数。为了简化核算工作，采用简化的分批法计算成本。

（1）2009年7月各批产品生产成本的有关资料如下：

①850♯：A产品8件，6月投产，7月全部完工；

②851♯：B产品10件，6月投产，7月完工4件；

③943♯：C产品5件，7月投产，尚未完工；

④944♯：D产品15件，7月投产，尚未完工；

⑤945♯：E产品12件，7月投产，尚未完工。

（2）各批号在生产开始时一次投入的原材料费用和生产工时为：

①850♯：6月份消耗原材料8 000元，生产工时4 000小时；7月份消耗原材料10 000元，生产工时5 020小时；

②851♯：6月份消耗原材料4 000元，生产工时1 500小时；7月份原材料消耗20 000元，生产工时20 000小时；

③943♯：原材料消耗5 600元，生产工时3 200小时；

④944♯：原材料消耗5 200元，生产工时3 000小时；

⑤945♯：原材料消耗5 000元，生产工时2 100小时。

（3）7月末，该厂全部产品累计原材料费用57 800元，工时38 820小时，直接人工15 528元，制造费用23 292元。

（4）此外，期末完工产品工时总额为23 020小时，其中：850♯的A产品全部完工，采用实际工时确定，该批产品全部实际生产工时为9 020小时；851♯的B产品部分完工，采用工时定额计算确定已完工产品的生产工时为14 000小时。

要求：按简化的分批法进行2009年7月的成本核算。

分析： 分厂的产品批别多，生产周期较长（跨月），每月月末经常有大量未完工的产品批数（7月月末未完工批次就比较多），因此可采用简化分批法进行成本的核算。

步骤一： 设账。

任务1： 设置基本生产成本的二级账，如表3-91所示。

表 3 - 91　　　　　　　　　　　　　　　　基本生产成本二级账

2009 年		摘　要	直接材料（元）	生产工时（小时）	直接人工（元）	制造费用（元）	合计（元）
月	日						
7	31	本月累计	57 800	38 820	15 528	23 292	96 620
	31	分配率			0.4	0.6	
	31	完工转出	27 600	23 020	9 208	13 812	50 620
	31	月末在产品	30 200	15 800	6 320	9 480	46 000

任务 2：根据"生产任务书"或"工作令号"设置各批次产品基本生产成本明细账，如表 3 - 92、表 3 - 93、表 3 - 94、表 3 - 95、表 3 - 96 所示。

步骤二：填制各费用分配表及记账凭证，登记账簿。

任务 1：根据材料费用分配表和生产工时记录，把直接材料费用总额和生产工时总额记入基本生产成本二级账中。

任务 2：根据"材料费用分配表"和"生产工时"记录，把所有批次直接材料费用发生金额和相应生产工时记入相应的基本生产成本明细账中。

🍎 小贴士

本月发生的直接材料费用和生产工时在基本生产成本二级账与基本生产成本明细账中平行登记，注意核对账户金额。

任务 3：根据"职工薪酬分配表"、"其他费用分配表"将人工费用和制造费用总额记入基本生产成本二级账中，不需要登记在基本生产成本明细账中。

步骤三：各批次产品完工时的计算。

任务 1：期末有产品完工时，计算累计间接费用分配率。

全部产品累计间接费用分配率＝全部产品累计间接费用÷全部产品累计工时

直接人工分配率＝15 528÷38 820＝0.4

制造费用分配率＝23 292÷38 820＝0.6

任务 2：确定某批完工产品的累计工时（按实际工时或工时定额），计算各完工批次应负担的间接计入费用。

某批次完工产品应负担的间接计入费用＝该批完工产品的累计工时×全部产品累计间接费用分配率

850♯完工产品应负担的直接人工费用＝9 020×0.4＝3 608（元）

850♯完工产品应负担的制造费用＝9 020×0.6＝5 412（元）

步骤四：计算各批完工入库产品的成本，相应登记二级账与明细账。

动脑筋

简化分批法与一般分批法相比较，到底是怎么简化的？

表 3-92　　　　　　　　基本生产成本明细账（一）

批号：850♯　　　　　　　　　　　　　　　　　品名：A产品

完工产量：8件（6月投产，7月全部完工）

2009 年		摘　要	直接材料（元）	生产工时（小时）	直接人工（元）	制造费用（元）	合计（元）
月	日						
6	31	本月累计	8 000	4 000			
7	31	本月发生	10 000	5 020			
	31	本月累计	18 000	9 020			
	31	分配率			0.4	0.6	
	31	分配费用			3 608	5 412	9 020
	31	完工转出	18 000	9 020	3 608	5 412	27 020

表 3-93　　　　　　　　基本生产成本明细账（二）

批号：851♯　　　　　　　　　　　　　　　　　品名：B产品

完工产量：10件（6月投产，7月完工4件）

2009 年		摘　要	直接材料（元）	生产工时（小时）	直接人工（元）	制造费用（元）	合计（元）
月	日						
6	31	本月累计	4 000	1 500			
7	31	本月发生	20 000	20 000			
	31	本月累计	24 000	21 500			
	31	分配率			0.4	0.6	
	31	完工分配费用		14 000	5 600	8 400	14 000
	31	完工转出	9 600	14 000	5 600	8 400	23 600
	31	月末在产品	14 400	7 500			

注：表中的直接材料，采用约当产量法进行分配，完工转出的成本＝（24 000÷10）×4＝9 600（元）

表 3-94 基本生产成本明细账（三）

批号：943# 品名：C产品

完工产量：5 件（7 月投产，尚未完工）

2009 年		摘 要	直接材料（元）	生产工时（小时）	直接人工（元）	制造费用（元）	合计（元）
月	日						
7	31	本月累计	5 600	3 200			

表 3-95 基本生产成本明细账（四）

批号：944# 品名：D产品

完工产量：15 件（7 月投产，尚未完工）

2009 年		摘 要	直接材料（元）	生产工时（小时）	直接人工（元）	制造费用（元）	合计（元）
月	日						
7	31	本月累计	5 200	3 000			

表 3-96 基本生产成本明细账（五）

批号：945# 品名：E产品

完工产量：12 件（7 月投产，尚未完工）

2009 年		摘 要	直接材料（元）	生产工时（小时）	直接人工（元）	制造费用（元）	合计（元）
月	日						
7	31	本月累计	5 000	2 100			

知识长廊

（1）关于工作令号

分批法下直接材料和直接工资都必须按工作令号归集，领料单上要标明工作令号，工资汇总分配表中凡属于生产工人工资均应分清生产的工作令号。制造费用应选择合适的标准分配记入本月生产的工作令号中。一旦产品完工，该工作令号就不能再列支任何费用了。

在一般情况下，采用分批法时，某工作令号完工后才计算该工作令号成本，成本计算期是从工作令号开出至结束，而不按会计报告期。假如会计报告期是每个月，而某工作令号的生产周期超过一个月，这时虽未能编制产品成本计算单，也要把已发生的费用列在产品成本计算单上。

客户的订单与厂内的工作令号可以相同也可以不同，一张订单可以分为几个工作令号，几张相同的订单也可以并为一个工作令号。分批法是以厂内的工作令号为准的。

（2）成本核算要关注的几个问题

成本核算不只是财务部门、财务人员的事情，而是全部门、全员共同的事情。一是成本核算需要生产车间、技术部门、采购部门等多部门的配合；二是计算出的成本是否合理，不但需要财务部门的自我评价和时间的验证，还需要生产、技术等部门的评价，让生产等部门对计算出的结果做个论证，是有必要的。

成本核算可以接受成本会计理论的指引，但要突破相关理论的束缚，不要局限在成本会计理论的框框里面，最好的成本会计核算和管理体系就是最贴近企业生产流程的核算体系，这样才能反映本公司的生产管理特点，每一个企业的生产特点都有其特殊性。公司的管理层在不同的阶段有着不一样的关注点，所以在确定整体思路的前提下，成本核算体系要有一定的可变性，关键的要在成本理论的指导下解决管理层关心的问题，将业务和财务相结合。

练习与实训

一、单项选择题

1. 下列各种产品成本计算方法，适用于单件、小批生产的是（　　　）。

A. 品种法 　　　　　　　　　　B. 分批法

C. 逐步结转分步法 　　　　　　D. 平行结转分步法

2. 采用简化的分批法，在产品完工之前，产品成本明细账（　　　）。

A. 不登记任何费用

B. 只登记直接计入费用（例如原材料费用）和生产工时

C. 只登记原材料费用

D. 登记间接计入费用，不登记直接计入费用

3. 产品成本计算的分批法，适用的生产组织是（　　　）。

A. 大量大批生产 　　　　　　　B. 大量小批生产

C. 单件成批生产 　　　　　　　D. 小批单件生产

4. 对于成本计算的分批法，下列说法正确的是（　　　）。

A. 不存在完工产品与在产品之间费用分配问题

B. 成本计算期与会计报告期一致

C. 适用于小批、单件、管理上不要求分步骤计算成本的多步骤生产

D. 以上说法全部错误

5. 某企业采用分批法计算产品成本。6月1日投产 A 产品5件，B 产品3件；6月15日投产 A 产品4件，B 产品4件，C 产品3件；6月26日投产 A 产品6件。该企业6月份应开设产品成本明细账的张数是（　　　）。

A. 3 张　　　　　　　B. 5 张　　　　　　　C. 4 张　　　　　　　D. 6 张

6. 下列情况下，不宜采用简化分批法的是（　　　）。

A. 各月间接计入费用水平相差不大　　　　B. 月末未完工产品批数较多

C. 同一月份投产的批数很多　　　　　　　D. 各月间接计入费用水平相差较大

7. 产品成本计算不定期，一般也不存在完工产品与在产品之间费用分配问题的成本计算方法是（　　　）。

A. 平行结转分步法　　B. 逐步结转分步法　　C. 分批法　　　　　D. 品种法

8. 下列说法中不正确的是（　　　）

A. 会计部门根据产品的批次或订单开设产品成本计算单，在计算单内按规定的成本项目设置专栏，汇集发生的各项生产费用

B. 在小批单件生产的企业中，企业的生产活动基本上是根据订货单位的订单签发工作令号来组织生产的，因而分批法也叫订单法

C. 分批法的成本计算程序是围绕着产品的品种进行的

D. 采用分批法计算产品成本时，各批产品发生的费用，同品种法一样，也是按月进行归集的

9. 关于简化的分批法说法错误的是（　　　）

A. 投产批数繁多而且月末未完工批数较多的企业（例如属于这种情况的机械制造厂或修配厂）中，可采用简化的分批法

B. 每月发生的间接计入费用，先将其在基本生产成本二级账中，按成本项目分别累计起来，只有在有产品完工的那个月份，才对完工产品，按照其累计工时的比例分配间接计入费用，计算完工产品成本

C. 这种方法在投产批别较多，每月完工批别较少的企业或车间，可以大大简化对未完工订单基本生产成本明细账的月月登记工作

D. 全部产品累计间接费用分配率＝全部产品累计间接费用÷完工产品累计工时

10. 必须设置基本生产成本二级账的成本计算方法是（　　　）。

A. 分批法　　　　　　B. 分步法　　　　　　C. 品种法　　　　　D. 简化分批法

二、多项选择题

1. 成本计算分批法的特点是（　　　）。

A. 产品成本计算期与产品生产周期基本一致，成本计算不定期

B. 月末一般不需要将生产费用在完工产品与在产品之间进行分配

C. 比较适用于冶金、纺织、造纸企业

D. 以成本计算品种法原理为基础

E. 省时省力

2. 采用分批法计算产品成本时，如果批内产品跨月陆续完工的情况不多，完工产品数量占全部批量的比重很小，先完工的产品可以（　　）从产品成本明细账转出。

A. 按计划单位成本计价　　　　　　　　B. 按定额单位成本计价

C. 按近期相同产品的实际单位成本计价　　D. 按实际单位成本计价

E. 按近期相同产品的计划单位成本计价

3. 分批法适用于（　　）。

A. 小批生产

B. 管理上不要求分步骤计算成本的多步骤生产

C. 多步骤生产

D. 单件生产

E. 大批生产

4. 分批法成本计算的特点有（　　）。

A. 以生产批次作为成本计算对象

B. 产品成本计算期不固定

C. 按月计算产品成本

D. 一般不需要进行完工产品和在产品的成本分配

E. 以生产批次或订单设置生产成本明细账

5. 分批法适用于（　　）等的生产。

A. 重型机器　　　B. 精密仪器　　　C. 船舶　　　D. 服装　　　E. 电脑

三、判断题

1. 分批法下，如果是单件生产，在月末计算成本时，不存在在完工产品与在产品之间分配费用的问题。（　　）

2. 在小批或单件生产的企业或车间中，如果各个月份的间接计入费用的水平相差不大，月末未完工产品的批数比较多，可采用简化的分批法。（　　）

3. 采用分批法计算产品成本时成本计算期一般与产品的生产周期一致，与会计报告期不一致。（　　）

4. 采用分批法计算产品成本时，成本计算对象就是产品的批别或"生产任务通知书"，而不是购货单位的订货单。（　　）

5. 简化的分批法即不分批计算在产品成本的分批法。（　　）

6. 采用分批法计算产品成本，只有在该批产品全部完工时才能计算实际成本。（　　）

7. 如果一张订单规定有几种产品，按照生产及考核要求也可合为一批组织生产。（　　）

8. 分批法与品种法的区别有成本计算对象和成本计算期不同等。（　　）

9. 在分批法下，为了使同一批的产品能够同时完工，避免跨月陆续完工的情况，可以缩小产品批量，使产品批量越小越好。（　　）

10. 基本生产成本二级账可以按月提供企业或车间全部产品的累计生产费用和生产工时（实际生产工时或定额生产工时）资料。（　　）

四、计算题

1. 某公司生产 A、B 两种产品，生产组织属于小批生产，采用分批法计算成本。

(1) 本月（9 月）份生产的产品批号有：

108 批号：A 产品 12 台，本月投产，本月完工 8 台。

109 批号：B 产品 8 台，本月投产，本月完工 2 台。

(2) 本月各批号生产费用资料：

108 批号：直接材料 6 720 元，直接人工 4 700 元，制造费用 5 600 元。

109 批号：直接材料 9 200 元，直接人工 6 100 元，制造费用 3 960 元。

108 批号 A 产品完工数量较大，原材料在生产开始时一次投入，其他费用在完工产品与在产品之间采用约当产量法分配，在产品完工程度为 50%。

109 批号 B 产品完工数量少，完工产品按计划成本结转。每台产品计划成本：原材料 920 元，工资及福利费 700 元，制造费用 480 元。

要求：根据上述资料，采用分批法，登记产品成本明细账，计算各种产品的完工产品成本和月末在产品成本，并填入表 3 - 97 和表 3 - 98 中。

表 3 - 97　　　　　　　　　　　　A 产品成本明细账

产品批号：108　　　　　　　　　　　　　　　　　　　　　　　　　　投产日期：9 月

产品名称：A　　　　　批量：12 台　　　　　完工日期：9 月　　　　　完工数量：8 台

单位：元

月	日	摘　要	直接材料	直接人工	制造费用	合　计
9	30	本月生产费用				
9	30	月末在产品约当产量				
9	30	约当总产量				
9	30	完工产品单位成本				
9	30	完工产品成本（8 台）				
9	30	月末在产品成本				

表 3 - 98　　　　　　　　　　　　B 产品成本明细账

产品批号：109　　　　　　　　　　　　　　　　　　　　　　　　　　投产日期：9 月

产品名称：B　　　　　批量：8 台　　　　　完工日期：9 月　　　　　完工数量：2 台

单位：元

月	日	摘　要	直接材料	直接人工	制造费用	合　计
9	30	本月生产费用				
9	30	单台计划成本				
9	30	完工 2 台产品计划成本				
9	30	月末在产品费用				

2. 某企业采用简化分批法计算甲产品各批产品成本。3月份各批产品成本明细账中有关资料如下：

86批号：1月份投产22件，本月全部完工，累计原材料费用79 750元，累计耗用工时8 750小时。

95批号：2月份投产30件，本月完工20件，累计原材料费用108 750元，累计耗用工时12 152小时；原材料在生产开始时一次投入；月末在产品完工程度为80%，采用约当产量比例法分配所耗工时。

101批号：本月投产5件，全部未完工，累计原材料费用18 125元，累计耗用工时2 028小时。

基本生产成本二级账归集的累计间接计入费用为：直接人工36 688元，制造费用55 032元；

要求：根据以上资料计算累计间接计入费用分配率和甲产品各批完工产品成本（列出计算过程）。

五、实训题

〈实训目的〉：通过实训，掌握采用分批法进行成本核算的企业中的各项生产费用的归集与分配，并熟悉分批法核算的一般程序和相应技巧，能够胜任中小型企业成本核算岗位的会计工作。

〈实训资料〉：明珠企业属于小批生产类型的小型企业，有一个基本生产车间，按批别组织生产，生产甲、乙两种产品，采用分批法计算产品成本，设置直接材料、直接人工、制造费用三个成本项目。该厂2009年7月份生产的产品批号有：6月投产256批别甲产品100件，7月全部完工；7月投产356批别乙产品110件，本月完工10件，乙产品的计划单位成本为直接材料38元/件，直接人工20元/件，制造费用18元/件。356批别乙产品本月完工数量较少，完工产品按计划成本结转。要求采用分批法进行该企业7月份产品成本计算。（本企业未设置生产成本明细账）

步骤一：按产品批别设置产品成本计算单，并按成本项目设置专栏。

步骤二：按产品批别归集和分配生产费用，编制各种费用分配表，登记产品成本计算单。

任务1：根据有关原始凭证编制材料费用分配表（如表3-99所示），编制结转发出原材料实际成本的会计凭证，并据以记入各批产品成本计算单（如表3-102、表3-103所示）。

表3-99　　　　　　　　　　　　　　材料费用分配表

应借科目	材料费用（元）
生产成本——256批别甲产品	5 520
生产成本——356批别乙产品	4 180

应借科目	材料费用（元）
制造费用	1 020
管理费用	460
合　计	11 180

任务 2：根据有关原始凭证编制人工费用分配表（如表 3－100 所示），编制结转分配人工费用的会计凭证，并据以记入各批产品成本计算单。

表 3－100　　　　　　　　　　人工费用分配表

应借科目	人工费用（元）
生产成本——256 批别甲产品	4 650
生产成本——356 批别乙产品	1 700
制造费用	2 300
管理费用	1 250
合　计	9 900

任务 3：根据本月制造费用明细账提供的资料（如表 3－101 所示），该厂本月基本生产车间发生制造费用共计 6 000 元（包括上两笔），按照各批别的生产工时分配制造费用，编制分配制造费用的会计凭证，并据以记入各批产品成本计算单。

表 3－101　　　　　　　　　　制造费用分配表

产品批别	生产工时（小时）	分配率	分配金额（元）
256 批别甲产品	8 680	—	
356 批别乙产品	3 320	—	
合　计	12 000		6 000

步骤三：计算并结转完工产品成本。

任务 1：计算完工产品成本，填入成本计算单中。

表 3-102　　　　　　　　　　**产品成本计算单（一）**

产品批号：256 批别　　　　产品名称：甲产品　　　　投产日期：5/6　　　　产品批量：100 件

订货单位：宏达公司　　　　完工日期：25/7　　　　　　　　　　　　　　单位：元

2007 年		摘　要	直接材料	直接人工	制造费用	合　计
月	日					
6	30	月末在产品成本	4 480	2 710	3 360	10 550
7	31	分配材料费用				
	31	分配人工费用				
	31	分配制造费用				
	31	合　计				
	31	完工产品成本				
	31	单位成本				

表 3-103　　　　　　　　　　**产品成本计算单（二）**

产品批号：356 批别　　　　产品名称：乙产品　　　　投产日期：10/7　　　　产品批量：110 件

订货单位：阳春公司　　　　完工日期：31/7　　　　完工：10 件　　　　　　单位：元

2007 年		摘　要	直接材料	直接人工	制造费用	合　计
月	日					
7	31	分配材料费用				
	31	分配人工费用				
	31	分配制造费用				
	31	合　计				
	31	计划单位成本				
	31	完工产品成本				
	31	单位成本				

　　任务 2：根据产品成本计算单编制结转完工入库产品成本的会计凭证，并相应记入成本计算单。

　　〈实训体会〉：

　　〈教师评价〉：

模块四 产品成本基本计算方法——分步法

案例引入

　　小李从某职业学院会计专业毕业快三个月了，还没有找到合适的工作。上星期五某新筹建的造纸公司的人力资源部门通知她：她应聘成功了，任财务部成本会计，下星期一到公司报到。放下电话，小李高兴得跳了起来。

　　那个造纸公司是一个新筹建的合资企业，福利待遇很好，当时竞争成本会计这一职位的人很多，不少人都有几年工作经验，还有会计师职称，她本来都不抱很大希望的，没想到她居然成功了，她不禁暗暗为自己喝彩！可能是自己严谨认真细致的态度及扎实的理论基础打动了考官吧。但第二天，小李心里却有点儿不踏实的感觉：如果是去老公司，会计核算照搬原模式就可以了，可现在公司是新筹建的，一切都得自己来。书上说，造纸类企业可采用分步法核算成本，但具体核算方法有点淡忘了，还是抓紧准备一下，赶快再学习学习。

学习思路

```
                            ┌──────────────────┐      ┌────────────────┐      ┌──────────┐
                       ┌───▶│   逐步结转分步法   │─────▶│ 分      │───▶│ 计算程序  │
                       │    └──────────────────┘      │ 项      │     └──────────┘
                       │        ↓      ↓      ↓       │ 逐      │     ┌──────────┐
┌────────┐            │    ┌──┐  ┌──┐  ┌────┐        │ 步      │───▶│   应  用  │
│        │            │    │概│  │特│  │适  │        │ 结      │     └──────────┘
│ 分      │            │    │  │  │  │  │用  │        │ 转      │
│ 步      │────────────┤    │念│  │点│  │范  │        │ 法      │
│ 法      │            │    └──┘  └──┘  │围  │        └────────┘
│ 概      │            │              └────┘        ┌────────┐     ┌──────────┐
│ 述      │            │                             │ 综      │───▶│ 计算程序  │
│        │            │    ┌──────────────────┐      │ 合      │     └──────────┘
└────────┘            └───▶│   平行结转分步法   │      │ 结      │     ┌──────────┐
                            └──────────────────┘      │ 转      │───▶│   应  用  │
                          ↓    ↓    ↓    ↓    ↓      │ 法      │     └──────────┘
                       ┌──┐ ┌──┐ ┌──┐ ┌──┐ ┌──┐    │        │     ┌──────────┐
                       │概│ │特│ │适│ │计│ │应│    │        │───▶│  成本还原 │
                       │  │ │  │ │用│ │算│ │  │    └────────┘     └──────────┘
                       │念│ │点│ │范│ │程│ │用│
                       │  │ │  │ │围│ │序│ │  │
                       └──┘ └──┘ └──┘ └──┘ └──┘
```

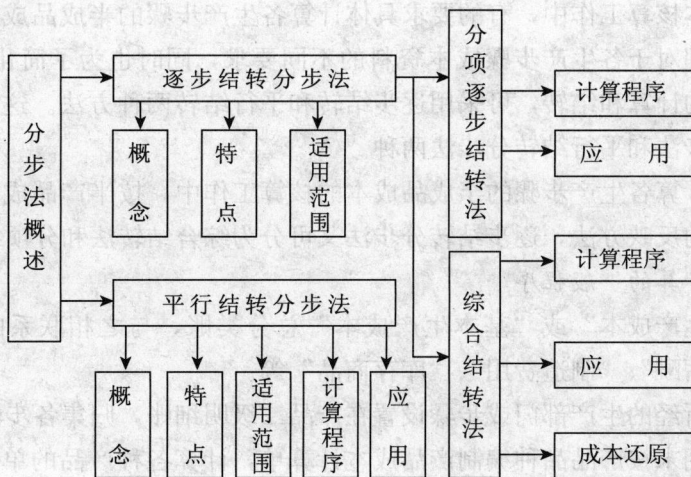

任务一　分步法概述

一、分步法的概念

产品成本计算的分步法，简称"分步法"，是以产品生产步骤和产品品种为成本计算对象来归集和分配生产费用，计算产品成本的一种方法。

二、分步法的特点

（1）成本计算对象为各种产品的生产步骤和产品品种。在分步法下，成本计算对象是各个生产步骤的各种产品，因此，在进行成本计算时，需为每个生产步骤的每种产品设置产品成本计算单，用来归集生产费用，计算产品成本。对于生产过程中发生的费用，凡是直接计入费用，应直接记入各成本计算单中；间接计入费用则一般先按车间、部门或者费用用途归集，月末再直接计入或按一定标准在该步骤分配计入各成本计算对象。

（2）成本计算期同会计报告期相一致。在采用分步法计算产品成本的企业里，成本计算期是定期的，即成本计算工作在每月月末定期进行，因此，成本计算期与产品生产周期不一致，而与会计核算期一致。

（3）生产费用在完工产品与在产品之间的分配。在大量大批多步骤生产的企业里，其产品往往跨月陆续完工，月末经常有一定数量的在产品，因此，归集在各生产步骤产品成本计算单中的生产费用，大多要采用适当的分配方法，在完工产品与月末在产品之间进行分配，计算出完工产品成本和月末在产品成本。

（4）各步骤之间结转成本。由于产品生产是分步骤进行的，上一步骤生产的半成品是下一步骤的加工对象。因此，为了计算各种产品的产成品成本，还需要按照产品品种，结转各步骤成本。也就是说，与其他成本计算方法不同，采用分步法计算产品成本时，各步骤之间还需进行成本结转，这是分步法的一个重要特点。

三、分步法的分类

在日常的成本核算工作中，有的要求具体计算各生产步骤的半成品成本，有的则不要求。根据成本管理对于各生产步骤成本资料的不同要求，同时也为了简化成本计算工作，各生产步骤成本的计算和结转，可采用逐步结转和平行结转两种方法。这样，分步法也就分为逐步结转分步法和平行结转分步法两种。

在要求具体计算各生产步骤的半成品成本的核算工作中，按半产品成本在下一步骤成本明细账中不同的反映方法，逐步结转分步法又可分为综合结转法和分项结转法两种。

四、分步法计算的一般程序

（1）设置"生产成本"或"基本生产成本"总分类账，与之相联系的账户有"原材料"、"应付职工薪酬"、"制造费用"、"库存商品"等。

（2）按产品所经的生产部门或步骤设置在产品二级明细账，归集各步骤的产品成本。

（3）在会计期末按产品品种编制产品成本计算单，计算各种产品的单位成本、完工产品成本和在产品成本。

在分步成本计算法下，产品的制造成本随着产品实物流动由一个生产步骤向下一个生产步骤结转，最终由最后一道生产步骤转入完工产品存货账户，而这个成本的结转是通过编制产品成本计算单来完成的。

小贴士

产品成本计算的分步，通常以实际生产的步骤为基础，但有时与实际生产的步骤不一定完全一致。为了减少成本核算的工作量，可以只对管理上有必要分步计算成本的步骤单独设立产品成本明细账，单独核算成本；而管理上不要求单独计算成本的生产步骤，则可与其他相近的生产步骤合并设立成本明细账，合并核算成本。例如：在按生产步骤设立车间的企业，一般分步计算成本也就是分车间计算成本。但是，如果企业生产规模较小，管理上不要求分车间计算成本，则可以将几个相近的车间合并为一个步骤计算成本。相反，如果企业生产规模很大，车间内还有几个生产步骤，管理上又要求分步骤计算成本，就要在车间内分成几个步骤核算成本。

任务二 逐步结转分步法

一、逐步结转分步法的概念、特点和适用范围

1. 概念

逐步结转分步法亦称顺序结转分步法，它是按照产品加工顺序，逐步计算并结转各步骤半成品的成本，直至最后生产步骤计算出产成品成本的一种成本计算方法。

2. 特点

首先，它是计算半成品成本的分步法，其成本核算对象是产成品及其所经过各生产步骤的半成品，并以此来开设成本明细账。

其次，半成品成本要随同半成品实物一起在各生产步骤之间顺序转移。

3. 适用范围

逐步结转分步法是为了适应成本管理的特定要求而采用的一种方法。它一般适用于半成品种类不多、逐步结转半成品成本的工作量不大，管理上要求提供各生产步骤半成品成本的以下类型的企业：

（1）有自制半成品对外销售的企业。这种企业各生产步骤所产的半成品，不仅由本企业进一步加工，而且还经常作为商品出售。为了核算出售半成品的成本，就要采用逐步结转分步法计算这些半成品的成本。例如，钢铁企业的生铁、钢锭，纺织企业的棉纱等就是如此。

（2）自制半成品可以加工为不同产品的企业。这种企业的半成品，是本企业几种产品所需的耗用品，为了分别计算各种产品的成本，也要采用逐步结转分步法计算这些半成品的成本。例如，造纸企业生产的纸浆，机械制造企业生产的某些铸件等。

（3）需要考核自制半成品成本的企业。在实行厂内经济核算或责任会计的企业中，为了全面考核和分析各生产步骤等内部单位的生产耗用和资金占用水平，评估产品成本计划的执行情况，就需要采用逐步结转分步法计算这些半成品的成本。

二、逐步结转法的计算程序

采用逐步结转分步法计算各生产步骤产品成本时，上一步骤所生产的半成品成本要随着半成品实物的转移，顺序地将上一步骤的产品成本明细账转入下一步骤相同半成品的成本明细账中，以便逐步计算前面各步骤的半成品成本和最后一个步骤的产成品成本。逐步结转法的计算程序如图 3 - 6 所示。

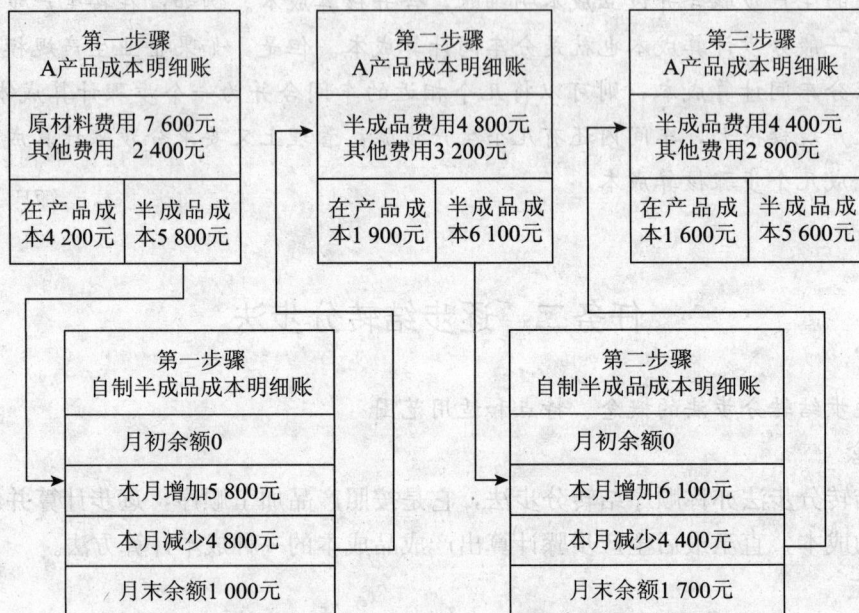

第一步骤 A产品成本明细账	
原材料费用 7 600元 其他费用 2 400元	
在产品成本4 200元	半成品成本5 800元

第二步骤 A产品成本明细账	
半成品费用4 800元 其他费用3 200元	
在产品成本1 900元	半成品成本6 100元

第三步骤 A产品成本明细账	
半成品费用4 400元 其他费用2 800元	
在产品成本1 600元	半成品成本5 600元

第一步骤 自制半成品成本明细账
月初余额0
本月增加5 800元
本月减少4 800元
月末余额1 000元

第二步骤 自制半成品成本明细账
月初余额0
本月增加6 100元
本月减少4 400元
月末余额1 700元

图 3 - 6　逐步结转法的计算程序

在逐步结转分步法下，各步骤完工转出的半成品成本，应该从各该步骤的产品成本明细账中转出；各步骤领用的半成品的成本，构成下一步骤的半成品费用，计入该步骤的产品成本明细账中。如果半成品完工后，先入半成品库，下一步骤生产时再领用的，则在验收入库时，应编制借记"自制半成品"账户，贷记"基本生产成本"账户的会计分录，领用时，再编制相反的会计分录。如果半成品完工后，不通过半成品库收发，而直接为下一步骤领用，半成品成本则应在各步骤的产品成本明细账之间直接结转，不编制上述会计分录。

每月月末，各项生产费用（包括所耗上一步骤半成品的费用）在各步骤产品成本明细账中归集以后，如果既有完工半成品，又有加工中的在产品，则应将各步骤的生产费用在其完工半成品与加工中在产品之间进行分配，以便计算完工半成品成本。这样，通过半成品成本的逐步结转，在最后一个步骤的产品成本明细账中，就可以计算出产成品的成本。

采用逐步结转法，按照结转的半成品成本在下一步骤产品成本明细账中的反映方法，又分为综合结转法和分项结转法两种。

三、综合结转法及成本还原

综合结转法的特点是将各步骤所耗用的上一步骤半成品成本，综合记入各该步骤产品成本计算单的"直接材料"或"原材料"或专设的"半成品"成本项目中。半成品成本的综合结转可以按实际成本结转，也可以按计划成本结转。因此，综合结转法，又有按实际成本综合结转法与按计划成本综合结转法两种方法。本书着重介绍按实际成本综合结转。

1. 按实际成本综合结转

采用这种结转方法时，各步骤所耗上一步骤的半成品费用，应根据所耗半成品的数量乘以半成品的实际单位成本计算。由于各月所产半成品的单位成本不同，因而所耗半成品的单位成本要采用先进先出法或加权平均法等方法计算。为了提高各步骤成本计算的及时性，在半成品月初余额较大、本月所耗半成品全部或者大部分是以前月份所产的情况下，本月所耗半成品费用也可按上月月末的加权平均单位成本计算。

【业务3-9】假定某工业企业的甲种产品生产分两个步骤，分别由两个车间进行生产。第一车间生产半成品，交半成品库验收；第二车间按照所需数量向半成品库领用。第二车间所耗半成品费用按全月一次加权平均单位成本计算。两个车间月末的在产品均按定额成本计价。

要求：按综合结转法核算产品成本。

其成本计算程序如下：

步骤一：为每种产品及其经过各生产步骤的半成品设置产品成本计算单（明细账）。注意：最后步骤为产成品，其余各步骤均为半成品。

步骤二：根据各种费用分配表、半成品交库单和第一车间在产品定额成本资料，登记第一车间甲产品成本明细账。如表3-104所示。

任务1：根据上月月末有关数据计算登记月初在产品成本。

任务2：按本月费用分配表登记本月生产费用。

任务3：按月末在产品数量乘以各种费用单位定额成本计算登记月末在产品成本。

任务4：按生产费用累计减去月末在产品成本登记半成品（即第一车间已完工转出给半成品库的半成品）成本。

表3-104 产品成本明细账

车间：第一车间　　　　　　　　　产品：甲半成品　　　　　　　　　单位：元

日 期		摘 要	产 量	直接材料	直接人工	制造费用	合 计
月	日						
8	1	在产品成本（定额成本）		58 000	4 000	32 100	94 100
8	31	本月生产费用		154 600	13 100	104 000	271 700
8	31	生产费用累计		212 600	17 100	136 100	365 800
8	31	半成品成本	1 200	143 000	12 100	95 975	251 075
8	31	半成品单位成本		119.17	10.08	79.98	209.23
8	31	在产品成本（定额成本）		69 600	5 000	40 125	114 725

任务5：根据第一车间的半成品交库单（单中所列半成品按交库数量和该车间甲产品成本明细账中的半成品单位成本计价），编制结转半成品成本的会计分录：

借：自制半成品——甲半成品   251 075

    贷：基本生产成本——第一车间（甲产品）   251 075

步骤三：根据计价后的第一车间半成品交库单和第二车间领用半成品的领用单，登记自制半成品明细账。如表3－105所示。

动 脑 筋

同学们，你知道登记半成品明细账的方法吗？

任务1：根据上月月末有关数据计算登记月初余额。

任务2：根据计价后的半成品交库单登记本月增加的数量和实际成本。

任务3：根据累计的实际成本除以累计的数量计算登记累计的单位成本，该成本为全月一次加权平均单位成本。

加权平均单位成本＝310 650÷（300＋1 200）＝207.10（元）

任务4：根据第二车间领用半成品的领用单登记本月减少的数量。

任务5：根据本月减少数量乘以累计单位成本计算登记本月减少的实际成本。

本月减少半成品成本＝1 100×207.10＝227 810（元）

表3－105   **自制半成品明细账**

产品：甲半成品

月 份	月初余额		本月增加		累 计			本月减少	
	数量（件）	实际成本（元）	数量（件）	实际成本（元）	数量（件）	实际成本（元）	单位成本（元）	数量（件）	实际成本（元）
8	300	59 575	1 200	251 075	1 500	310 650	207.10	1 100	227 810
9	400								

任务6：根据第二车间领用半成品的领用单（单中所列半成品按领用数量和自制半成品明细账中的累计单位成本计价），编制结转半成品成本的会计分录：

借：基本生产成本——第二车间（甲产品）   227 810

    贷：自制半成品——甲半成品   227 810

小贴士

上面分录中的金额是总数 227 810 元转入借方账户的"基本生产成本"四级明细账户"直接材料"中。而这个总数是由第一车间半成品的"直接材料、直接人工和制造费用"三个项目组成。

步骤四：根据各种费用分配表、半成品领用单、产成品交库单，以及第二车间在产品定额成本资料，登记第二车间甲产品成本明细账，如表 3-106 所示。

表 3-106　　　　　　　　　　　产品成本明细账

车间：第二车间　　　　　　　　产品：甲产品　　　　　　　　　　　单位：元

月	日	摘　　要	产　量	直接材料	直接人工	制造费用	合　计
8	1	在产品成本（定额成本）		190 000	9 900	49 500	249 400
8	31	本月生产费用		227 810	15 700	76 900	320 410
8	31	生产费用累计		417 810	25 600	126 400	569 810
8	31	完工产品成本	1 400	284 810	20 800	102 400	408 010
8	31	完工产品单位成本		203.44	14.86	73.14	291.44
8	31	在产品成本（定额成本）		133 000	4 800	24 000	161 800

根据第二车间产成品交库单（单中所列产成品按交库数量和该车间甲产品成本明细账中的产成品单位成本计价），编制结转产成品成本的会计分录：

借：库存商品——甲产品　　　　　　　　　　　408 010
　　贷：基本生产成本——第二车间（甲产品）　　408 010

2. 成本还原

采用综合结转法结转半成品成本，各步骤所耗半成品的成本是以"直接材料"或"半成品"或"原材料"项目综合反映的。这样计算出来的产成品成本，不能提供按原始成本项目反映的成本资料，因而不能据以从整个企业的角度来考核与分析产品成本的构成和水平，为了弥补这个缺陷，就要进行成本还原。

动脑筋

"不能提供按原始成本项目反映的成本资料"是什么意思？

成本还原一般是通过成本还原计算表按本月所产半成品的成本构成进行还原，也就是从最后一个步骤起，把各步骤所耗用上一步骤半成品的综合成本，按照上一步骤所产半成品成本的结构，逐步分解，还原算出按原始成本项目反映的完工产品成本。下面通过例题说明成本还原的方法：

【业务 3 - 10】仍以【业务 3 - 9】中甲产品成本为例，在第二车间产品成本明细账中，本月完工产品成本 408 010 元，所耗的半成品总费用 284 810 元，应按第一车间产品成本明细账中本月所产这种半成品成本 251 075 元的各项费用比例，进行分解、还原，算出按原始成本项目反映的甲种完工产品成本。

分析：根据前【业务 3 - 9】中第一车间和第二车间甲种产品成本明细账的有关资料，编制甲完工产品的成本还原计算表，如表 3 - 107 所示。

表 3 - 107 　　　　　　　　　　　完工产品成本还原表

2009 年 8 月 　　　　　　　　　　　　　　　　　　　　　　　　　　　　　　单位：元

项　　目	还原前完工产品成本①	本月所产半成品成本②	完工产品成本中半成品费用还原③	还原后完工产品总成本④＝①＋③	还原后完工产品单位成本⑤
产量（件）				1 400	
还原分配率			1. 134 362 2		
半成品	284 810		－284 810		
直接材料		143 000	162 213.79	162 213.79	115.87
直接人工	20 800	12 100	13 725.78	34 525.78	24.66
制造费用	102 400	95 975	108 870.43	211 270.43	150.91
成本合计	408 010	251 075	0	408 010	291.44

步骤一：根据第二车间甲产品成本明细账中完工转出产品成本填列还原前完工产品成本①，其中"半成品"成本项目 284 810 元是成本还原的对象。

步骤二：根据第一车间甲半成品成本明细账中完工转出半成品成本填列本月所产半成品成本②，其中各项费用之间的比例，是成本还原的依据。

步骤三：根据计算公式计算成本还原分配率。计算如下：

成本还原分配率＝本月产成品所耗上一步骤半成品费用÷本月所产该种

半成品成本合计＝284 810÷251 075＝1. 134 362

步骤四：以成本还原分配率分别乘以本月所产该种半成品的各个成本项目的费用进行半成品费用的还原，填列完工产品成本中半成品费用还原③。还原以后的各项费用之和等于还原对象，应与完工产品所耗半成品费用 284 810 元相抵消，填－284 810。分配计算如下：

完工产品所耗半成品费用中的直接材料费用＝143 000×1. 134 362＝162 213.79（元）

完工产品所耗半成品费用中的直接人工费用＝12 100×1. 134 362＝13 725.78（元）

完工产品所耗半成品费用中的制造费用＝95 975×1.134 362＝108 870.43（元）

步骤五：将表①还原前的"直接材料""直接人工"和"制造费用"的金额与③完工产品所耗半成品费用的还原值按成本项目分别相加，填列还原后完工产品总成本④。

其中：直接人工＝20 800＋13 725.78＝34 525.78（元）

步骤六：还原后完工产品总成本④的"直接材料""直接人工"和"制造费用"的金额分别除以完工产品产量，填列还原后完工产品单位成本⑤。

上例甲产品是由两个生产步骤完成，所以还原一次即可。如是三个步骤，则要还原两次，以此类推，直至"半成品"项目的综合费用全部分解，还原为原始成本项目时为止。

3. 逐步结转分步法的优缺点

（1）优点：可以提供各生产步骤的半成品成本资料；半成品成本要随同半成品实物一起在各生产步骤之间顺序转移，以便为各生产步骤在产品的实物管理与资金管理提供资料；各生产步骤的产品成本由所有耗用的费用明细汇总而成，能够全面反映各该步骤产品的生产耗费水平，为成本管理提供依据。

（2）缺点：各生产步骤逐步结转半成品成本，会影响成本核算的及时性；工作量较大，不利于简化和加速成本核算工作。

四、分项结转法的应用

分项结转法的特点是将各生产步骤所耗用的上一步骤半成品成本，按照成本项目分项转入各该步骤产品成本计算单的各个成本项目中。如果半成品通过半成品库收发，那么，在自制半成品明细账中登记半成品成本时，也要按照成本项目分别登记。

分项结转，可以按照半成品的实际成本结转，也可以按照半成品的计划成本结转，然后按成本项目分项调整成本差异。但按计划成本结转的工作量大，实际工作中一般采用按实际成本分项结转的方法。采用分项结转法，不需要进行成本还原。分项结转法一般适用于在管理上不要求计算各步骤完工产品所耗用半成品费用和本步骤加工费用，而要求按原始成本项目计算产品成本的企业。这类企业，对各生产步骤的成本管理要求不高，只要求按生产步骤分工计算成本，主要目的是编制按原始成本项目反映的企业产品成本报表。

> 同学们，下面举例说明，认真听哦！

【业务3-11】某工厂生产甲产品由两个车间完成，第一车间为第二车间提供半成品，第二车间制成产成品。材料在开工时一次投入，两个车间的期末在产品完工程度均为50%。该厂采用逐步分项结转法计算产品成本。该厂2009年9月份成本资料如下：

（1）产品产量资料如表3-108所示：

表 3-108   产品产量   单位：件

项　目	第一车间	第二车间	产成品
期初在产品数量	15	15	
本月投产或上车间转入	85	90	95
本月完工或转入下车间	90	95	
期末在产品数量	10	10	

（2）期初在产品成本及本月发生费用如表 3-109 所示：

表 3-109   期初在产品成本及本月发生费用   单位：元

项　目		直接材料	燃料和动力	直接人工	制造费用	合　计
第一车间	期初在产品成本	2 000	400	330	120	2 850
	本月发生费用	18 000	1 500	924	830	21 254
第二车间	期初在产品成本上步骤转入	795	100	300	80	1 275
	期初在产品成本本步骤发生		50	150	70	270
本期本步骤发生费用			250	1 650	1 250	

要求：采用逐步分项结转法核算产品成本。

成本核算程序如下：

步骤一： 开设"基本生产成本"总分类账，按照产品所经的生产部门和步骤设置产品二级成本明细账及半成品的相关明细账。

步骤二： 根据 9 月份产品产量资料和期初在产品成本及本月发生的费用，分配第一车间各种要素费用。

小贴士

同学们，这里分配的费用直接使用了部分费用归集的结果，省略了这些费用归集的过程，实务中要根据发生的各种费用发票、领料单、出库单、付款凭证等原始单据，按费用核算的要求分配归集费用及编制会计分录。如不理解，赶快复习一下品种法等有关内容哦！

任务 1： 直接材料成本分配：

单位产品材料费用分配率＝（2 000＋18 000）÷（90＋10）＝200（元/件）

完工半成品直接材料成本＝200×90＝18 000（元）

期末在产品直接材料成本＝（2 000＋18 000）－18 000＝2 000（元）

任务 2：燃料和动力成本分配：

单位产品燃料和动力费用分配率＝（400＋1 500）÷（90＋10×50％）＝20（元/件）

完工半成品燃料和动力成本＝90×20＝1 800（元）

期末在产品燃料和动力成本＝（400＋1 500）－1 800＝100（元）

任务 3：直接人工成本分配：

单位产品直接人工分配率＝（330＋924）÷（90＋10×50％）＝13.20（元/件）

完工半成品直接人工成本＝90×13.20＝1 188（元）

期末在产品直接人工成本＝（330＋924）－1 188＝66（元）

任务 4：制造费用成本分配：

单位产品制造费用分配率＝（120＋830）÷（90＋10×50％）＝10（元/件）

完工半成品制造费用成本＝90×10＝900（元）

期末在产品制造费用成本＝（120＋830）－900＝50（元）

小 贴 士

第一步骤完工转入第二步骤的半成品成本分别是直接材料 18 000 元，燃料和动力 1 800元，直接人工 1 188元，制造费用 900元。这些数字必须分项转入第二步骤的成本计算单上。

步骤三：根据上述资料，编制第一车间成本计算单，如表 3－110 所示：

表 3－110　　　　　　　　　　第一车间成本计算单

部门：第一车间　　　　　　产品：甲产品　　　　　　期间：2009 年 9 月　　　　　　单位：元

成本项目	期初在产品成本	本期发生费用	合　计	期末在产品成本	完工产品成本	
					总成本	单位成本
直接材料	2 000	18 000	20 000	2 000	18 000	200
燃料和动力	400	1 500	1 900	100	1 800	20
直接人工	330	924	1 254	66	1 188	13.2
制造费用	720	830	950	50	900	10
合　计	2 850	21 254	24 104	2 216	21 888	243.2

步骤四：根据第一车间成本计算单的计算结果，通过仓库收发的半成品，应编制结转

完工入库半成品成本的会计分录，并在半成品明细账中进行登记。

结转完工入库半成品成本的会计分录如下：

借：自制半成品——甲产品半成品　　　　　　　　　21 888
　　贷：基本生产成本——第一车间（甲产品半成品）　　　21 888

步骤五：分配第二车间各种要素费用。根据9月份产品产量资料表、期初在产品成本及本月发生的费用表及第一车间成本计算单，计算费用分配。

任务1：直接材料成本分配：

单位产品材料费用分配率＝（795＋18 000）÷（95＋10）＝179（元/件）

完工产品直接材料成本＝95×179＝17 005（元）

期末在产品直接材料成本＝10×179＝1 790（元）

任务2：燃料和动力成本分配：

单位产品燃料和动力费用分配率＝（100＋1 800）÷（95＋10）＋（50＋250）÷

（95＋10×50%）＝21（元/件）

完工产品燃料和动力成本＝95×21＝2 004（元）

上步骤转入期末在产品燃料和动力成本＝10×18.1＝181（元）

本步骤生产期末在产品燃料和动力成本＝10×50%×3＝15（元）（最好倒推）

小贴士

在计算月末在产品约当产量时，对于上步骤转入月末在产品的完工程度按100%计算约当产量，而对本步骤发生月末在产品的完工程度应按50%计算约当产量。这是因为，对于月末在产品成本来说，上步骤转入的半成品成本已经全部投入，应当与本月完工产品同等分配生产费用；本步骤发生的生产费用尚未全部投入，应当按本步骤在产品的完工程度计算在产品的约当产量后，再与本月完工产品一道进行费用分配。

任务3：直接人工成本分配：

单位产品直接人工分配率＝（300＋1 188）÷（95＋10）＋（150＋1 650）÷

（95＋10×50%）＝32.17（元/件）

完工产品直接人工成本＝95×32.17＝3 056.15（元）

上步骤转入期末在产品直接人工成本＝10×14.17＝141.85（元）

本步骤生产期末在产品直接人工成本＝10×50%×18＝90（元）（最好倒推）

任务4：制造费用成本分配：

单位产品制造费用分配率＝（80＋900）÷（95＋10）＋（70＋1 250）÷

（95＋10×50%）＝22.53（元/件）

完工产品制造费用成本＝95×22.53＝2 140.35（元）

上步骤转入期末在产品制造费用成本＝10×9.33＝93.30（元）

本步骤生产期末在产品制造费用成本＝10×50％×13.2＝66（元）

步骤六：根据上述资料，编制第二车间成本计算单，如表3－111所示：

表3－111　　　　　　　　　　　　　　**第二车间成本计算单**

车间：第二车间　　　　　　　产品：甲产品　　　　　　期间：2009年9月　　　　　　单位：元

成本项目	期初在产品成本		本期发生费用		合　计	期末在产品成本		完工产品成本	
	上步骤转入	本步骤发生	上步骤转入	本步骤发生		上步骤转入	本步骤发生	总成本	单位成本
直接材料	795		18 000		18 795	1 790		17 005	179
燃料和动力	100	50	1 800	250	2 200	181	15	2 004.5	21.1
直接人工	300	150	1 188	1 650	3 288	141.70	90	3 056.15	32.17
制造费用	80	70	900	1 250	2 300	93.30	66	2 140.35	22.53
合　计	1 275	270	21 888	3 150	26 583	2 206.15	171.35	24 206.5	254.80

小贴士

在采用分项结转法时，产品成本明细账中的每一个成本项目，都区分为上步骤转入费用和本步骤发生费用，这样有利于正确计算月末在产品成本。

步骤七：根据自制半成品明细账有关第二车间领用甲产品半成品成本的计算结果，编制第二车间领用甲产品半成品的会计分录：

借：基本生产成本——第二车间　　　　21 888

　　贷：自制半成品——甲产品半成品　　　　21 888

步骤八：根据产品成本计算单和产成品入库单，编制结转完工入库甲产品生产成本的会计分录：

借：库存商品——甲产品　　　　24 206.5

　　贷：基本生产成本——第二车间　　　　24 206.5

任务三　平行结转分步法

一、平行结转分步法的概念、特点和适用范围

1. 概念

平行结转分步法是指各生产步骤不计算也不结转本步骤完工半成品成本，只归集本步骤自身发生的费用和计算这些费用中应由最终完工产成品成本负担的部分，最后将这些部分进行平行结转、汇总，以计算产品成本的方法。采用平行结转分步法时，各生产步骤只归集计算本步骤直接发生的生产费用，不计算不结转本步骤所耗用上一步骤的半成品成本；各生产步骤分别与完工产品直接联系，本步骤只提供在产品成本和加入最终产品成本的份额，平行独立、互不影响地进行成本计算，平行地把份额计入完工产品成本。

2. 特点

（1）成本计算对象是最终完工产品。在平行结转分步法中，各生产步骤的半成品都不作为成本计算对象，各步骤的成本计算都是为了算出最终产品的成本份额。

（2）各步骤"基本生产明细账"只归集自身发生的费用。

（3）半成品实物流转与半成品成本的结转相分离。

3. 适用范围

平行结转分步法适用于多步骤且所产半成品的种类很多或无独立经济意义，但不要求计算半成品成本的生产企业，如：砖瓦厂、瓷厂、大批量生产的机械制造企业等。一般情况下，只要不要求提供各步骤半成品成本，前面举的运用逐步结转分步法的企业也都可运用平行结转分步法。

小 贴 士

随着我国企业经济责任制的推行，企业普遍实行内部经济责任制和责任会计，尤其是在建设社会主义市场经济的进程中，大量的企业要按公司法的规定进行规范化改组，企业内部的责权利的实施在很大程度上依赖于各车间的成本指标考核，必然要求各车间要计算半成品成本。所以，平行结转分步法的运用范围将大大缩小，更多的企业采用逐步结转分步法。

二、平行结转分步法的计算程序

这种成本计算方法的程序，如图 3-7 所示：

第一步骤 A产品成本明细账		第二步骤 A产品成本明细账		第三步骤 A产品成本明细账	
原材料费用　　7 600元 第一步其他费用　2 400元		第二步费用8 000元		第三步费用7 200元	
在产品 成本 4 200元	应计入完工产 品成本的份额 5 800元	在产品 成本 1 900元	应计入完工产 品成本的份额 6 100元	在产品 成本 1 600元	应计入完工产 品成本的份额 5 600元

第一步份额5 800元	第二步份额6 100元	第三步份额5 600元

完工产品成本17 500元

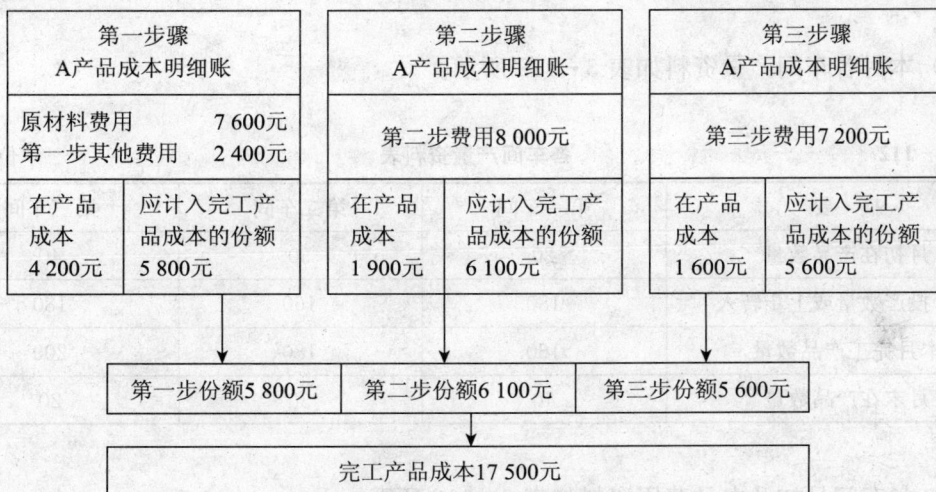

图 3-7　平行结转分步法计算程序

从图 3-7 可以看出，各生产步骤不计算也不结转半成品成本，只是待产成品完工入库时，才将各步骤费用中应计入产成品成本的份额从各步骤产品成本明细账中转出，从"基本生产成本"科目的贷方转入"库存商品"科目的借方。采用平行结转分步法，不论半成品是在各生产步骤间直接转移，还是通过半成品库收发，都不通过"自制半成品"科目核算。

三、平行结转分步法的应用

1. 平行结转分步法的应用

采用平行结转分步法，每一生产步骤的生产费用要在企业最后完工的产成品及月末在产品之间进行分配。月末广义在产品包括：尚在本步骤加工中的在产品；本步骤已完工转入半成品库的半成品；已从半成品库转出到以后各步骤进一步加工、尚未最后完工的在产品。也就是除企业最后完工的产成品外的所有其他未完工的在产品。

采用平行结转分步法，各步骤的生产费用在产成品及在产品之间分配，也应采用之前所述的各种分配方法。但在实际的成本核算工作中，通常使用在产品按定额成本计价法、定额比例法及约当产量比例法，因为采用这些方法分配结果比较合理。

采用平行结转分步法，各步骤的生产费用（不包括所耗上一步的半成品费用）要在最终完工产品成本与广义在产品成本之间进行分配，计算这些费用在完工产品和广义在产品中所占的份额。因此，采用平行结转分步法的关键是如何正确确定各步骤生产费用中应计入完工产品成本的份额。

【业务 3-12】某公司生产的丙产品经过三个车间连续加工制成，第一车间生产甲半成品，然后直接转入第二车间加工制成乙半成品，乙半成品再直接转入第三车间加工成丙产成品。原材料于第一车间生产开始时一次投入，第二车间和第三车间不再投入材料。各车间月末在产品完工率均为 50%。各车间生产费用在完工产品和在产品之间的分配采用约当产量法。

（1）本月各车间产量资料如表 3 - 112 所示。

表 3 - 112　　　　　　　　　　　　各车间产量资料表　　　　　　　　　　　　单位：件

摘　要	第一车间	第二车间	第三车间
月初在产品数量	20	50	40
本月投产数量或上步转入	180	160	180
本月完工产品数量	160	180	200
月末在产品数量	40	30	20

（2）各车间月初及本月费用资料如表 3 - 113 所示。

表 3 - 113　　　　　　　　　　　　各车间月初及本月费用　　　　　　　　　　　　单位：元

摘　要		直接材料	直接人工	制造费用	合　计
第一车间	月初在产品成本	1 000	60	100	1 160
	本月的生产费用	18 400	2 200	2 400	23 000
第二车间	月初在产品成本		200	120	320
	本月的生产费用		3 200	4 800	8 000
第三车间	月初在产品成本		180	160	340
	本月的生产费用		3 450	2 550	6 000

要求：采用平行结转分步法进行成本核算。

下面开始进行计算，同学们要集中精神哦！

成本核算程序如下：

步骤一： 编制各生产步骤的约当产量的计算表，如表 3 - 114 所示。

表 3 - 114　　　　　　　　　　　各生产步骤约当产量的计算表　　　　　　　　　　单位：元

摘　要	直接材料	直接人工	制造费用
第一车间步骤的约当产量	290 （200+40+30+20）	270 （200+40×50％+30+20）	270

续 表

摘 要	直接材料	直接人工	制造费用
第二车间步骤的约当产量	250 (200＋20＋30)	235 (200＋30×50%＋20)	235
第三车间步骤的约当产量	220 (200＋20)	210 (200＋20×50%)	210

小 贴 士

本步骤产品约当产量＝本月最终产成品数量＋本步骤月末狭义在产品约当产量＋本步骤转入以后各步骤但尚未形成最终产成品的在产品数量＋本步骤及以后步骤的库存半成品数量。

步骤二：编制各生产步骤的成本计算单，如表3-115、表3-116、表3-117所示。

表3-115   **产品成本计算单（一）**

车间：第一车间   品名：甲半成品   单位：元

摘 要	直接材料	直接人工	制造费用	合 计
月初在产品成本	1 000	60	100	1 160
本月发生费用	18 400	2 200	2 400	23 000
合 计	19 400	2 260	2 500	24 160
第一车间步骤的约当产量	290	270	270	
分配率	66.90	8.37	9.26	
应计入产成品成本份额	13 380	1 674	1 852	16 906
月末在产品成本	6 020	586	648	7 254

小 贴 士

每一生产步骤的生产费用（不包括所耗上一步骤的半成品费用）要在企业最后完工的产成品及月末在产品之间进行分配！

表 3-116 　　　　　　　　　　产品成本计算单（二）

车间：第二车间　　　　　　　　品名：乙半成品　　　　　　　　　　单位：元

摘　要	直接人工	制造费用	合　计
月初在产品成本	200	120	320
本月发生费用	3 200	4 800	8 000
合　计	3 400	4 920	8 320
第二车间步骤约当产量	235	235	
分配率	14.47	20.94	
应计入产成品成本份额	2 894	4 188	7 082
月末在产品成本	506	732	1 238

表 3-117 　　　　　　　　　　产品成本计算单（三）

车间：第三车间　　　　　　　　品名：丙产成品　　　　　　　　　　单位：元

摘　要	直接人工	制造费用	合　计
月初在产品成本	180	160	340
本月发生费用	3 450	2 550	6 000
合　计	3 630	2 710	6 340
第三车间步骤约当产量	210	210	
分配率	17.29	12.90	
应计入产成品成本份额	3 458	2 580	6 038
月末在产品成本	172	130	302

步骤三：编制产品成本汇总表。如表 3-118 所示。

表 3-118 　　　　　　　　　　产品成本汇总计算表

产品名称：丙产品　　　　　　　　　　　　　　　　　　　　　　单位：元

项　目	数　量	直接材料	直接人工	制造费用	总成本	单位成本
第一车间		13 380	1 674	1 852	16 906	84.53
第二车间			2 894	4 188	7 082	35.41
第三车间			3 458	2 580	6 038	30.19
合　计	200	13 380	8 026	8 620	30 026	150.13

步骤四：根据产品成本汇总计算表和产成品入库单，编制结转完工入库产品生产成本的会计分录。

借：库存商品——丙产品 30 026
　　贷：基本生产成本——第一车间 16 906
　　　　　　　　　　——第二车间 7 082
　　　　　　　　　　——第三车间 6 038

2. 平行结转分步法的优缺点

（1）优点：各步骤可以同时计算产品成本，平行汇总计入产成品的成本，不必逐步结转半成品成本；可以直接提供按原始成本项目反映的产成品成本资料，不必还原成本，简化和加速了成本核算工作。

（2）缺点：不能提供各步骤的半成品成本资料；在产品的费用不按实物顺序转出，因而不能为各生产步骤在产品的实物管理和资金管理提供资料；各生产步骤的在产品成本不包括所耗用半成品的成本，因而不能全面反映各该步骤产品的实际耗用水平，无法满足分步骤的成本管理要求。

知识长廊

（1）综合结转下按计划成本结转的方法

采用这种结转方法时，半成品的日常收发均按计划单位成本核算。在半成品实际成本算出以后，再计算半成品的成本差异率，调整所耗半成品的成本差异率，调整所耗半成品成本差异。累计的成本差异、成本差异率和本月减少的实际成本的计算公式如下：

累计成本差异＝累计实际成本－累计计划成本

累计成本差异率＝累计成本差异÷累计计划成本×100％

本月减少的实际成本＝本月减少的计划成本×（1＋成本差异率）

本月所耗半成品应分配的成本差异＝本月所耗半成品的计划成本×成本差异率

各个生产步骤领用上一生产步骤的半成品，相当于领用原材料。因此，综合结转半成品成本的核算，相当于各生产步骤领用原材料的核算。

（2）管理会计常用的成本概念

付现成本：是指在未来某项决策方案中，需要以现金支付的成本。

沉没成本：是指由过去的决策所引起并已经发生的实际支出，不能由现在或将来的决策所改变的成本。

历史成本：是指过去已经发生和支付的成本，亦称为账面成本或实际成本。

重置成本：是指企业目前从市场上购买某企业的现有资产所需支付的成本。

边际成本：是指成本对产量无限小变化的变动部分。

练习与实训

一、单项选择题

1. 分步法是以（　　）作为成本对象。

A. 产品批别　　　　　　　　　　B. 产品品种

C. 产品类别　　　　　　　　　　D. 产品品种和生产步骤

2. 下列方法中，不计算半成品成本的分步法是（　　）。

A. 分项结转法　　　　　　　　　B. 综合结转法

C. 逐步结转法　　　　　　　　　D. 平行结转法

3. 分步法适用于（　　）。

A. 大量大批多步骤生产　　　　　B. 大量大批单步骤生产

C. 小批单件多步骤生产　　　　　D. 小批单件单步骤生产

4. 在逐步结转分步法下，完工产品与在产品之间的费用分配，下列说法正确的是（　　）。

A. 产成品与广义的在产品之间的费用分配

B. 产成品与狭义的在产品之间的费用分配

C. 半成品与在产品之间的费用分配

D. 本步骤的完工半成品与加工中的在产品及最后步骤的产成品与加工中的在产品之间的费用分配

5. 平行结转分步法只计算（　　）。

A. 各步骤的半成品成本

B. 各步骤所耗上一步骤半成品成本

C. 各步骤的在产品成本

D. 本步骤所发生的各项生产费用及这些费用中应计入产成品的"份额"

6. 在逐步结转分步法下，上一步骤的半成品移交下一步骤继续加工时，其半成品成本（　　）。

A. 不随实物的转移而转移　　　　B. 应保留在本步骤

C. 随实物的转移而转移　　　　　D. 只转移由完工产品负担的份额

7. 在平行结转分步法下，其完工产品与在产品之间的费用分配，是指下列（　　）两者之间的费用分配。

A. 各步骤完工半成品与月末加工中的在产品

B. 产成品与月末各步骤尚未加工完成的在产品

C. 产成品与月末各步骤尚未完工的在产品和各步骤已完工但尚未最终完成的产品

D. 各步骤完工半成品与月末各步骤尚未完工的在产品

8. 下列各种分步法中，半成品成本不随实物转移而结转的方法是（　　）。

A. 按实际成本综合结转法 B. 按计划成本综合结转法

C. 平行结转分步法 D. 分项结转法

9. 在基本生产车间均进行产品成本计算的情况下，不便于通过"生产成本"明细账分别考察各基本生产车间存货占用资金情况的成本计算方法是（　　）。

A. 品种法 B. 分批法 C. 逐步结转分步法 D. 平行结转分步法

10. 成本还原是指从（　　）生产步骤起，将其耗用上一步骤的自制半成品的综合成本，按照上一步骤完工半成品的成本项目的比例分解还原为原来的成本项目。

A. 最前一个 B. 中间一个 C. 最后一个 D. 随意任选一个

二、多项选择题

1. 逐步结转分步法下按照半成品成本在下一步骤产品成本明细账中的反映方法不同，可分为（　　）。

A. 逐步结转法 B. 综合结转法 C. 分项结转法 D. 平行结转法

E. 实际成本结转法

2. 综合结转法半成品成本的结转，可按照（　　）。

A. 实际成本结转 B. 计划成本结转 C. 定额成本结转 D. 半成品成本结转

E. 定额比例结转

3. 采用逐步结转分步法，计算各步骤半成品成本是（　　）。

A. 对外报告的需要 B. 成本计算的需要

C. 成本控制的需要 D. 考核和分析成本计划执行情况的需要

E. 简化会计工作的需要

4. 综合结转分步法的优点是（　　）。

A. 能够提供各生产步骤的半成品成本资料

B. 有利于各生产步骤的成本管理

C. 成本核算简单及时

D. 能够为在产品实物管理和生产资金管理提供资料

E. 不能够提供各生产步骤半成品资料

5. 在平行结转分步法下，完工产品与在产品之间的费用分配，下列说法正确的是（　　）。

A. 应计入产成品的"份额"与广义的在产品

B. 产成品与半成品

C. 产成品与广义的在产品

D. 产成品与狭义的在产品

E. 广义的在产品

三、判断题

1. 分步法是按照产品的生产步骤归集费用，计算产品成本的一种方法。（　　）

2. 综合结转半成品成本有利于从整个企业角度分析和考核产成品成本的构成。（　　）

3. 不论综合结转还是分项结转，半成品成本都是随着半成品实物的转移而转移。（　　　）

4. 在采用分步法计算产品成本的企业里，成本计算期是定期的。（　　　）

5. 逐步结转分步法就是为了计算半成品成本而采用的一种分步法。（　　　）

6. 采用逐步结转分步法，按照结转的半成品在下一步骤产品成本明细账中的反映方法，分为综合结转和分项结转两种方法。（　　　）

7. 采用平行结转分步法，各步骤可以同时计算产品成本，但各步骤间不结转半成品成本。（　　　）

8. 采用分项结转半成品成本，在各步骤完工产品成本中看不出所耗上一步骤半成品的费用和本步骤加工费用的水平。（　　　）

9. 分步法计算产品成本，按步骤设置的成本明细账，可能与实际的生产步骤一致，也可能与实际的生产步骤不一致。（　　　）

10. 分步法计算产品成本实际上就是按车间计算产品成本。（　　　）

四、计算题

1. 某企业生产甲产品，生产过程分为三个步骤，上一步骤完工的半成品，不通过半成品库收发，直接转给下一步骤继续进行加工；各步骤的在产品采用约当产量法按实际成本计算，直接材料在第一步骤生产开始时一次投入，各步骤在产品的完工程度均为50%。该企业2009年3月份有关产量记录和成本资料如表3-119和表3-120所示：

表3-119　　　　　　　　　　　　　　　　　　产量记录　　　　　　　　　　　　　　　　　单位：件

项　目	第一步骤	第二步骤	第三步骤
月初在产品数量	8	12	10
本月投产（或上步骤交来）数量	76	72	76
本月完工数量	72	76	80
月末在产品数量	12	8	6

表3-120　　　　　　　　　　　　　　　　　　成本资料　　　　　　　　　　　　　　　　　单位：元

成本项目	月初在产品成本				本月生产费用			
	第一步骤	第二步骤	第三步骤	合　计	第一步骤	第二步骤	第三步骤	合　计
直接材料或半成品	64	180	200	444	608			
直接人工	8	18	40	66	148	222	292	662
制造费用	90	25	50	165	300	135	157.5	592.5
合　计	162	223	290	675	1 056			

要求：采用逐步结转（综合结转）分步法，计算甲产品的生产成本。

2. 某企业生产甲产品，分两步骤连续加工而成，第一步骤生产的半成品直接转入第二步骤继续加工，本月完工甲产品 500 千克。6 月份有关资料如下：

第一步骤本月发生的生产费用：直接材料 15 000 元，直接人工 5 400 元，制造费用 6 000 元，本月完工半成品 400 千克，月末在产品 100 千克，原材料在生产开始时一次投入，完工程度为 50％。完工产品和月末在产品之间的费用，按约当产量比例分配。月初在产品成本：直接材料 3 000 元，直接人工 900 元，制造费用 1 200 元。

第二步骤本月发生的生产费用：直接人工 4 800 元，制造费用 6 000 元。在产品按定额成本计算，月初在产品定额成本：直接材料 7 850 元，直接人工 2 200 元，制造费用 2 650 元。月末在产品定额成本：直接材料 4 200 元，直接人工 1 600 元，制造费用 1 800 元。

该企业采用分项结转分步法核算成本。要求：

（1）计算第一步骤半成品的成本。

（2）计算第二步骤产成品的总成本和单位成本。

（3）编制产成品入库的会计分录。

3. 某企业采用逐步结转分步法分三个步骤计算产品成本，三个步骤成本计算的资料如表 3-121 所示。

表 3-121　　　　　　　　　　　　产品成本表　　　　　　　　　　　　单位：元

生产步骤	半成品	直接材料	直接人工	制造费用	成本合计
第一步骤半成品成本		40 000	16 000	4 000	60 000
第二步骤半成品成本	70 000		8 000	3 000	81 000
第三步骤产成品成本	77 760		4 000	12 000	93 760

五、实训题

〈实训目的〉：通过实训，掌握分步法下平行结转法简单核算。

〈实训资料〉：某企业生产 A 产品，经过甲乙两个生产车间，原材料在开始时一次投入，月末在产品按约当产量法计算，在产品完工程度为 50％，有关产量资料如表 3-122 所示：

表 3-122　　　　　　　　　　　　产量资料　　　　　　　　　　　　单位：件

项　目	甲车间	乙车间
月初在产品数量	150	250
本月投产数量	350	200
本月完工数量	200	150
月末在产品数量	300	300

注：各车间月初在产品成本及本月发生的费用额见下列各车间的成本计算单

要求：根据上述资料，采用平行结转分步法计算产品成本，并将计算结果填入表3-123、表3-124、表3-125中。

表3-123 甲车间产品成本计算单 单位：元

项　目	直接材料	燃料与动力	直接工资	制造费用	合　计
月初在产品成本	22 000	3 600	1 200	2 400	
本月发生费用	68 000	6 000	3 600	4 800	
生产费用合计					
约当产量					
单位成本					
计入产成品成本份额					
月末在产品成本					

表3-124 乙车间产品成本计算单 单位：元

项　目	直接材料	燃料与动力	直接工资	制造费用	合　计
月初在产品成本		1 200	2 400	3 600	
本月发生费用		4 800	2 100	1 800	
合　计		6 000	4 500	5 400	
约当产量					
单位成本					
计入产成品成本份额					
月末在产品成本					

表3-125 完工产品成本汇总计算表 单位：元

项　目	直接材料	燃料与动力	直接工资	制造费用	合　计
甲车间转入					
乙车间转入					
总成本					
单位成本					

〈实训体会〉：

〈教师评价〉：

模块五 产品成本辅助计算方法

案例引入

学生甲："真高兴，我已经学会产品成本计算的基本技巧了！"

学生乙："可是我觉得在实际应用的时候不好选择啊！"

老师："确实这样，由于企业生产情况各不相同，在实际工作中，各种成本计算方法往往是同时使用或结合使用的。"

学生丙："听我姑妈讲她所在化工厂可以同时对一种原材料加工而生产出几种不同的产品，像这样的企业到底用什么样的计算方法好呢？"

老师："我们的学习还要继续，等你们学会了产品成本辅助计算方法，就可以解决大多数问题了！"

学习思路

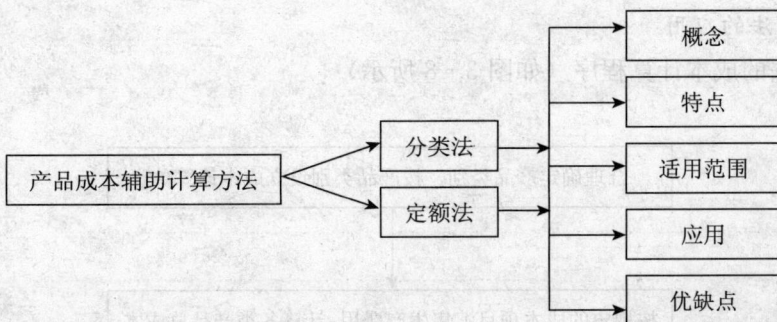

任务一 分类法

一、分类法的概念

产品成本计算分类法是指以产品的类别作为成本计算对象归集生产费用，在计算出某类完工产品总成本的基础上，按一定的分配标准计算类内各种产品成本的方法。

二、分类法的特点

（1）以产品类别作为产品成本计算对象，归集各类产品的生产费用。

（2）产品成本计算期由产品成本计算的基本方法决定，其中与品种法或分步法结合进行成本计算的，则定期在月末；与分批法结合进行成本计算的，则可不固定，而与生产周期一致。

（3）月末通常要将各类产品生产费用总额在完工产品与月末在产品之间分配。

三、分类法的适用范围

分类法与产品生产的类型没有直接联系，它可以在各种类型的生产中应用。凡是生产的产品品种繁多，可以按照一定的要求划分为若干类别的企业或车间，都可以采用这种方法。适用范围具体如表 3-126 所示。

表 3-126 分类法的适用范围

产出情况	举 例
同原料、同工艺生产不同规格产品	钢铁厂生产的各种原钢、钢板、角钢和钢管等
生产联产品	炼油厂把原油经过提炼，同时可生产出各种汽油、煤油和柴油等
生产出副产品	炼油厂原油在提炼过程中产生的油渣
生产零星产品	工厂为协作单位生产少量零部件或自制少量材料和工具等
生产等级产品	针织厂生产的不同支纱的男背心等

四、分类法的应用

1. 分类法的成本计算程序（如图 3-8 所示）

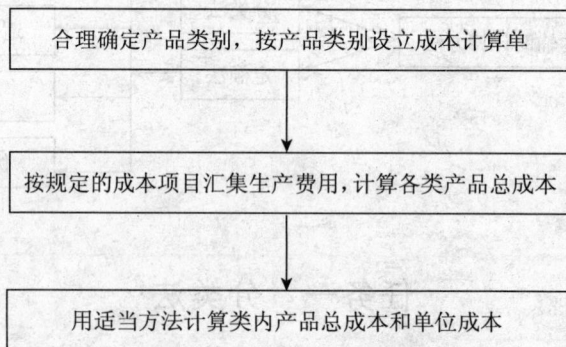

合理确定产品类别，按产品类别设立成本计算单

↓

按规定的成本项目汇集生产费用，计算各类产品总成本

↓

用适当方法计算类内产品总成本和单位成本

图 3-8 分类法的计算程序

2. 划分类内产品成本的方法

分类法下各类别产品总成本在类内各种产品之间分配的方法是根据产品生产特点确定的。为保证产品成本计算的合理性和正确性，要正确地选择分配标准。具体进行选择时考虑的因素、选用的标准和方法如表 3-127 所示。

表 3-127 类内产品成本分配方法

考虑的因素	可选用的标准	可选用的方法
分配标准与产品成本之间的关系 分配标准取得的难易程度 计算过程是否方便可行等	定额消耗量 定额工时 定额费用 产品出厂价 产品的体积 产品的重量 产品的长度等	定额比例法 系数法

动脑筋

东明鞋厂2009年3月生产塑料制品鞋的品种、规格、颜色不同，有男女童鞋、男女成人拖鞋等，但生产所用原材料和工艺基本相同，计算此种类产品的成本，有几种方法？如何计算能更为简便和科学？

（1）定额比例法。定额比例法是企业的定额管理基础工作好，各种定额资料完整、准确、稳定，可以按类内各种产品的定额成本或定额消耗量的比例，对各类产品的总成本进行分配，确定类内各种产品成本的方法。

【业务 3-13】 东方皮革有限公司生产的产品规格很多，其中，A型皮包和B型皮包使用的原材料相同，生产工艺技术过程接近，因而将其归并为皮包类，采用分类法计算成本。该公司2009年5月份有关资料如表3-128、表3-129所示：

表 3-128 在产品成本和本月生产费用资料

产品类别：皮包类　　　　　　2009年5月　　　　　　单位：元

项　目	直接材料	直接人工	制造费用	合　计
月初在产品	13 200	11 700	6 400	31 300
本月生产费用	314 400	50 030	136 700	501 130
月末在产品	14 400	12 560	9 000	35 960

表 3-129 产品消耗定额和产量记录

产品类别：皮包类　　　　　　2009年5月　　　　　　单位：元

产品名称	产　量	定额材料成本	定额工时
A型皮包	7 200	15	2
B型皮包	9 600	22	2.4

分析：根据上述资料，采用定额比例法计算 A、B 型皮包成本。

步骤一：根据 A 型皮包、B 型皮包的定额成本与定额工时计算定额比例：

A 型皮包材料成本定额比例＝7 200×15÷（7 200×15＋9 600×22）＝33.83%

B 型皮包材料成本定额比例＝9 600×22÷（7 200×15＋9 600×22）＝66.17%

A 型皮包工时定额比例＝7 200×2÷（7 200×2＋9 600×2.4）＝38.46%

B 型皮包工时定额比例＝9 600×2.4÷（7 200×2＋9 600×2.4）＝61.54%

步骤二：按产品类别设置并登记产品成本明细账，如表 3－130 所示：

表 3－130　　　　　　　　　　产品成本明细账

产品类别：皮包类

生产车间：皮具车间　　　　　　　　　　　　　　　　　　　　　　　单位：元

2009 年		凭 证		摘　要	成本项目			合　计
月	日	字	号		直接材料	直接人工	制造费用	
5	1			月初在产品	13 200	11 700	6 400	31 300
	31		略	本月生产费用	314 400	50 030	136 700	501 130
	31			生产费用合计	327 600	61 730	143 100	532 430
	31			完工产品成本	313 200	49 170	134 100	496 470
	31			月末在产品	14 400	12 560	9 000	35 960

步骤三：分配计算 A 型皮包、B 型皮包两种产品的完工产品成本，如表 3－131 所示：

表 3－131　　　　　　　　　　各种产品成本计算单

产品类别：皮包类　　　　　　　　2009 年 5 月 31 日

项　目	材料定额比例	直接材料（元）	工时定额比例	直接人工（元）	制造费用（元）	合计（元）
完工产品成本		313 200		49 170	134 100	496 470
A 型皮包	33.83%	105 956	38.46%	18 911	51 575	176 442
B 型皮包	66.17%	207 244	61.54%	30 259	82 525	320 028

步骤四：根据产品成本计算单和完工产品入库单，编制产品入库的会计分录：

借：库存商品——A 型皮包　　　176 442

　　　　　　——B 型皮包　　　320 028

　　贷：基本生产成本——皮包类　　　496 470

（2）系数法。系数法是指采用分类法的企业中，对各类产品的总成本按一定的系数在各种产品间分配生产费用，确定类内各种产品成本的方法。

【业务 3-14】明明化妆品有限公司的产品规格很多，其中，香水 1 号、香水 2 号、香水 3 号三种产品耗用的原材料和生产工艺技术过程比较接近，因而将其归并为甲类，采用分类法计算成本。2009 年 8 月份有关资料如表 3-132、表 3-133 所示：

表 3-132 　　　　　　　　　　　**产品成本计算单**

产品类别：甲类　　　　　　　　　　2009 年 8 月　　　　　　　　　　单位：元

年		凭 证		摘 要	成本项目			合 计
月	日	字	号		直接材料	直接人工	制造费用	
8	1			月初在产品	23 000	15 700	7 020	45 720
	31	略		本月生产费用	330 200	71 030	116 700	517 930
	31			生产费用合计	353 200	86 730	123 720	563 650
	31			完工产品成本	313 200	71 520	116 220	500 940
	31			月末在产品	40 000	15 210	7 500	62 710

表 3-133 　　　　　　　　　**产品消耗定额和产量记录**

产品类别：甲类　　　　　　　　　　2009 年 8 月　　　　　　　　　　单位：元

产品名称	产 量	材料消耗定额	工时消耗定额
香水 1 号	7 200	19.5	16.2
香水 2 号	9 600	15	18
香水 3 号	2 400	12	13.5

步骤一： 在同类产品中选择一种产销量大，生产正常，售价稳定的产品，作为标准产品，并将其系数定为"1"。明明化妆品有限公司根据甲类产品的产销情况，确定香水 2 号产品为标准产品，定其系数为"1"。

小贴士

为保证产品成本的可比性，系数一经确定，应保持相对稳定。

步骤二： 将香水 1 号和香水 3 号的材料和工时定额与香水 2 号的材料和工时定额相比，确定香水 1 号和香水 3 号的材料定额消耗量系数和定额工时系数。计算结果如表 3-134所示：

表 3－134   **材料和工时消耗系数计算表**

产品类别：甲类   2009 年 8 月   单位：元

产品名称	单位产品		材料定额消耗量系数	定额工时系数
	材料消耗定额	工时消耗定额		
香水 1 号	19.5	16.2	1.3	0.9
香水 2 号	15	18	1	1
香水 3 号	12	13.5	0.8	0.75

步骤三：以香水 1 号、香水 2 号、香水 3 号实际产量乘以对应产品的折算系数计算出香水 1 号、香水 2 号、香水 3 号和甲类产品的总系数；计算出香水 1 号、香水 2 号、香水 3 号的完工产品成本和单位产品成本，如表 3－135 所示：

表 3－135   **各种产品成本计算单**

产品类别：甲类   2009 年 8 月 31 日   单位：元

产品	产量	材料定额消耗系数	定额工时系数	费用		总成本				单位成本
				直接材料	其他费用	直接材料	直接人工	制造费用	合计	
①	②	③	④	⑤＝②×③	⑥＝②×④	⑦＝⑤×分配率	⑧＝⑥×分配率	⑨＝⑥×分配率	⑩	⑪
分配率						15	4	6.5		
香水 1 号	7 200	1.3	0.9	9 360	6 480	140 400	25 920	42 120	208 440	28.95
香水 2 号	9 600	1	1	9 600	9 600	144 000	38 400	62 400	244 800	25.50
香水 3 号	2 400	0.8	0.75	1 920	1 800	28 800	7 200	11 700	47 700	19.875
合 计				20 880	17 880	313 200	71 520	116 220	500 940	

小贴士

直接材料分配率＝313 200÷20 880＝15

直接人工分配率＝71 520÷17 880＝4

制造费用分配率＝116 220÷17 880＝6.5

步骤四：根据产品成本计算单和完工产品入库单，编制产品入库的会计分录：

借：库存商品——香水 1 号   208 440

         ——香水 2 号   244 800

　　　　　——香水3号　　　　47 700
　　贷：基本生产成本——甲类　　500 940

五、分类法的优缺点

（1）优点：采用分类法计算产品成本时，生产费用的原始凭证如领料单、工时记录和各种费用分配表都可以只按产品类别填列，产品成本明细账也可以只按产品类别设立，从而不仅能简化成本计算工作，而且还能在产品品种、规格繁多的情况下，分类掌握产品成本的水平。

（2）缺点：由于同类产品内各种产品成本的计算中，不论间接计入费用还是直接计入费用，都是按一定的标准比例分配计算的，计算结果有一定的假设性。

为此，必须正确进行产品分类，合理确定产品的类别与类距。同时，在产品结构、所耗材料、生产工艺发生较大变化时，要及时修订相关定额或分配系数，保证产品成本计算的正确。

小贴士

　　在分类法下，产品的分类和分配标准的选定是否恰当是一个关键的问题，应用时要注意以下两个方面：一方面是类别的划分；另一方面是类内产品分配费用的标准选择。

动脑筋

　　目前在连锁超市买的生鲜肉——猪、牛、羊等，超市以相对完整的畜产屠体形式采购，要进入卖场，需要经过再次分割加工，成为生鲜产品结构中规定的销售单品（部位肉）定价销售。此类生鲜产品在加工过程中经过了一个"由一到多"的物理分解过程（由一个采购单品分解为多个销售单品），而生鲜产品成本也经历了一个相应的成本分解过程，在此过程中能否准确有效地进行成本分解与核算，决定了生鲜产品经营成本核算方式的选择：大多数超市采用分类核算方式，也有尝试采用单品核算方式的。哪种核算方式更好呢？

任务二　定额法

一、定额法的概念

定额法是以产品的定额成本为基础，根据定额成本、脱离定额差异和定额变动差异计算产品实际成本的一种方法。

产品的实际成本＝产品定额成本±脱离定额差异±材料成本差异±定额变动差异

小贴士

若企业的材料是实行实际成本核算的则不用加、减材料成本差异。

二、定额法的特点

(1) 以事先制订的产品定额成本作为成本控制目标和计算的基础；

(2) 将每项生产费用都划分为定额费用和脱离定额差异进行核算；

(3) 运用定额成本、脱离定额差异和定额变动差异的关系计算产品实际成本；

(4) 定额法不能单独用于产品成本的计算。

三、定额法的适用范围

定额法与产品生产类型没有直接联系，它可以在各种类型的生产中应用。凡是定额管理制度比较健全，定额管理工作基础较好，产品生产已定型，各项消耗定额比较准确、稳定的企业，均可采用定额法。

四、定额法的应用

1. 定额法的成本计算程序（如图3-9所示）

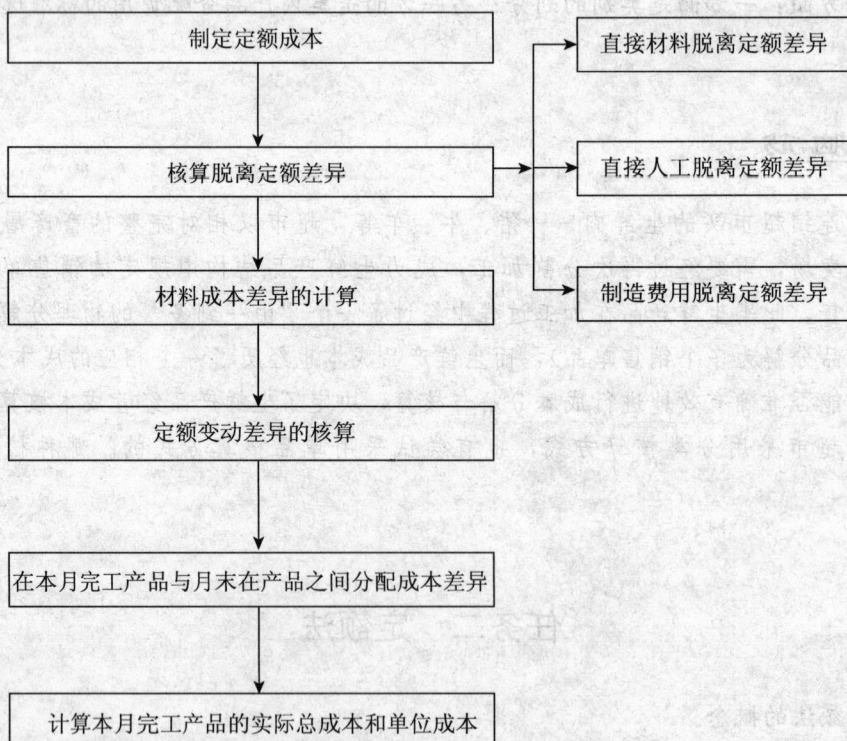

图 3-9　定额法的成本计算程序

2. 定额法运用

【业务 3-15】珠江有限责任公司生产乙产品，采用定额法计算产品成本。2009 年 9 月份有关乙产品原材料费用的资料为：①月初在产品原材料定额费用为 14 000 元，月初在产品脱离定额差异—200 元；②本月原材料定额费用 56 000 元，本月材料费用脱离定额差异为—1 900 元；③本月材料成本差异率为—2%，材料成本差异全部由完工产品负担。④本月完工产品的材料定额费用为 60 000 元。

要求：①计算月末在产品原材料定额费用；②分配原材料脱离定额差异；③计算本月领用原材料应负担的材料成本差异；④计算本月完工产品和月末在产品成本应负担的原材料实际费用。

分析：本题主要是运用定额法进行产品材料成本的计算。

① $\dfrac{\text{月末在产品原}}{\text{材料定额费用}} = \dfrac{\text{月初在产品原}}{\text{材料定额费用}} + \dfrac{\text{本月发生的原}}{\text{材料定额费用}} - \dfrac{\text{完工产品的原}}{\text{材料定额费用}}$

$$= 14\,000 + 56\,000 - 60\,000 = 10\,000\ （元）$$

② $\dfrac{\text{原材料脱离定}}{\text{额差异分配率}} = \dfrac{\text{月初在产品材料脱离定额差异} + \text{本月发生的材料脱离定额差异}}{\text{完工产品材料定额费用} + \text{月末在产品材料定额费用}} \times$

$$100\% = \dfrac{-200 - 1\,900}{60\,000 + 10\,000} \times 100\% = -3\%$$

完工产品应负担原材料脱离定额差异 $= 60\,000 \times （-3\%） = -1\,800\ （元）$

月末在产品应负担原材料脱离定额差异 $= 10\,000 \times （-3\%） = -300\ （元）$

③ $\dfrac{\text{本月领用原材料应}}{\text{负担材料成本差异}} = \left(\dfrac{\text{本月发生的原}}{\text{材料定额费用}} + \dfrac{\text{本月发生的原材}}{\text{料脱离定额差异}} \right) \times \text{材料成本差异率}$

$$= （56\,000 - 1\,900） \times （-2\%）$$

$$= -1\,158\ （元）$$

④ $\dfrac{\text{本月完工乙产品}}{\text{原材料实际成本}} = \dfrac{\text{本月完工乙产品}}{\text{原材料定额费用}} + \dfrac{\text{本月完工乙产品应负担}}{\text{的原材料脱离定额差异}} + \dfrac{\text{本月领用原材料应}}{\text{负担材料成本差异}}$

$$= 60\,000 + （-1\,800） + （-1\,158）$$

$$= 57\,042\ （元）$$

$\dfrac{\text{本月未完工乙产品}}{\text{原材料实际成本}} = \dfrac{\text{月末在产品原}}{\text{材料定额成本}} + \dfrac{\text{月末在产品应负担的}}{\text{原材料脱离定额差异}}$

$$= 10\,000 + （-300）$$

$$= 9\,700\ （元）$$

【业务 3-16】南山有限责任公司生产丙产品，该公司定额管理制度比较健全、稳定，采用定额法计算丙产品成本。丙产品定额成本于 2009 年 1 月份制定，其定额标准如表 3-136 所示。

表 3－136　　　　　　　　　　丙产品定额成本

产品名称：丙产品　　　　　　　　制定日期：2009 年 1 月 1 日　　　　　　　　单位：元

材料编号及名称	计量单位	材料消耗定量	计划单价	材料费用定额
A 材料	千克	100	10	1 000

工时定额	直接人工		制造费用		产品定额
	薪酬率	金额	费用率	金额	成本合计
100	3	300	2.5	250	1 550

丙产品所需 A 材料在生产开始时一次投入。由于工艺技术的改进，该公司于 2009 年 11 月 30 日对丙产品的材料消耗定额进行修订，原材料消耗定量由每件单耗 100 千克，调整为 95 千克，材料费用定额相应调整为 950 元。12 月月初丙产品的月初在产品定额成本和脱离定额差异如表 3－137 所示：

表 3－137　　　　　　月初在产品定额成本和脱离定额差异　　　　　　单位：元

产品名称：丙产品　　　　　　　　2009 年 12 月 1 日　　　　　　　　在产品数量：10 件

项　目	成本项目			合　计
	直接材料	直接人工	制造费用	
定额成本	10 000	1 500	1 250	12 750
脱离定额差异	−200	＋100	＋50	−50
实际成本	9 800	1 600	1 300	12 700

2009 年 12 月份，该公司材料成本差异率为＋2％，丙产品投产 200 件，完工 160 件，月末在产品 50 件。月初、月末在产品完工程度均为 50％。丙产品本月发生的生产费用如表 3－138 所示：

表 3－138　　　　　　　　生产工时与生产费用资料　　　　　　　　单位：元

产品名称：丙产品　　　　　　　　2009 年 12 月　　　　　　　　本月投产：200 件

成本项目	定额成本			脱离定额差异			金额合计
	定量或工时	单价或费率	定额费用	差量或工时	单价或费率	差异金额	
直接材料	19 000	10	190 000	200	10	2 000	192 000
直接人工	18 000	3	54 000			1 800	55 800
制造费用	18 000	2.5	45 000			−1 800	43 200
金额合计			289 000			2 000	291 000

步骤一：计算材料消耗定量。

材料消耗定量＝200×95＝19 000（千克）

步骤二：定额工时＝10×100×50％＋（200－50）×100＋50×100×50％

＝18 000（工时）

步骤三：2009 年 12 月份材料成本差异率为＋2％，计算出丙产品所领用材料应负担的材料成本差异为 3 840 元［（190 000＋2 000）×2％］

步骤四：由于 11 月 30 日对材料费用定额进行了调整，使丙产品的月初在产品定额成本降低，产生了月初在产品的定额变动差异 50 元［（100－95）×10］

步骤五：根据上述各种资料，进行会计处理如下：

①丙产品领用 A 材料时，区分定额费用与脱离定额差异

借：基本生产成本——丙产品（材料定额成本）　　　　190 000

　　　　　　　　——丙产品（脱离定额差异）　　　　　2 000

　　贷：原材料——A 材料　　　　　　　　　　　　　　　192 000

②月末结转材料成本差异

借：基本生产成本——丙产品（材料成本差异）　　　　3 840

　　贷：材料成本差异　　　　　　　　　　　　　　　　　3 840

③结转丙产品的人工费用，区分定额费用与脱离定额差异

借：基本生产成本——丙产品（人工定额成本）　　　　54 000

　　　　　　　　——丙产品（脱离定额差异）　　　　　1 800

　　贷：应付职工薪酬　　　　　　　　　　　　　　　　　55 800

④分配制造费用，区分定额费用与脱离定额差异

借：基本生产成本——丙产品（制造费用定额成本）　　45 000

　　　　　　　　——丙产品（脱离定额差异）　　　　　－1 800

　　贷：制造费用　　　　　　　　　　　　　　　　　　　43 200

小贴士

月初在产品定额成本变动差异不必进行账务处理，可在基本生产成本明细账中直接列示。

步骤六：根据会计处理结果，登记丙产品的基本生产成本明细账如表 3－139 所示：

表 3 - 139

基本生产成本明细账

产品名称:丙产品

单位:元

2009 年		凭证号数	摘要	成本项目																
				直接材料				直接人工				制造费用				合　计				
月	日			定额成本	定额调整	脱离定额差异	定额变动差异	材料成本差异	定额成本	脱离定额差异	定额变动差异	定额成本	脱离定额差异	定额变动差异	定额成本	脱离定额差异	定额变动差异	材料成本差异
12	1		期初在产品成本	10 000	−500	−200	+500		1 500	+100		1 250	+50		12 250	−50	+500	
	31	略	分配材料费用	190 000		+2 000									190 000	+2 000		
	31	略	分配材料成本差异					+3 840										+3 840
	31	略	分配人工费用						54 000	+1 800					54 000	+1 800		
	31	略	分配制造费用									45 000	−1 800		45 000	−1 800		
	31		生产费用合计	200 000	−500	+1 800	+500	+3 840	55 500	+1 900		46 250	−1 750		301 250	+1 950	+500	+3 840
	31		脱离定额差异率			0.9%				3.42%			−3.78%					
	31	略	完工产品定额成本	152 000	−500				48 000			40 000			239 500			
	31	略	完工产品应负担差异			+1 368	+500	+3 840		+1 642			−1 512			+1 498	+500	+3 840
	31		月末在产品成本	48 000		+432			7 500	+258		6 250	−238		61 750	452		

注:(1)本月完工丙产品实际成本=239 500+1 498+500+3 840=245 338(元)

(2)月末在产品实际成本=61 750+452=62 202(元)

在丙产品的基本生产成本明细账中，涉及的各种脱离定额差异分配率计算如下：

直接材料脱离定额差异分配率 $= \dfrac{1\ 800}{200\ 000} \times 100\% = 0.9\%$

直接人工脱离定额差异分配率 $= \dfrac{1\ 900}{55\ 500} \times 100\% = 3.42\%$

制造费用脱离定额差异分配率 $= \dfrac{-1\ 750}{46\ 250} \times 100\% = -3.78\%$

步骤七：月末，根据完工产品入库单，编制完工产品入库的会计分录：

借：库存商品——丙产品　　　　　　　　　　　　245 338

　　贷：基本生产成本——丙产品（定额成本）　　　239 500

　　　　　　　　　　——丙产品（脱离定额差异）　　1 498

　　　　　　　　　　——丙产品（定额变动差异）　　　500

　　　　　　　　　　——丙产品（材料成本差异）　　3 840

小贴士

从本月完工的丙产品实际成本构成中，可以看到本月完工的丙产品定额成本为 239 500 元，实际成本为 245 338 元，成本超支 5 838 元。在定额法下实际成本脱离定额成本的情况，依据资料可以分析实际成本脱离定额成本的原因：一是脱离定额差异超支 1 498 元，属于生产耗费的超支，应该作为成本控制的重点；二是材料成本差异超支 3 840 元，主要是由于材料价格上涨所致，不是车间工作的缺点，但应从材料采购角度分析材料成本提高的原因；三是定额变动差异超支 500 元，这是 11 月 30 日对丙产品材料消耗定额进行调整引起月初在产品定额成本降低的结果，说明丙产品的生产车间改进生产技术、节约原材料消耗的成绩。从加强产品成本管理的角度出发，还应当按照各个成本项目的实际情况分别进行成本分析，逐项查明实际成本脱离定额成本的真正原因。以有利于定期考核成本计划的完成情况，寻求降低产品成本的途径。这正是定额法的优点，同时，定额法也增加了成本核算的工作量。

五、定额法的优缺点

1. 优点

（1）通过生产耗费及其脱离定额差异的日常核算，能够在产品发生的当时反映和监督脱离定额的差异，从而有利于加强成本控制，及时有效地促进生产耗费的节约，降低产品成本。

（2）有利于对产品成本进行定期分析，进一步挖掘降低成本的潜力。

（3）通过定额成本的制定、定额差异、定额变动差异的核算等，有利于提高成本的定额管理水平和计划管理水平。

（4）有利于各项费用定额差异和定额变动差异在完工产品和月末在产品之间的合理

分配。

2. 缺点

因为采用定额法计算产品成本必须制定定额成本，单独核算脱离定额差异，在定额变动时还必须修订定额成本，计算定额变动差异，所以采用定额法计算产品成本要比采用其他方法核算工作量大。

知识长廊

（1）成本计算的辅助方法分类法和定额法一般应与基本方法品种法、分批法或分步法结合应用，与企业生产类型的特点没有直接的联系。例如，生产无线电元件的工业企业由于产品的品种、规格较多，按照一定的标准分为若干类别，可以在所采用的品种法的基础上结合采用分类法计算产品成本；又如在大批量多步骤生产的机械制造企业中，如果定额管理的基础比较好，产品的消耗定额比较准确、稳定，可以在所采用的分步法的基础上结合采用定额法计算产品成本。

（2）定额法与标准成本法都属于成本计算方法，两者有基本相同的功能和实施环节，都要事先制订产品的目标成本（即定额成本和标准成本）作为产品应该发生的成本，并以此作为成本控制的依据。在此基础上，将实际消耗水平与定额成本或标准成本进行比较，计算脱离目标成本的差异，分析发生差异的原因，采取措施，挖掘潜力，降低成本。但是两种方法又有许多不同之处：制订目标成本的依据不同；制订目标成本所依据的定额的稳定性不同；实际成本与目标成本差异的揭示方法不同；实际成本与目标成本差异的设置程度不同；实际成本与目标成本差异的账务处理不同。

（3）联产品是指使用同种材料在同一个生产过程中，同时生产出几种使用价值不同的并具有同等地位的主要产品。联产品的生产是联合生产，其特征为：在投入相同的原材料，经过同一生产过程，在某一个"点"上分离出两种或两种以上的主要产品，其中个别产品的产出，必然伴随联产品同时产出。分离后的联产品有的可以直接销售，有的需要经过进一步加工后再出售。在分离点前发生的成本称为联合成本或共同成本，在分离点后再发生的加工成本称为可归属成本或可分成本。联产品的联合成本的分配，可以有许多方法，如系数分配法、实物量分配法等，企业可以根据实际情况选用。

副产品是指在生产主要产品的过程中，附带生产出一些非主要产品，它不是企业的主要产品，但这些副产品尚有一定的用途，能满足某些方面的需要，如在制皂生产中产生的甘油等。副产品的计价方法：按副产品不计价、副产品按固定成本计价等方法。

联产品都是主要产品，是企业生产活动的主要目的；副产品是次要产品，随主要产品附带生产出来，依附于主要产品，不是企业生产活动的主要目的。主副产品不是固定不变的，随着各种条件的变化，副产品也能转为主要产品。原来的副产品，由于新的用途而提高售价，就可能从副产品上升为主产品。

练习与实训

一、单项选择题

1. 产品成本计算的分类法适用于（　　　）。

A. 品种、规格繁多的产品

B. 可以按照一定标准分类的产品

C. 品种、规格繁多，而且可以按照产品结构、所用原材料和工艺过程的不同划分为若干类别的产品

D. 只适用于大批量生产的产品

2. 以下哪一种方法，既是一种产品成本计算的方法，又是一种对产品成本进行直接控制、管理的方法（　　　）。

A. 分类法　　　　　　B. 品种法　　　　　　C. 分步法　　　　　　D. 定额法

3. 采用系数法时，作为标准产品的应该是（　　　）。

A. 生产量最大的产品

B. 获利最多的产品

C. 品种、规格繁多的产品

D. 产量较大、生产稳定或规格适中的产品

4. 原材料脱离定额差异是（　　　）。

A. 数量差异　　　　　　　　　　　　B. 价格差异

C. 一种定额变动差异　　　　　　　　D. 原材料成本差异

5. 定额法适用于（　　　）。

A. 单件小批量生产企业

B. 定额管理制度比较健全，定额管理工作的基础比较好，产品生产已定型，各项消耗定额比较准确、稳定的企业

C. 与生产类型有直接关系

D. 大批量生产企业

二、多项选择题

1. 以下哪些选项可作为同类产品内各种产品之间分配费用的标准（　　　）。

A. 定额消耗量　　　　B. 定额费用　　　　C. 产品的长度

D. 产品的体积　　　　E. 产品的重量

2. 分类法的优点是（　　　）。

A. 可以简化成本核算

B. 可以分类掌握产品成本情况

C. 可以使类内产品成本计算更为准确

D. 能够及时对类内产品成本进行有效控制

E. 计算结果不存在假设性

3. 定额法的缺点是（　　　）。

A. 必须制定定额成本，单独核算脱离定额差异

B. 在定额变动时还必须修订定额成本，计算定额变动差异

C. 比采用其他成本核算方法工作量大

D. 生产费用在完工产品和月末在产品之间的分配结果不准确

E. 能有效促进生产耗费的节约，降低产品成本

4. 分类法适用于（　　　）。

A. 品种、规格繁多，可以按规定标准分类的产品

B. 联产品

C. 等级产品

D. 品种、规格繁多，且数量较少，费用比重小的零星产品

E. 品种规格少且数量较多的产品的生产

5. 采用定额法计算产品成本的企业，应具备的条件有（　　　）。

A. 定额管理制度比较健全

B. 定额管理基础工作比较好

C. 产品生产工艺流程已经定型

D. 各项消耗定额比较准确、稳定

E. 产品品种规格多且可以按一定的标准分类的产品

三、判断题

1. 只要产品的品种、规格繁多，就可以采用分类法计算产品成本。（　　　）

2. 分类法是以产品类别为成本计算对象的一种产品成本计算的基本方法。（　　　）

3. 按照系数分配计算类内各种产品成本的方法，是一种简化的分类法。（　　　）

4. 分类法不是成本计算的基本方法，它与企业生产类型没有直接关系。（　　　）

5. 对于同一种产品只能采用一种成本计算方法。（　　　）

6. 定额法是成本计算与成本管理相结合的一种成本计算方法。（　　　）

7. 用分类法计算出的类内各种产品的成本，具有一定的假设性。（　　　）

四、计算题

1. 某企业生产甲产品和乙产品，共同耗用 B 材料。本月投产甲产品 200 件，乙产品 300 件，共耗用 B 材料计划成本 79 800 元。该企业甲产品材料的消耗定额为 5 千克，乙产品材料的消耗定额为 6 千克。

要求：

（1）计算甲、乙产品材料定额消耗量；（列出算式）

（2）计算材料费用分配率；（列出算式）

（3）计算甲、乙产品应负担的材料费用；（列出算式）

（4）编制材料费用分配的会计分录。

2. 华夏工厂按照产品类别归集生产费用，计算产品成本。类内不同产品的成本采用系数法分配确定，该厂 2009 年 8 月份 I 类产品的有关产量、定额及成本资料如表 3 - 140、表 3 - 141 所示：

表 3 - 140 产量及定额资料

产品规格	产量（件）	材料单件定额（元）	工时单件定额（元）	备 注
甲产品	1 000	48	20	
乙产品	2 400	40	10	标准产品
丙产品	800	60	5	

表 3 - 141 生产成本资料 单位：元

项 目	直接材料	直接人工	制造费用	合 计
月初在产品定额成本	264 000	31 500	22 500	318 000
本月发生费用	1 034 100	260 000	300 000	1 594 100
合 计	1 298 100	291 500	322 500	1 912 100

月末在产品成本按定额成本计算，定额成本为：直接材料 119 100 元，直接人工 18 700，制造费用 18 900 元。

要求：按系数法计算该类产品的三种产品成本。

五、实训题

〈实训目的〉：前面学了很多种成本核算方法，掌握了基本理论，现在要把理论与实际相结合，给出一个企业的基本资料，要知道这个企业应采取哪种成本核算方法，把知识综合运用起来。

〈实训资料〉：长城机械厂设有铸工、加工、装配三个基本生产车间和一个机修辅助生产车间。铸工车间生产铁铸件和铜铸件两类产品；两类铸件主要供本厂分步加工使用，部分铸件对外销售，管理上要求单独核算，考核生产成本。

加工车间将铸件主坯加工成零件，零件不外售，然后由装配车间装配成甲、乙、丙三种产品。甲、乙产品大批生产；丙产品为小批生产。

机修车间除为本厂基本生产车间进行机械小修理外，也对外承揽修配任务。

要求：从长城机械厂的生产特点和管理要求看，考虑应如何选择成本计算方法？

〈实训体会〉：

〈教师评价〉：

模块六　现代产品成本计算方法

案例引入

　　宏阳公司是一家生产豆浆机的私营企业，该公司生产的"宏阳"牌豆浆机质量可靠，售后服务到位，因而深受顾客的信赖。李东是该公司供销部经理，他任职已经三年了，部门净利润逐年大幅度上升，公司老板十分高兴，允诺如果今年还能保持同上年一样的利润增长，将奖励他 20 000 元。李东非常高兴，因为他心里有把握实现这一目标，他知道今年的销售合同超过去年的水平，而且他还了解到成本与去年持平。

　　到了年末，李东收到了经营数据，今年销售额比去年增加 15%，成本保持稳定，他心里暗暗高兴。可是当他看完年度损益表后却大失所望。今年的利润不但没有增加，反而略有下降。这是怎么回事，会计部门弄错了？

　　李东经到会计部门核实后，才恍然大悟。原来成本计算有两种方法，一种是传统成本法，另一种是变动成本法。

学习思路

```
成本         ┌→ 固定成本      变动    ┌→ 概念          保本    ┌→ 概念
性态              变动成本      成本    → 两种方法比较    点          
分析         └→ 混合成本      法      └→ 优缺点        分析    └→ 计算
```

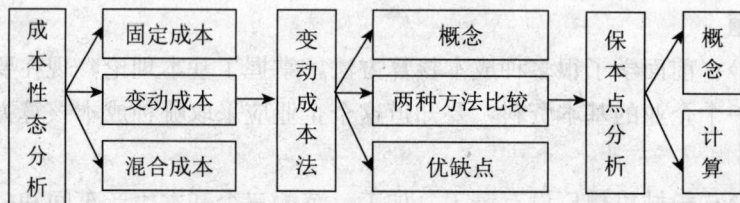

任务一　成本性态分析

一、成本性态分析出现的意义及概念

1. 成本性态分析出现的意义

　　在市场经济条件下，成本作为一个客观存在的经济范畴，在以提高经济效益为根本目的的经济管理中发挥着重要的作用。成本是综合反映企业各项工作质量的重要指标，成本直接决定着一个企业经济效益的好坏。而在企业总成本当中，不同成本有着不同的特点，有的成本随着业务量的增多而增大，而有的成本随着业务量的增多而降低，有的成本与管理者直接相关，而有的成本与管理者没有直接的关系。

传统的成本法称制造成本法，就是在计算产品成本和存货成本时，把一定时间内在生产过程中所消耗的直接材料、直接人工、变动制造费用和固定制造费用的全部成本都归纳到产品成本和存货成本中去。

采用传统成本法计算出来的单位产品成本不仅不能反映生产部门的真实业绩，反而会掩盖或夸大它们的生产实绩；在产销量不平衡的情况下，采用传统成本法计算确定的当期税前利润，往往不能真实反映企业当期实际发生的费用，从而会促使企业片面追求高产量，进行盲目生产；另外采用这种方法不便于管理者进行预测分析、参与决策以及编制弹性预算等。

所以传统成本法提供的会计信息越来越不能满足企业内部管理的需要。因此，要想提高经济效益，就必须区分不同成本的不同性态，分别对待，最大限度地降低成本。通过成本性态分析，将成本分为变动成本、固定成本和混合成本，对于正确评价企业各部门的工作业绩、企业成本的预测、决策和分析，特别是对于控制成本和寻求降低成本的途径具有重要作用。也正因为如此，成本性态分析在企业生产成本管理中得到了广泛应用。

2. 成本性态的概念

成本性态，是指在一定条件下成本总额与业务量总数之间的依存关系。进行成本性态分析就是对成本与业务量之间的依存关系进行分析，从数量上具体的掌握成本总额与业务量总数之间规律性的联系，以便为企业正确地进行最优管理决策和改善经营管理提供有价值的资料。

小贴士

"一定条件"：即相关范围，也就是不改变或破坏特定成本项目固有特征的时间与业务量的变动范围。

业务量：是指企业在一定的生产经营期内投入或完成的生产经营工作量，可以是生产量、销售量、工时等。

在产品的成本中，制造费用中的折旧费，它是企业经营业务必须负担的成本，在相关范围内，即使是业务量发生变化，其总额不随业务量而发生变化。而直接材料成本总额是随业务量的变动而成正比例变动的。所以，折旧费用的成本额和直接材料的成本额与业务量之间的关系是截然不同的。

按照成本对业务量的依存关系（即成本性态），我们通常将成本划分为固定成本、变动成本和混合（半变动）成本三类。

二、固定成本

（1）固定成本的概念：固定成本是在相关范围内其总额不随业务量发生任何变化的那部分成本。

不同行业有其不同的特点，属于固定成本的具体项目内容也会有所不同。以最具代表性的工业企业为例，固定成本包括的具体内容有：制造费用中的办公费、差旅费、折旧费、劳动保护费、管理人员工资和租赁费等；销售费用中不受业务量影响的销售人员工资、广告费、折旧费等；管理费用中不受业务量影响的管理人员工资、折旧费、租赁费、保险费、土地使用税等。当产品产量或商品流转量的变动超过一定的范围时，固定成本就会有所增减。固定成本性态的模型如图3-10所示：

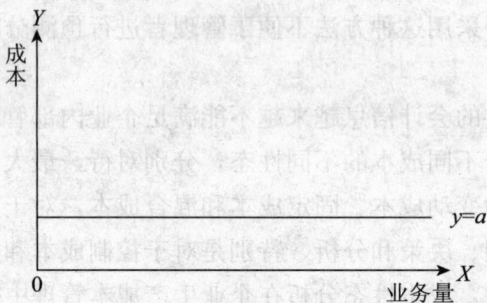

图3-10　固定成本总额性态模型

（2）固定成本的特征：固定成本总额的不变性；单位固定成本的反比例变动。具体如图3-10和图3-11所示。

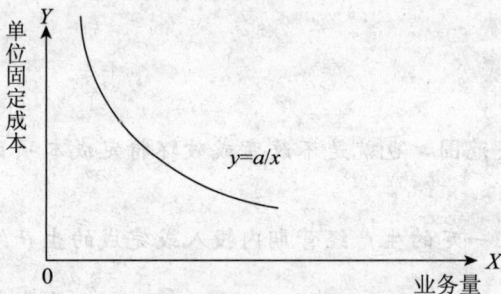

图3-11　单位固定成本性态模型

（3）固定成本的分类：

根据固定成本的发生情况不同以及是否受管理当局短期行为的影响，可将固定成本进一步细分为约束性固定成本和酌量性固定成本两类。

①约束性固定成本。它是为提供和维持生产经营所需设施、机构而支出的固定成本，这类成本反映的是形成和维持企业一定时期的生产经营能力所必须负担的最低成本，如固定资产折旧、财产保险费、管理人员的工资等。由于其支出金额不受企业管理当局短期决策的影响，所以称之为约束性固定成本。要降低约束性固定成本，只能从合理利用生产能力入手。

②酌量性固定成本。它是为完成特定活动而支出的固定成本，这类成本是企业的竞争能力的体现，也是一种提供企业生产经营能力的成本，如广告费、职工培训费等。由于其

支出金额是根据企业的经营方针由管理当局所定，并且其金额的大小受管理当局短期决策的影响，所以称之为酌量性固定成本。由于酌量性固定成本通常按预算来支出，因此，要降低酌量性固定成本，就必须在编制预算时精打细算，根据企业当前和未来的发展计划，合理确定支出的金额。

三、变动成本

1. 变动成本的概念

变动成本是在一定时期和一定业务量的范围内，成本总额随业务量的变动而成正比例变动的成本。

小贴士

变动成本的"变动"是有一定范围的。变动成本与业务量之间的完全正比例关系（即线性关系）通常在一定相关范围内才成立，超过这个相关范围，就可能不是线性关系了。

在我国工业企业中，变动成本包括的具体内容有：生产成本中直接形成产品实体而又与产量成正比的原材料、燃料和动力、外部加工费、外购半成品、按产量法计提的折旧费以及单纯计件工资形式下的生产工人工资，以及与销售量成正比例变动的销售费用和管理费用项目，如计件销售佣金等。变动成本性态的模型如图 3-12 和图 3-13 所示：

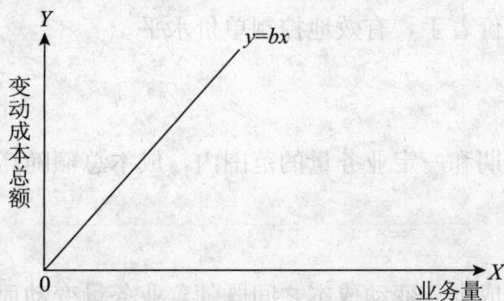

图 3-12 变动成本总额性态模型

图 3-13 单位变动成本性态模型

2. 变动成本的特征

(1) 变动成本总额的正比例变动性。变动总成本模型的方程式为：$y=bx$，如图 3-12 所示。

(2) 单位变动成本的不变性。单位变动成本的性态模型应为：$y=b$，如图 3-13 所示。

3. 变动成本的分类

变动成本的水平一般是以单位数额的形式表现的。因为在相关范围内，单位变动成本不受业务量变动的影响，它能够直接反映主要材料、直接人工和变动性制造费用的消耗水平。所以，要降低变动成本，就应从降低单位产品变动成本的消耗量着手。变动成本还可以按照其发生的原因进一步划分为技术性变动成本和酌量性变动成本。

(1) 技术性变动成本。技术性变动成本是指其单位成本受客观因素决定、其消耗量由技术因素决定的那部分变动成本。例如：热电厂的锅炉必须使用某地生产的燃烧值在一千卡以上的工业用精煤，在这种情况下，燃烧成本就成为随着发电量成正比变动的技术性变动成本。由于技术性变动成本是一种单价一定、消耗量随着产量发生变动的变动成本，因此，要想降低这类成本，就应该从消耗量入手，努力减少、控制消耗量，从而达到降低这类变动总成本的目的。

(2) 酌量性变动成本。酌量性变动成本是指其单耗受客观因素决定，而其单位成本主要受企业管理部门短期决策行为影响的那部分变动成本。可见，酌量性变动成本与技术性变动成本正好相反，它是消耗量一定、而单价受短期决策行为影响的变动成本。因此，要想降低这类成本，应从单价着手，有效地控制单价水平。

四、混合成本

1. 混合成本的概念

混合成本是在一定时期和一定业务量的范围内，成本总额随产量变动而变动，但不成正比例关系变动的成本。

2. 混合成本的特征

混合成本是介于固定成本和变动成本之间既随着业务量变动而变动，但又不成正比例变动的那部分成本。这类成本通常同时包含固定成本和变动成本两种因素，可以直接或者间接地用一条直线方程 $y=a+bx$ 去模拟。让混合成本等于或近似等于 $y=a+bx$，可以起到分解混合成本的作用，为进一步分析、研究混合成本奠定基础。

3. 混合成本的分类

在实际工作中，有些成本项目往往同时具有固定成本和变动成本的某些特征，而具体情况又比较复杂。因此，需要根据混合成本的不同情况做进一步的分类。通常将混合成本分为以下四类：

(1) 半变动成本。半变动成本是指在初始基数的基础上，随着产量变动成正比例变动的成本。如电话费、燃料费、机器设备的维护和修理费用等。半变动成本性态的模型如图 3-14 所示。

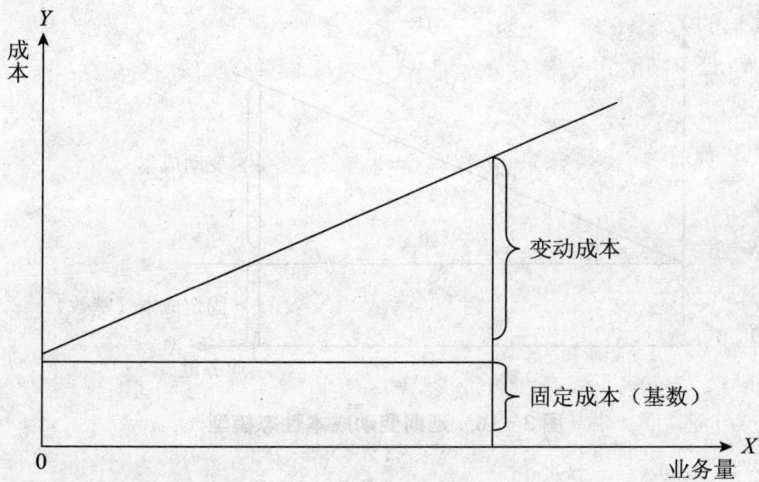

图 3-14　半变动成本性态模型

动脑筋

在你的日常生活中，有哪些费用具有半变动成本的特点？举出一个例子加以说明。

（2）半固定成本。半固定成本又称为阶梯式成本，它是指成本总额随着产量变动呈阶梯式增长的成本。如检验人员工资等。半固定成本性态的模型如图 3-15 所示。

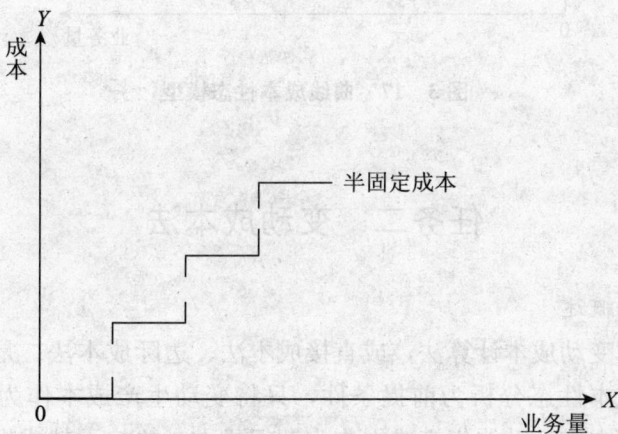

图 3-15　半固定成本性态模型

（3）延期变动成本。延期变动成本是指在一定产量范围内成本总额保持不变，而一旦超过其范围则随产量变动成正比例变动的成本，如在实行固定工资加奖金薪酬支付方式下的企业员工的工资等。延期变动成本性态的模型如图 3-16 所示。

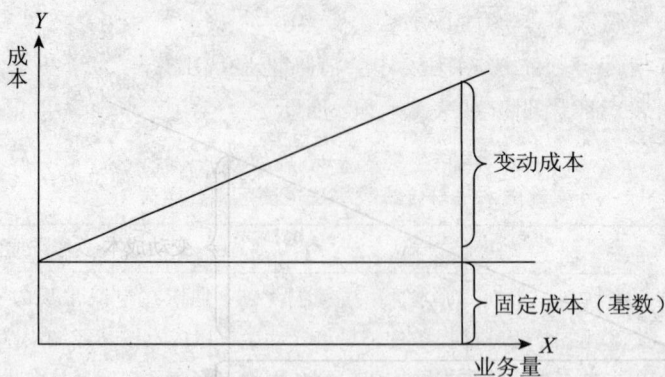

图 3 - 16　延期变动成本性态模型

（4）曲线成本。曲线成本是指成本总额随产量增长而呈曲线增长的成本。这种成本和产量有依存关系，但不是直线关系。曲线成本性态的模型如图 3 - 17 所示。

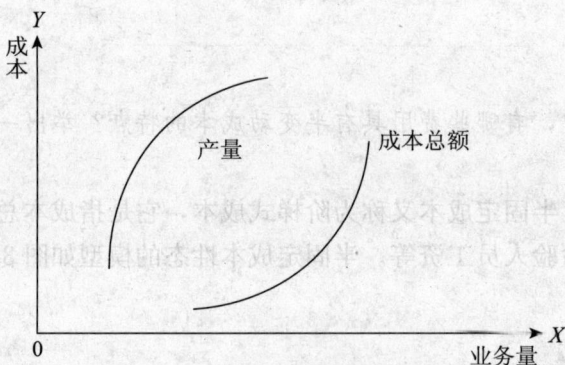

图 3 - 17　曲线成本性态模型

任务二　变动成本法

一、变动成本法概述

变动成本法也称变动成本计算法，或直接成本法、边际成本法。是指在组织常规的成本计算过程中，以成本性态分析为前提条件，只将变动生产成本作为产品成本的构成内容，而将固定生产成本和变动非生产成本作为期间成本，并按贡献式损益确定程序计算损益的一种成本计算模式。

动脑筋

哪些是变动生产成本呢？

二、变动成本法与传统成本法的区别

变动成本法只有与传统成本法相比较才会清晰地显现出来。为了更好地说明变动成本法的特点，我们用列表对照说明（如表3－142所示）。

表3－142 变动成本法与传统成本法主要区别对照表

对照项目		变动成本法	传统成本法
概念		是指在组织常规的成本计算过程中，以成本性态分析为前提条件，只将变动生产成本作为产品成本的构成内容，而将固定生产成本作为期间成本，并按贡献式损益确定程序计算损益的一种成本计算模式	是指在组织常规的成本计算过程中，以成本按其经济用途分类为前提条件，将全部生产成本作为产品成本的构成内容，只将非生产成本作为期间成本，并按传统损益确定程序计算损益的一种成本计算模式
应用的前提条件		以成本性态分析为前提：将全部成本（费用）区分为变动成本和固定成本两大类	以成本按经济用途分类为前提：将全部成本（费用）区分为生产成本和非生产成本
成本的构成内容	产品成本	变动生产成本包括： 1. 直接材料 2. 直接人工 3. 变动性制造费用	生产成本包括： 1. 直接材料 2. 直接人工 3. 制造费用
	期间成本	变动非生产成本包括： 1. 变动性销售费用 2. 变动性管理费用 3. 变动性财务费用 固定成本包括： 1. 固定性制造费用 2. 固定性销售费用 3. 固定性管理费用 4. 固定性财务费用	非生产成本包括： 1. 销售费用 2. 管理费用 3. 财务费用
常用销货成本计算公式		销货成本＝单位变动生产成本×本期销售量	销货成本＝期初存货成本＋本期发生的产品成本－期末存货成本
损益确定程序	主要公式	营业收入－变动成本＝边际贡献 边际贡献－固定成本＝营业利润	营业收入－营业成本＝营业毛利 营业毛利－期间费用＝营业利润
	利润表格式	贡献式利润表	传统式利润表
所提供信息的用途		主要满足内部管理的需要，利润与销售量之间有一定规律性联系	主要满足对外提供报表的需要，利润与销售量之间的联系缺乏规律性

动脑筋

　　某企业 3 月份生产 X 产品 800 件，有关资料如下：变动成本中，直接材料 10 元/件，直接人工 5 元/件，变动制造费用 2 元/件；固定制造费用 6 000 元。该企业月生产能力 1 000 件。

　　传统成本法产品成本＝（10＋5＋2）×800＋6 000＝19 600（元）

　　变动成本法产品成本＝（10＋5＋2）×800＝13 600（元）

　　所以传统成本法产品成本大于变动成本法产品成本。请再思考案例！

　　三、变动成本法的优缺点

　　1. 变动成本法的优点

　　（1）变动成本法有利于促使企业重视销售工作，做到以销定产。因为变动成本法能够揭示利润和业务量之间的正常关系，这有助于促使企业树立市场观念，重视市场，努力开拓市场，做到以销定产，减少和避免因盲目生产造成的损失和浪费。

　　（2）变动成本法可以提供有用的成本信息，便于科学地进行成本分析和成本控制。成本升降的原因有多方面，采用变动成本法计算的成本，不仅便于制订合理的标准来控制成本，而且便于分清有关因素对成本的影响，提供有用的信息，找到降低成本的有效措施。

　　（3）变动成本法提供的成本、收益资料，便于企业进行短期经营决策。变动成本法是本量利分析的前提，通过分析利用变动成本法所提供的成本及贡献边际等有关指标，可以完成成本预测和短期经营决策等许多方面的工作。

　　（4）采用变动成本法简化了成本核算工作。采用变动成本计算法，将固定性生产成本直接列入期间成本中，从而减少固定性生产成本在已销产品和存货之间的分配过程，简化了核算。

　　2. 变动成本法的缺点

　　（1）变动成本法所计算出来的单位产品成本，不符合传统的成本观念的要求。按照传统成本的理解，成本是指生产领域中为生产产品而产生的全部生产成本，产品成本无疑包括固定生产成本。变动成本所提供的资料不符合这个定义。

　　（2）变动成本法不能适应长期决策的需要。由于变动成本法是建立在成本性态分析的基础之上的，因此，它是以适应相关范围假定为存在为前提的。然而，在长期决策中，固定成本和变动成本的水平不可能长期不变，这种变化必然要突破相关范围。因此，变动成本法所提供的资料，不能适应长期决策的需要。

任务三 保本点分析

动 脑 筋

从变动成本法的角度考虑，怎样才能保本呢？

面对激烈的市场竞争，任何企业都十分重视自己生存的安全性，保本是企业安全生存的最低限度，评价企业经营安全程度的指标主要有：安全边际和保本点作业率等。

一、保本点

保本分析就是研究企业恰好处于收支相抵、不盈不亏、利润为零的状态下的本量利关系。

1. 保本点的概念

保本点亦称盈亏临界点、损益平衡点，是指当产品的销售业务达到某一水平时，总收入等于总成本。此时的销售数量，即营业利润为零时的销售数量。

各种不确定因素（如投资、成本、销售量、产品价格、项目寿命期等）的变化会影响投资方案的经济效果，当这些因素的变化达到某一临界值时，就会影响方案的取舍。保本分析的目的就是找出这个临界值，即盈亏平衡点，判断投资方案对不确定因素变化的承受能力，为决策提供依据。盈亏平衡点越低，说明项目赢利的可能性越大，亏损的可能性越小，即项目有较大的抗经营风险能力。

单一品种的保本点一般有两种表现形式：一种是保本点销售量（简称保本量），一种是保本点销售额（简称保本额）。

盈亏平衡的应用主要是用来判断企业的经营安全性问题。根据固定成本和变动成本的高低，可以将产品的经营安全性分析分为四种情况，四种类型的比较如表 3-143 所示：

表 3-143　　　　　　　　　　经营安全性的四种类型

经营安全性类型	固定成本	变动成本	安全等级
安全型	低	低	很安全
警戒型	较低	较高	较安全
成长型	较高	较低	安全
危险型	高	高	危险

2. 保本点的计算

在变动成本法的基础上，以数量化的会计模型与图形来揭示固定成本、变动成本、销售量、销售收入、利润等变量之间的内在规律，确定保本点，为会计预测、决策提供必要财务信息，如图3-18所示。

在确定保本点时，可以采用图表法、基本公式法和贡献边际法。下面以单一品种产品保本分析为例，分别用基本公式法、图表法说明。

【业务3-17】某公司计划在为期两天的计算机展览会上出售财务软件。公司能以每套100元的价格从软件批发商那里购入财务软件，并将以每套180元的价格售出。该公司已经向计算机展览会举办商支付了2 000元作为两天的货摊租金。假定无其他成本，要求计算保本点。

（1）基本公式法（方程式法）

分析：货摊租金2 000元是固定成本，因为无论售出多少软件都不变。软件本身的成本是变动成本，随软件销售量的变动而变动。

步骤一：收入－变动成本－固定成本＝利润＝

（销售售价×销售量）－（单位变动成本×销售量）－固定成本

步骤二：要达到保本点，即利润等于零。

（销售售价×销售量）－（单位变动成本×销售量）－固定成本＝0

所以：盈亏平衡点产量（销售量）＝固定成本总额÷（销售售价－单位变动成本）

步骤三：假设保本销售量为 Q 时，$180Q-100Q-2000=0$

可求得：$Q=25$ 套

（2）图表法

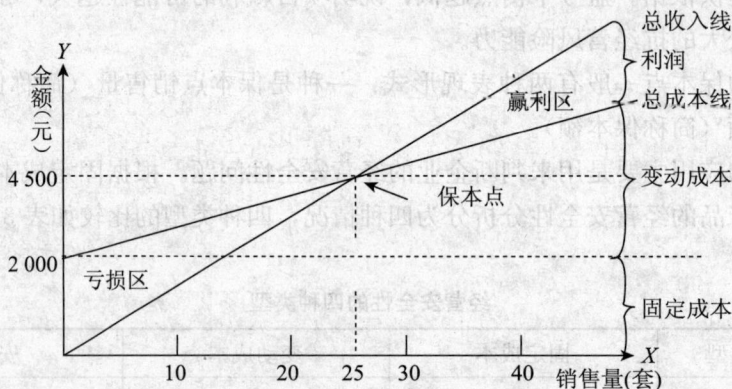

图3-18 本量利分析

注：总成本线的斜率是单位变动成本，即100元；总收入线的斜率是售价，即180元

![小贴士]

用图表法表达保本点，不仅直观、一目了然，而且更容易理解。

由图 3-18 可以得出以下结论：

在保本点不变的情况下，如果产品销售量超过保本点的业务量，销售量越大，能实现的利润就越多；反之，若产品销售量低于盈亏临界点的业务量，则销售量越少，亏损额越大。

在销售量不变的情况下，保本点越低，赢利区的三角形区域面积就越大，亏损区的面积就越小，保本点降低反映了产品的赢利性有所提高，即能实现更多的赢利或减少亏损。

在销售收入既定的条件下，保本点的高低取决于固定成本和单位变动成本的多少。固定成本越多，或单位变动成本越多，盈亏临界点越高，反之，盈亏临界点越低。

在固定成本总额和单位变动成本既定的情况下，保本点的高低取决于单位售价的高低。单位售价提高，保本点降低，反之，保本点升高。

二、有关因素对保本点的影响

（1）单价的变动可通过改变销售收入从而从正方向影响保本点，即在不考虑其他因素时，单价提高，利润增加，反之，单价降低，利润减少。

【业务 3-18】如上例【业务 3-17】，该公司能以每套 100 元的价格从软件批发商那里购入财务软件，假设是以每套 200 元的价格售出，而不是每套 180 元的价格售出，也一样卖出 25 套。

分析：这时，每套所销售收入增加了 20 元，卖出 25 套，销售收入共增加了 500 元。

即 $200 \times 25 - 100 \times 25 - 2\,000 = 500$（元）

当单位售价提高时，销售量不变，不仅能保本，还有赢利。

（2）单位变动成本的变动可通过改变变动成本总额从而从反方向影响保本点。在不考虑其他因素时，变动成本降低，利润增加，反之，变动成本增高，利润减少。

【业务 3-19】如上例【业务 3-17】，假设该公司能以每套 90 元的价格从软件批发商那里购入财务软件，也是以每套 180 元的价格售出，也一样卖出 25 套。

分析：这时，单位变动成本每套减少了 10 元，卖出 25 套，变动成本总额共减少了 250 元。

即 $180 \times 25 - 90 \times 25 - 2\,000 = 250$（元）

由此可知，当单位变动成本降低时，销售量不变，固定成本不变，不仅能保本，还有赢利。

（3）固定成本的变动会从反方向直接改变保本点。在变动成本、单位售价、销售量不变的情况下，固定成本增加，利润相应减少，反之，固定成本减少，利润增加。

【业务 3-20】如上例【业务 3-17】，假设该公司仍以每套 100 元的价格从软件批发商那里购入财务软件，也以每套 180 元的价格售出，也一样卖出 25 套。该公司已经向计算机展览会举办商支付了 2 400 元作为两天的货摊租金。

分析：这时，单位变动成本、销售量、销售价都不变，而固定成本提高了 400 元，利润降低 400 元。

即 $180 \times 25 - 100 \times 25 - 2400 = -400$（元）

由此可知，当变动成本不变，单位售价不变的情况下，固定成本增加，利润相应减少。

在固定成本增加的情况下，这时为达到保本销售，有两种方法：

（1）提高单位售价

（销售售价×销量）－（单位变动成本×销量）－固定成本＝0

假设保本销售售价为 A 时，$A×25－100×25－2\ 400＝0$

可求得：$A＝196$ 元/套

（2）增加销售量

收入－变动成本－固定成本＝利润

要达到保本点，即利润等于零。

（销售售价×销量）－（单位变动成本×销量）－固定成本＝0

假设保本销售量为 Q 时，$180Q－100Q－2\ 400＝0$

可求得：$Q＝30$ 套

知识长廊

（1）制造成本法、完全成本法

我国现在采用制造成本法即传统成本法是以产品在车间制造阶段发生的费用作为成本计算范围的一种成本计算方法，它是以车间制造阶段为成本计算空间的。

而我国过去采用完全成本法则是以产品在工业生产阶段发生的费用作为成本计算范围的一种成本计算方法。它是以产品的整个工业生产阶段为成本计算空间的，其产品成本不仅包括产品在车间制造阶段所发生的费用，而且还包括公司或厂部在管理和组织全公司或全厂生产经营活动中所发生的企业管理费等，因此完全成本法的成本计算空间大于制造成本法的成本计算空间。

西方的完全成本法计算与我国以前计算产品成本所使用的完全成本法是不一样的。西方的完全成本计算就是我国现在的制造成本法，即产品成本只包括制造成本，而以前我国的完全成本法，除了包括制造成本外，还包括管理费用、财务费用等期间成本。

现在也有人把传统的制造成本法叫完全成本法，但那是与现在的变动成本法相比较而言，即比较的对象不同。

（2）边际贡献

边际贡献是管理会计中一个经常使用的十分重要的概念，是进行产品生产决策的一个十分重要指标。通常，边际贡献又称为"边际利润"或"贡献毛益"等。

边际贡献一般可分为单位产品的边际贡献和全部产品的边际贡献，其计算方法为：

单位产品边际贡献＝销售单价－单位变动成本

全部产品边际贡献＝全部产品的销售收入（营业收入）－全部产品的变动成本

在产品销售过程中，一定量的品种边际贡献首先是用来弥补企业生产经营活动所发生的固定成本总额，在弥补了企业所发生的所有固定成本后，如有多余，才能构成企业的利润。这就有可能出现以下三种情况：当提供的品种边际贡献刚好等于所发生的固定成本总额时，企业只能保本；当提供的品种边际贡献小于所发生的固定成本总额时，企业就要发生亏损；当提供的品种边际贡献大于所发生的固定成本总额时，企业将会赢利。

练习与实训

一、单项选择题

1. 单一产品的固定成本增加，在其他因素不变的前提下，保本点销售量一定会（　　）。

A. 不变 　　　　B. 不一定 　　　　C. 上升 　　　　D. 下降

2. 在传统成本法下，期间费用包括（　　）。

A. 变动制造费用 　　B. 固定制造费用 　　C. 直接材料 　　D. 管理费用

3. 下列各项中，属于约束性固定成本的是（　　）。

A. 折旧费 　　　B. 长期租赁费 　　　C. 直接材料费 　　　D. 职工培训费

4. 变动总成本的模型方程式为（　　）。

A. $y=bx$ 　　　B. $y=b$ 　　　C. $y=b/x$ 　　　D. $y=x/b$

5. 销售单价和成本变化对保本点的影响是（　　）。

A. 单价降低保本点上升 　　　　　　B. 单位变动成本降低使保本点上升

C. 固定成本上升使保本点上升 　　　　D. 销量上升使保本点上升

6. 按照混合成本的分类，在初始基数的基础上，随着产量变动成正比例变动的成本是（　　）。

A. 半变动成本 　　B. 半固定成本 　　C. 延期变动成本 　　D. 曲线成本

7. 根据固定成本和变动成本的高低，可以将产品的经营安全性分析分为四种情况，当产品的固定成本高，变动成本低时，属于（　　）。

A. 安全型 　　　B. 警戒型 　　　C. 成长型 　　　D. 危险型

8. 当销售单价大于单位变动成本时，如果本期销售量比上期增加，则可断定按变动成本法计算的利润（　　）。

A. 本期一定等于上期 　　　　　　B. 本期一定大于上期

C. 本期一定小于上期 　　　　　　D. 本期可能等于上期

9. 下列公式错误的是（　　）。

A. 单位产品边际贡献＝销售单价－变动成本

B. 盈亏平衡点产量＝年固定成本总额÷（产品单价－单位变动成本）

C. 边际贡献率＝（边际贡献÷销售收入）×100%

D. 边际贡献率＝（单位边际贡献÷单价）×100%

10. 关于边际贡献的说法错误的是（　　）。

A. 边际贡献是管理会计中一个经常使用的十分重要的概念，它是指销售收入减去变

动成本后的余额，常常被人们通俗地称作毛利

  B. 边际贡献率是边际贡献在销售收入中所占的百分比

  C. 边际贡献率，可以理解为每一元销售收入是边际贡献所占的比重

  D. 边际贡献不反映产品给企业作出贡献的能力

二、多项选择题

1. 下列（ ）是属于约束性固定成本。

  A. 固定资产折旧   B. 财产保险费支出 C. 管理人员工资

  D. 广告费   E. 职工培训经费

2. 根据混合成本的不同情况做进一步分类，可将混合成本分为（ ）。

  A. 半变动成本   B. 半固定成本   C. 延期变动成本

  D. 曲线成本   E. 半固定半变动成本

3. 在成本性态分析情况下，下列哪些属于变动成本（ ）。

  A. 直接材料   B. 销售人员工资   C. 生产工人工资

  D. 租赁费   E. 设备的折旧费

4. 下列关于变动成本的优点说法正确的有（ ）。

  A. 变动成本法能够使管理当局重视销售，防止盲目生产

  B. 变动成本法便于正确进行不同期间的业绩评价

  C. 可以简化成本核算

  D. 更能适应长期决策的需要

  E. 加大会计核算工作量

5. 实现企业目标利润的单项措施有（ ）。

  A. 降低固定成本 B. 降低变动成本   C. 降低销售单价

  D. 提高销售数量 E. 提高变动成本和固定成本

三、判断题

1. 固定成本指的是固定不变的成本，不受产量的影响。（ ）

2. 固定资产折旧是属于酌量性固定成本。（ ）

3. 在变动成本法下，产品成本中包括全部的变动成本而不包括固定成本，固定成本作为期间成本在发生的当期全部直接转为费用。（ ）

4. 单位变动成本的性态模型高水平为 $y=bx$。（ ）

5. 变动成本法不能适应长期决策的需要。（ ）

6. 在确定保本点时，可以采用图表法、基本公式法和贡献边际法。（ ）

7. 单价的变动可通过改变销售收入从而从正方向影响利润，即在不考虑其他因素时，单价提高，利润增加，反之，单价降低，利润减少。（ ）

8. 混合成本是指在一定时期和一定业务量的范围内，成本总额随产量变动而成正比例关系变动的成本。（ ）

9. 传统成本法是将全部生产成本作为产品成本的构成内容。（ ）

10. 变动成本法是本量利分析的前提。（　　）

四、计算题

远景公司是一家小家电生产企业，该公司 2009 年 10 月份生产的充电暖手袋情况如下：

1. 10 月生产 20 件充电暖手袋，耗用直接材料 100 元，直接人工 120 元，发生变动性制造费用 80 元，固定性制造费用 60 元。（计算在两种不同方法下的产品成本）

2. 若充电暖手袋的销售单价为 25 元/件，变动推销及管理费用为 2 元/件，固定推销及管理费用为 50 元。（计算在两种不同方法下的当期损益）

3. 产品售价 10 元，单位变动成本 4 元，年固定成本 60 000 元，请计算边际贡献和年保本点。

五、实训题

〈实训目的〉：通过学习变动成本法及保本点计算的知识，能够在各行各业中有保本的意识，并能够在各行业中简单计算并运用。

〈实训资料〉：某酒店有客房 200 间，年平均客房出租率为 70％，市场平均房价为每间 250 元/天，该酒店的年平均变动费用共为 260 万元，年平均固定费用共为 430 万元，求该酒店的保本出租率？维持客房平均出租率的保本定价为多少？

〈实训体会〉：

〈教师评价〉：

✏ **项目小结**

本项目有六个模块，是本书的中心环节。我们由易到难、由基础知识到核心内容，主要学习了以下几个问题：在产品的广义与狭义之分；生产费用在完工产品和在产品之间分配的具体方法；品种法的核算；分批法的核算；分步法的核算；分类法与定额法的核算；变动成本法及保本点的计算。

各种方法中，始终都要把握一点：品种法是最基本的一种产品成本计算方法，要掌握每一个具体的核算程序，并运用到其他成本核算中。而分类法与定额法作为辅助的方法，运用相对是有限的。而变动成本法是为强化内部管理而出现的。在本书中也提到了作业成本法，希望引起大家的重视，因为这是成本核算方法运用的一种趋势。

本模块强调实训，所以学生在学习每一种方法时要围绕几点去学习：掌握每个企业的特点，来选择相应的成本核算方法；掌握每种方法下实训的步骤；注意理论与实际的区别，多加思考，灵活运用所学知识。

项目四 成本报表的编制与分析

案例引入

前不久，微软高管刘润的一篇博文《出租司机给我上的 MBA 课》在网上盛传，引起了业内外人士的热烈讨论。

一般出租司机月薪在 4 000 元左右，而这位叫臧勤的"的哥"却能挣到 8 000 元。原来，臧师傅除了快乐、积极的心态，最关键的还是他对出租车运营成本的科学核算，使投入产出比最大化。

一般出租司机都以公里油耗为单位进行成本核算，这种方法导致的结果是：出租司机宁肯多花时间也不愿多跑路，除非乘客愿意多掏钱，但多数乘客，只要不赶时间，就不会多付钱。

臧师傅的高明之处在于他既算公里油耗成本，也注重时间成本。他精确的算出行驶 1 小时的成本是 34.5 元，所以他宁肯自己掏钱多跑 4 公里，也要节约 25 分钟，因为每公里的油耗成本才 0.6 元左右。这样做乘客也很高兴，因为节省了时间。

"的哥"臧勤对成本核算的分析和处理，使我们获益不少呢！

学习思路

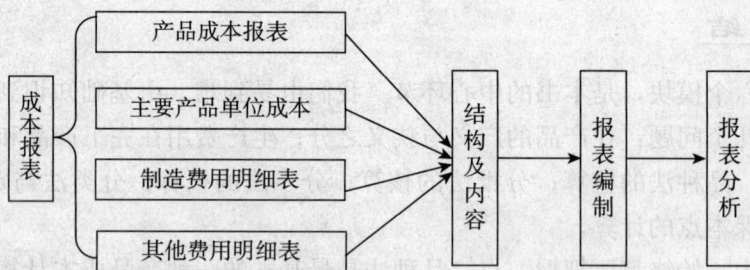

任务一 成本报表概述

一、成本报表的概念

成本报表是根据日常成本核算资料及其他有关资料定期编制的，用来反映企业一定期间内的成本水平及构成，分析企业成本计划执行情况，考核责任成本结果的会计报表。我国现行的会计制度规定，成本报表不作为企业向外报送的会计报表，它主要是向企业经营管理者提供成本信息的内部管理会计报表，是企业进行成本、利润的预测、决策，编制产品成本和各项费用计划、制定产品价格的重要依据。

二、成本报表的种类

成本报表属于内部报表，主要是为满足企业内部经营管理的需要而编制的，不对外公开，所以它的种类、格式、编报时间等不是由国家统一规定的，一般由企业根据自身经营特点和成本管理的具体要求而定。成本报表具有灵活性和多样性的特点。对工业企业来说，一般可以按以下标志分类，如表4-1所示。

表4-1　　　　　　　　　　　　　　　成本报表分类

分类标志		报表种类
按报表反映的经济内容分类	反映企业产品成本水平及其构成情况的报表	产品生产成本表，主要产品单位成本表等
	反映企业生产经营过程中费用水平及其构成情况的报表	制造费用明细表、管理费用明细表、销售费用明细表和财务费用明细表等
按报表编制的时间分类		年报、半年报、季报、月报以及旬报、周报、日报和班报等

任务二　成本报表的编制

一、产品成本报表的结构、内容与编制

1. 产品成本报表的结构和内容

产品成本报表是反映企业报告期内生产的全部产品的总成本的报表。利用产品成本表可以考核企业全部产品成本规划完成情况并分析各种可比产品成本升降情况。

按产品类别反映的产品成本报表，是按照产品类别汇总反映企业报告期内生产的全部产品的单位成本和总成本的报表。该表的结构分为基本报表和补充资料两部分，基本报表包括可比产品成本和不可比产品成本。

按产品类别反映的产品成本报表的格式如表4-2所示。

表4-2 　　　　　　　产品生产成本表（按产品类别反映）

编制单位：大同风扇厂　　　　　　　　　2009 年

产品名称	计量单位	产 量		单位成本（元）			计划总成本（计划产量）（元）		本年总成本（实际产量）（元）		
		本年计划	本年实际	上年实际	本年计划	本年实际	按上年实际平均单位成本计算	按本年计划单位成本计算	按上年实际平均单位成本计算	按本年计划单位成本计算	本年实际
可比产品合计							797 600	782 850	849 000	823 000	856 500
♯301	台	20 000	21 000	21	20	21.5	410 000	400 000	441 000	420 000	451 500
♯302	台	9 500	10 000	40.8	40.3	40.5	387 600	382 850	408 000	403 000	405 000
不可比产品合计								57 000		57 000	56 000
♯303	台	1 000	1 000		57	56		57 000		57 000	56 000
产品生产成本合计								839 850		880 000	912 500

注：(1) 可比产品成本降低额＝849 000－856 500＝－7 500

(2) 可比产品成本降低率＝－7 500÷849 000×100%＝－0.88%

(3) 计划成本降低额＝880 000－912 500＝－32 500

(4) 计划成本降低率＝－32 500÷880 000×100%＝－3.69%

小贴士

可比产品是指企业过去曾经正式生产过，有完整的成本资料可以进行比较年度报告的产品；不可比产品是指企业本年度初次生产的新产品，或虽非初次生产，但以前仅属试制而未正式投产的产品，缺乏可比的成本资料。

2. 产品成本报表的编制

(1)"产品名称"按照企业所生产各种可比产品和不可比产品的名称填列。

(2)"产量"栏目中的"本年计划"根据企业生产计划填列；"本年实际"根据完工产品明细账各种产品的实际产量填列。

（3）"单位成本"栏目中的"上年实际平均"根据上年本表年末的"本年实际平均"填列；"本年计划"根据企业成本规划填列；"本年实际"根据各种产品成本明细账各种产品的单位成本或平均单位成本填列。

（4）"计划总成本"栏目中的各项目分别按照各种产品本年计划产量与上年实际平均单位成本、本年计划单位成本的乘积填列。

（5）"本年总成本"栏目中的各项目分别按照各种产品本年实际产量与上年实际平均单位成本、本年计划单位成本及本年实际单位成本的乘积填列。

（6）补充资料中的各项目分别按照下列公式计算填列：

可比产品成本降低额＝按上年实际平均单位成本计算的总成本－本年实际总成本

可比产品成本降低率＝成本降低额÷按上年实际平均单位成本计算的总成本×100％

计划成本降低额＝按本年计划单位成本计算的本年累计总成本－本年实际总成本

计划成本降低率＝计划成本降低额÷按本年计划单位成本计算的本年累计总成本×100％

二、主要产品单位成本报表的结构、内容与编制

1. 主要产品单位成本报表的结构和内容

主要产品单位成本表是反映企业一定会计期间内主要产品的单位生产成本、成本变动情况及其构成情况的报表。该表通常按月编制，其一般格式如表4－3和表4－4所示：

表4－3　　　　　　　　　　　　　　主要产品单位成本表

2009 年

产品名称：风扇　　　　　　　　　　　　　　　　　　　　计量单位：台

规格型号：＃301　　　　　　　　　　　　　　　　　　　本年实际产量：21 000

编制单位：大同风扇厂　　　　　　　　　　　　　　　　　单位：元

成本项目	历史先进水平	上年实际平均	本年计划	本年实际
直接材料	9	10.5	10	11
直接人工	3	4	4	4
制造费用	6	6.5	6	6.5
产品生产成本	18	21	20	21.5

表 4-4　　　　　　　　　　　　　**主要产品单位成本表**

2009 年

产品名称：风扇　　　　　　　　　　　　　　　　　　　　　计量单位：台

规格型号：♯302　　　　　　　　　　　　　　　　　　　　　本年实际产量：10 000

编制单位：大同风扇厂　　　　　　　　　　　　　　　　　　单位：元

成本项目	历史先进水平	上年实际平均	本年计划	本年实际
直接材料	20	21	21	21
直接人工	6	6.1	6.1	6.1
制造费用	13	13.7	13.2	13.4
产品生产成本	39	40.8	40.3	40.5

2. 主要产品单位成本表的编制

编制主要产品单位成本表，应按企业主要产品分别编制，可以考核企业各种主要产品的单位计划成本的执行情况，可以反映企业各种主要产品的单位成本水平，分析个别成本项目的变动情况，寻找降低产品成本的途径。

（1）"历史先进水平"根据历史上该种产品成本最低年份本表的实际平均单位成本填列。

（2）"上年实际平均"根据上年度本表的"本年累计实际平均"单位成本填列。

（3）"本年计划"根据年度成本计划资料填列。

（4）"本年实际"根据成本计算单本年已完工产品的实际成本各项目总数除以产量后的单位成本填列。

三、制造费用明细表的结构、内容与编制

1. 制造费用明细表的结构和内容

制造费用明细表是反映企业在报告期内发生的各项制造费用总额和各明细项目数额的报表。该表通常按月编制，其一般格式如表 4-5 所示。

表 4-5　　　　　　　　　　　　　**制造费用明细表**

2009 年

编制单位：大同风扇厂　　　　　　　　　　　　　　　　　　　　　　　单位：元

项　　目	上年实际	本年计划	本年实际
机物料消耗	8 650	10 014	9 900
职工薪酬	180 750	181 560	186 600
水电费	36 400	36 500	38 220
折旧费	16 000	16 000	16 200
办公费	12 000	12 100	12 760

项　目	上年实际	本年计划	本年实际
劳动保护费	1 000	1 130	1 000
租赁费	5 510	5 510	5 510
保险费	2 450	2 630	2 500
其他	1 400	1 500	1 300
制造费用合计	264 160	266 944	273 990

2. 制造费用明细表的编制

制造费用明细项目如何设置和设哪些内容，可由企业自行规定，也可由行业主管部门统一规定。编制制造费用明细表可以考核制造费用计划的执行情况，可以判断制造费用的变化趋势，以便进一步采取措施，节约制造费用开支，降低产品生产中的间接费用。

（1）"上年实际数"根据上年度同期本表的"本年累计实际数"填列。

（2）"本年计划数"根据本年制造费用预算资料填列。

（3）"本年实际数"根据本年"制造费用明细账"中各费用项目本年的累计发生额填列。

如果表内所列费用项目与上年度的费用项目在名称和内容上不相一致的，应对上年度的各项数字按本年度表内项目的规定进行调整。

四、其他成本明细表的结构、内容与编制

其他成本明细表包括销售费用明细表、管理费用明细表和财务费用明细表等。

1. 销售费用明细表的结构、内容与编制

销售费用明细表是反映企业在报告期内发生的全部销售费用及其构成情况的报表。其格式如表4-6所示：

表4-6　　　　　　　　　　　　　销售费用明细表

2009 年 12 月

编制单位：大同风扇厂　　　　　　　　　　　　　　　　　　　　　　　　单位：元

项　目	上年实际	本年计划	本年实际
销售费用	40 000	50 400	62 800
其中：职工薪酬费用	22 800	31 920	34 200
折旧费	6 000	6 000	12 000
修理费	1 200	1 000	2 600
办公费	2 000	1 480	2 000
水电费	8 000	10 000	12 000
运输费	20 000	24 000	23 600
装卸费	6 000	7 000	8 000

续 表

项 目	上年实际	本年计划	本年实际
包装费	10 000	12 000	14 000
保险费	20 000	22 000	24 000
展览费			
广告费	10 000	16 000	12 000
其他			
合 计	106 000	131 400	144 400

销售费用明细表的编制：

(1)"上年实际数"：根据上年度同期本表的"本年累计实际数"填列。

(2)"本年计划数"：根据本年销售费用预算资料填列。

(3)"本年实际数"：根据本年销售费用明细账各项目本年累计实际数填列。

2. 管理费用明细表的结构、内容与编制

管理费用明细表是反映企业在报告期内发生的全部管理费用及其构成情况的报表。其格式如表 4 - 7 所示：

表 4 - 7 　　　　　　　　　管理费用明细表

2009 年 12 月

编制单位：大同风扇厂　　　　　　　　　　　　　　　　　　　　　　单位：元

项 目	上年实际	本年计划	本年实际
职工工资	40 000	44 000	45 000
职工福利	5 600	6 160	6 500
社会保险费	12 800	14 000	14 000
职工教育经费	5 000	5 000	5 500
工会经费	18 000	20 000	20 000
折旧费	12 000	12 000	12 000
修理费	5 000	5 000	5 000
办公费	9 000	10 000	10 000
水电费	38 000	39 000	40 000
排污费	10 000	10 000	10 000
其他			
合 计	155 400	165 160	167 500

管理费用明细表的编制：

(1)"上年实际数"：根据上年度同期本表的"本年累计实际数"填列。

(2)"本年计划数"：根据本年管理费用预算资料填列。

(3)"本年实际数"：根据本年管理费用明细账中各费用项目本年累计实际数填列。

3. 财务费用明细表的结构、内容与编制

财务费用明细表是反映企业在报告期内发生的全部财务费用及其构成情况的报表。其格式如表4-8所示：

表4-8　　　　　　　　　　　　　**财务费用明细表**

2009 年 12 月

编制单位：大同风扇厂　　　　　　　　　　　　　　　　　　　　　　单位：元

项　　目	上年实际	本年计划	本年实际
利息支出	12 000	15 000	15 000
减：利息收入	1 000	1 250	1 230
汇兑损失			
减：汇兑收益			
金融机构手续费	1 200	1 000	1 100
其他筹资费用			
合　　计	12 200	14 750	14 870

财务费用明细表的编制：

(1)"上年实际数"：根据上年度同期本表的"本年累计实际数"填列。

(2)"本年计划数"：根据本年财务费用预算资料填列。

(3)"本年实际数"：根据本年财务费用明细账中各费用项目本年累计实际数填列。

小 贴 士

现代成本会计的主要特点是成本与管理相结合，以成本干预生产。

任务三　成本报表的分析

一、成本报表分析的方法

成本报表分析的方法是完成成本报表分析的重要手段，可供采用的技术方法很多，具体采用什么方法，应根据分析的要求和掌握资料情况而定。常用的分析方法有比较分析法、比率分析法、因素分析法、差额计算法等。

1. 比较分析法

比较分析法也称为对比分析法，是指通过指标对比从数量上确定差异的一种分析方法。其主要作用在于揭示客观上存在的差距，并为进一步分析指出方向。它是成本分析最基本的方法，在实际工作中的运用可概括如表4-9所示：

表4-9 比较分析法的运用

对比的形式	对比的指标	分析的差异
绝对数比较	实际成本与成本规划（定额成本）	分析成本规划或定额的完成情况
增减数比较	本期实际成本与前期（上期、上年同期或历史上最高水平）实际成本	观察企业成本指标的变动情况和变动趋势，了解企业生产经营工作的改进情况
指数比较	本企业实际成本与国内外同行业先进成本	可以在更大的范围内找差距，推动企业改进经营管理

小贴士

例如上年产品单位成本5元，本年单位成本4.5元是绝对数比较；本年单位成本比上年单位成本降低0.5元是增减数比较；本年单位成本比上年单位成本降低10%是指数比较。

2. 比率分析法

比率分析法是指通过计算和对比经济指标的比率，来考察企业经济活动相对效益的一种分析方法。采用比率分析法先要把对比的数值变成相对数，求出比率，然后再进行对比分析，主要有相关指标比率分析法和构成比率分析法（如表4-10所示）。

表4-10 比率分析法

方 法	计算比率	情况分析
相关指标比率分析法	销售收入成本率 $=\dfrac{销售成本}{销售收入}\times100\%$ 成本利润率 $=\dfrac{销售成本}{利润}\times100\%$	将实际与计划进行对比，反映企业经济效益的好坏，揭示企业实际与计划之间的差异
构成比率分析法	单位产品直接材料率 $=\dfrac{单位产品直接材料费}{单位产品生产成本}\times100\%$ 单位产品直接人工率 $=\dfrac{单位产品直接人工费}{单位产品生产成本}\times100\%$ 单位产品制造费用率 $=\dfrac{单位产品制造费用}{单位产品生产成本}\times100\%$	将不同时期的成本构成比率相比较，通过观察产品成本构成的变动，掌握经济活动情况及其对产品成本的影响

3. 因素分析法

因素分析法是把综合性指标分解为各个因素，计算各个因素变动对综合经济指标变动影响程度的一种分析方法。

下面以大同风扇厂＃302风扇材料费用总额变动分析为例，说明因素分析法。

【业务4-1】大同风扇厂产品要素指标的计划数和实际数资料，如表4-11所示：

表 4－11 ♯302 风扇产品要素的计划与实际资料

编制单位：大同风扇厂

技术经济指标	本年计划	本年实际	差 异
产品产量（台）	9 500	10 000	＋500
单位产品材料消耗定额（千克）	1.81	1.8	－0.01
甲材料单价（元）	11.6	11.65	＋0.05
材料费用总额（元）	199 462	209 700	＋10 238

分析：

（1）影响材料费用总额的因素有产品产量、单位产品材料消耗定额、材料单价。

（2）各因素的相互依存关系为：材料费用总额＝产品产量×单位产品材料消耗量×材料单价

（3）从表 4－11 可知差异是由产品产量增加、单位产品材料消耗量降低和材料单价升高三个因素综合影响的结果。

步骤一： 利用比较法将材料费用总额的实际数与计划数对比，确定实际与计划差异，使其作为分析对象。

差异：209 700－199 462＝10 238（元）

步骤二： 计算各因素变动对材料费用总额变动的影响程度。

（1）以计划数为计算基础，材料费用总额＝9 500×1.81×11.6＝199 462（元）。

（2）逐次以各因素的实际数替换其计划数，每次替换后实际数被保留下来。有几个因素就替换几次，直到所有因素都变成实际数为止，每次替换后都求出新的计算结果。

第一次替换产量：10 000×1.81×11.6＝209 960（元）

第二次替换单位产品材料消耗量：10 000×1.8×11.6＝208 800（元）

第三次替换材料单价：10 000×1.8×11.65＝209 700（元）

（3）将每次替换后的所得结果，与其相邻近的前一次计算结果进行比较，两者的差额就是某一因素变动对综合经济指标变动的影响程度。

产量变动影响＝209 960－199 462＝＋10498（元）

单位产品材料消耗量变动影响＝208 800－209 960＝－1 160（元）

材料单价变动影响＝209 700－208 800＝＋900（元）

（4）计算各因素变动影响数额的代数和＝10 498－1 160＋900＝＋10 238（元）。

小 贴 士

各因素变动影响数额的代数和应等于作为分析对象指标的实际与计划的差异。

通过计算可以看出，虽然单位产品材料消耗量降低使材料费用节约 1 160 元，但由于产量增加，材料单价升高，使材料费用增多 11 398 元，下一步分析应查明材料消耗节约和材料价格升高的原因，才能对企业材料费用总额变动情况作出评价。

4. 差额计算法

差额计算法是因素分析法的一种简化形式，首先，确定各因素实际数与计划数之间的差异，然后按照各因素的排列顺序，依次求出各因素变动的影响程度。

【业务 4 - 2】 仍用【业务 4 - 1】资料，以差额计算法测定各因素变动对综合经济指标影响程度：

分析： 影响材料费用总额的因素有产品产量增加、单位产品材料消耗定额减少、材料单价高了。

步骤一： 确定分析对象：实际数与计划数之间的差异＝209 700－199 462＝＋10 238 （元）。

步骤二： 计算各因素影响程度。

产量变动影响＝（＋500）×1.81×11.6＝＋10 498 （元）

单位产量材料消耗量变动影响＝10 000×（－0.01）×11.6＝－1 160 （元）

材料单价变动影响＝10 000×1.8×（＋0.05）＝＋900 （元）

合计＝10 498－1 160＋900＝10 238 （元）

通过计算可以看出，这一方法的应用原理与因素分析法相同，只是计算程序不同。差额计算法不但计算简便，而且应用比较广泛。

动脑筋

大同风扇厂♯301 风扇材料费用总额变动分析，你会做了吗（根据表 4 - 12 内容试一下）？

表 4 - 12　　　　　　　　　　♯301 风扇产品要素的计划与实际资料

技术经济指标	本年计划	本年实际	差 异
产品产量（台）	20 000	21 000	＋1 000
单位产品材料消耗定额（千克）	1.163	1.25	＋0.087
乙材料单价（元）	8.6	8.8	＋0.2
材料费用总额（元）	200 036	231 000	＋30 964

二、产品成本报表的分析

产品成本报表的分析是以成本报表为分析对象，结合其他有关的核算、计划和统计资料，采用一定方法解剖成本变动原因、经营管理缺陷及业绩的管理活动。

通过产品成本报表的分析，可以进一步明确企业成本费用状况，可以全面正确地评价企业内部各部门、各单位责任成本的履行情况，揭示和测定各个因素变动对成本的影响程度。

成本报表分析的过程实际上是成本指标的分解和综合相结合的过程。通过指标分解可以使分析不断深入；综合分析的结果可获得对企业成本工作全面、本质的认识。它可概括为如表 4-13 所示的过程。

表 4-13　　　　　　　　　　　　成本报表分析过程

分析的一般程序	分析的内容	分析的因素
总评价全部产品成本计划完成情况 ↓ 分类、衡量成本指标实际脱离计划差异的各种因素的影响程度 ↓ 查明各种因素变动的原因 ↓ 对企业成本工作进行评价	1. 全部产品成本计划完成情况分析 2. 可比产品成本计划完成情况分析 3. 主要产品单位成本分析 4. 制造费用预算执行情况分析 5. 期间费用预算执行情况分析 6. 技术经济指标对产品成本影响分析	1. 材料费用 2. 人工费用 3. 制造费用

1. 全部产品成本计划完成情况分析

表 4-14　　　　　　　　　　　　全部产品生产成本分析表

编制单位：大同风扇厂　　　　　　　　2009 年 12 月

产品名称	产量（台）		单位成本（元）			本年累计总成本（元）			实际与计划比		本年实际与上年实际比	
	本年计划	本年实际	上年实际平均	本年计划	本年实际	按上年实际平均单位成本计算	按本年计划单位成本计算	本年实际	降低额（元）	降低率	降低额（元）	降低率
可比产品合计						849 000	823 000	856 500	-33 500	-4%	-7 500	-0.9%
♯301	20 000	21 000	21	20	21.5	441 000	420 000	451 500	-31 500	-7.5%	-10 500	-2.4%
♯302	9 500	10 000	40.8	40.3	40.5	408 000	403 000	405 000	-2 000	-0.5%	3 000	0.7%
不可比产品合计 ♯303	1 000	1 000		57	56		57 000	56 000	1 000	1.8%		
产品生产成本合计							880 000	912 500	-32 500	-3.69%		

从表 4-14 可以看出，全部产品实际成本 912 500 比计划成本 880 000 增加 32 500 元，增加率 32 500÷912 500 为 3.69%；不可比产品成本计划完成情况好于可比产品成本计划完成情况。

2. 可比产品成本分析

（1）可比产品成本降低计划完成情况分析

大同风扇厂可比产品♯301 风扇和♯302 风扇成本降低任务完成情况如表 4-15 所示：

表 4-15

项　目	计　划	实　际	差　异
降低额（元）	24 750	− 7 500	− 32 250
降低率	3.06%	−0.88%	−3.94%

由表 4-15 可以看出，企业可比产品实际成本降低额和降低率都未按计划完成，而是超支了，企业应进一步查明原因。

小 贴 士

计划成本降低额＝20 000×（21−20）+9 500×（40.8−40.3）＝24 750（元）

计划成本降低率＝24 750÷807 600×100%＝3.06%

实际成本降低额＝21 000×（21−21.5）+10 000×（40.8−40.5）＝−7 500（元）

实际成本降低率＝−7 500÷849 000×100%＝−0.88%

（2）影响可比产品成本降低计划完成情况的因素分析

在企业生产一种可比产品的情况下，影响成本降低率的主要是产品单位成本这一个因素；影响成本降低额的主要是产品单位成本和产品产量。在企业生产多种可比产品情况下，影响产品成本降低率的有产品单位成本和产品品种结构两个因素；影响成本降低额的有产品单位成本、产品品种结构和产品产量三个因素。大同风扇厂生产♯301 风扇和♯302 风扇两种可比产品，计算各因素变动的影响如下：

①产品单位成本变动的影响。

单位成本变动对成本降低额的影响＝

21 000×（20−21.5）+10 000×（40.3−40.5）＝−33 500（元）

单位成本变动对成本降低率的影响＝−33 500÷849 000×100%＝−3.95%

②产品品种结构变动的影响。

产品品种结构变动对降低额的影响＝

[21 000×（21−20）+10 000×（40.8−40.3）]−[（21 000×21）+（10 000×40.8）]×3.06%＝

26 000－25 979.4＝20.6(元)

产品品种结构变动对降低率的影响＝20.6÷849 000×100％

③产品产量变动的影响。

产品产量变动对降低额的影响＝

[（21 000－20 000）×21＋（10 000－9 500）×40.8]×3.06％＝

41 400×3.06％＝1 266.84（元）

从上述可知，大同风扇厂可比产品成本超支，主要原因是受单位成本提高影响。

3. 主要产品单位成本分析

表 4 - 16　　　　　　　　　　♯301 风扇单位成本升降分析表

编制单位：大同风扇厂　　　　　　　　　2009 年

成本项目	上年实际（元）	本年计划（元）	本年实际（元）	本年实际平均比上年		本年实际平均比计划	
				降低额（元）	降低率	降低额（元）	降低率
直接材料	10.5	10	11	－0.5	—	－1	—
直接人工	4	4	4	—	—	—	—
制造费用	6.5	6	6.5	—	—	－0.5	—
合　计	21	20	21.5	－0.5	－2.38％	－1.5	－7.5％

表 4 - 17　　　　　　　　　　♯302 风扇单位成本升降分析表

编制单位：大同风扇厂　　　　　　　　　2009 年

成本项目	上年实际（元）	本年计划（元）	本年实际（元）	本年实际平均比上年		本年实际平均比计划	
				降低额（元）	降低率	降低额（元）	降低率
直接材料	21	21	21	—	—	—	—
直接人工	6.1	6.1	6.1	—	—	—	—
制造费用	13.7	13.2	13.4	0.3	—	0.2	—
合　计	40.8	40.3	40.5	0.3	0.74％	0.2	0.5％

从表 4 - 16 可以看出♯301 风扇单位成本升高主要受直接材料和制造费用增加的影响；从表 4 - 17 可以看出♯302 风扇单位成本降低主要受制造费用降低的影响。

知识长廊

曾是美国首富的石油大亨保罗·盖蒂年轻时家境并不富裕，只有一片收成很差的旱田。后来，在田里挖水井的时候，水井里冒出一些黑浓浓的石油，于是水井变成了油井，旱田变成了油田，保罗·盖蒂看到了致富之路。他开始雇工开采起石油来。保罗·盖蒂很用心地经营自己的事业，没事便到各油田去巡视。可是，他每次都能发现有人浪费原料，而且有闲人游逛。他把工头找来，要求工头们杜绝浪费和清理闲人。然而，他下次再去的时候，一切依然如故。保罗百思不得其解。为何我一去就能看得出浪费和闲人，而那些工头天天在此，却视而不见？后来，一位管理学家一句话点醒了保罗，他说："那是你的油田。"保罗立即召来各工头，向他们宣布："从今天起油田交给各位负责经营，效益的25%由各位全权支配。"从此，保罗再巡视油田时，发现不仅浪费现象消失，没有人偷懒，而且产量大幅增加。

练习与实训

一、单项选择题

1. 按照《企业会计制度》规定，成本报表是（　　）。

A. 对外报表　　　　　　　　　　B. 对内报表

C. 既是对外报表，又是对内报表　　D. 对内还是对外，由企业自行决定

2. 成本报表属于内部报表，成本报表的种类、格式、项目、指标的设计和编制方法、编制日期、具体报送对象，由（　　）。

A. 企业自行决定　　　　　　　　B. 国家统一规定

C. 国家作原则规定　　　　　　　D. 上级主管机关规定

3. 比较分析法是指通过指标对比，从（　　）上确定差异的一种分析方法。

A. 质量　　　　B. 价值量　　　　C. 数量　　　　D. 劳动量

4. 将两个性质不同但又相关的指标对比求出的比率，称为（　　）。

A. 构成比率　　B. 相关指标比率　　C. 动态比率　　D. 效益比率

5. 因素分析法是用来计算几个相互联系的因素，对综合经济指标变动（　　）的一种分析方法。

A. 影响原因　　B. 影响数量　　C. 影响程度　　D. 影响金额

6. 下列报表中，不包括在成本报表中的有（　　）。

A. 产品生产成本表　　　　　　　B. 制造费用明细表

C. 期间费用明细表　　　　　　　D. 资产负债表

7. 制造费用明细表应当反映（　　）的制造费用总额。

A. 企业各生产单位　　　　　　　B. 企业各基本生产单位

C. 企业各辅助生产单位　　　　　D. 企业本部

8. 编制成本报表是因为（　　）。

A. 国家统一会计制度的要求

B. 企业内部经营管理的需要

C. 社会中介机构的要求

D. 潜在投资者和债权人的要求

二、多项选择题

1. 影响可比产品成本降低额变动的因素有（　　　）。

A. 产品产量　　　　　　　　　　　B. 产品价格

C. 产品品种构成　　　　　　　　　D. 产品单位成本

E. 产品单位售价

2. 影响可比产品成本降低率变动的因素有（　　　）。

A. 产品产量　　　　　　　　　　　B. 产品品种构成

C. 产品价格　　　　　　　　　　　D. 产品单位成本

E. 为企业外部信息使用者的需要而编制

3. 与对外财务会计报告比较，成本报表的特点有（　　　）。

A. 为企业内部经营管理的需要而编制

B. 报表种类和格式、内容的统一性

C. 报表种类和格式、内容可由企业自行决定

D. 按照国家统一会计制度的规定编制

E. 反映所有者权益变动情况的报表

4. 成本报表按其经济内容，可分为（　　　）。

A. 反映企业费用水平及其构成情况的报表

B. 反映企业成本水平及其构成情况的报表

C. 反映资产、负债、所有者权益情况的报表

D. 反映收入、费用、利润情况的报表

E. 上月计划单位成本

5. 主要产品单位成本表应当反映该主要产品的（　　　）。

A. 历史先进水平单位成本

B. 上年实际平均单位成本

C. 本年计划单位成本

D. 本年实际平均单位成本

E. 上月计划单位成本

6. 期间费用明细表包括（　　　）。

A. 制造费用明细表　　　　　　　　B. 管理费用明细表

C. 销售费用明细表　　　　　　　　D. 财务费用明细表

E. 人工费用明细表

三、判断题

1. 成本利润率是相关指标比率。（　　　）

2. 影响可比产品成本降低率指标变动的因素有产品产量、产品品种构成和产品单位成本。（　　　）

3. 成本报表的格式和内容应当具有统一性，以便于统一汇总和社会公众理解。（　　　）

4. 不同企业的成本报表可以存在差异。（　　）

5. 成本报表中不应包括期间费用明细表和制造费用明细表。（　　）

6. 采用连环替代法，改变因素的排列顺序，计算结果会有所不同。（　　）

四、计算题

1. 某企业本年产品生产成本表所列全年可比产品按上年实际单位成本计算的总成本为 5 000 元，本年实际总成本 4 800 元。要求：计算可比产品成本实际降低额和降低率。

2. 某企业 9 月份某种产品的原材料费用差异为－50 130 元，该种产品有关资料为：计划 500 件，实际 490 件，单件材料消耗为：计划 50 千克，实际 51 千克；每千克原材料单价为：计划 15 元，实际 13 元。要求：采用差额计算法计算产品产量、单位产品耗料数量和原材料单价变动对原材料费用的影响程度。

五、实训题

〈实训目的〉：结合我们学习编制成本报表和成本报表分析，巩固和扩展我们对知识的学习和运用，提高同学们实践能力和分析能力。

〈实训资料〉：同学们可利用亲身实践或通过朋友的介绍，找一间生产产品工艺流程是流水线生产，没有在产品的企业，实习编制成本报表，进行成本报表分析。

〈实训体会〉：

〈教师评价〉：

项目小结

成本报表的编制和分析是成本会计核算的最后一个环节，本项目应掌握的要点是：成本报表是企业为了满足经营决策的需要而编制的内部会计报表，其格式和编制时间一般由企业自行确定。成本报表主要包括产品生产成本表、主要产品单位成本表、制造费用明细表及期间费用明细表。

成本报表分析的主要方法有：比较分析法、比率分析法、因素分析法、差额计算法等。其中，比较分析法和因素分析法是分析报表最常用的方法。

影响可比产品成本降低任务完成情况的因素有产品产量变动、产品品种结构变动和产品单位成本变动等，其中产量变动只影响成本降低额，不影响成本降低率。

项目五 综合实训

〈实训目的〉：综合各个项目各个模块所学知识，完整进行产品成本的核算。

〈实训资料〉：

星光造纸厂是一个多步骤大量大批生产的企业，拥有固定资产 6 000 多万元，职工近 400 人，该厂主要产品有打印纸、新闻纸和包装纸。

生产过程有制浆和制纸两个步骤，设有制浆、制纸一、制纸二 3 个基本生产车间。另外设有锅炉、供电、供水 3 个辅助生产车间。

生产工艺流程是：制浆车间将原材料（麦草）经备料、蒸煮、苛化、盘磨、成浆等工序制成麦草浆，全额供应给制纸一、二车间，由制纸一、二车间制成最终产品：打印纸、新闻纸和包装纸。制浆车间产生的浆渣将作为废物进行处理销售。

生产工艺流程如图 5-1 所示：

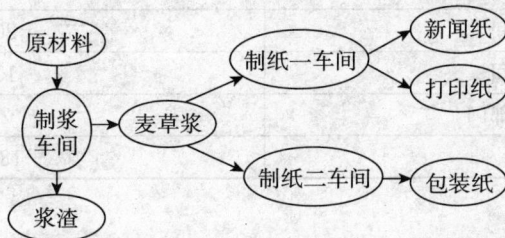

图 5-1 生产工艺流程

其他有关资料如下：

（1）该厂实行厂部一级核算，成本计算方法主要采用品种法。基本生产车间分别以麦草浆、打印纸、新闻纸和包装纸作为成本计算对象，设置基本生产明细账，归集与分配各项生产费用。

（2）辅助生产车间以各自提供的劳务（蒸汽、电、水）作为成本计算对象，设置辅助生产明细账，归集与分配各项生产费用。各辅助生产车间不单独核算制造费用。生产车间机器设备的日常修理，由各车间自行组织进行，不通过辅助生产核算。

（3）各生产车间生产一种产品，领用的原材料作为直接材料费用，计入该产品"基本生产成本明细账"的原材料项目；生产多种产品，领用的原材料为间接计入材料费用，按各产品产量（重量）比例分配计入。

（4）制浆车间无期初在产品，完工后被制纸一、二车间直接领用。制纸一车间无期初在产品，本月完工产品产量为打印纸 180 吨，新闻纸 12.6 吨。制纸二车间期初在产品（包装原纸）成本 4 218 元，其中直接材料 2 588.66 元，燃料和动力 492.34 元，直接人工

680.73 元，制造费用 456.27 元。

（5）星光造纸厂材料存货分为原料及主要材料、辅助材料、燃料、包装材料和其他材料五大类，按实际成本计价，发出材料实际成本采用月末一次加权平均法计算。

材料日常发出核算程序：各用料单位填制一式四联"领料单"，据以从材料仓库领用材料，月末由各用料单位专职人员根据各种领退料凭证进行汇总，财会部门材料核算员划价进行金额汇总。

（6）外购电力有专门的电表计量，本月计量结果如表 5-1 所示。基本生产成本专设"燃料和动力"核算外购电力。

表 5-1　　　　　　　　　　　　外购电力计量表　　　　　　　　　　　单位：度

使用车间或部门	用电量
制浆车间——麦草浆	10 000
制纸一车间——新闻纸	22 000
制纸一车间——打印纸	28 000
制纸二车间——包装纸	25 000
锅炉车间	16 000
供电车间	20 000
供水车间	15 000
行政管理部门	2 000
合　计	138 000

（7）辅助生产费用分配采用交互分配法。生产多种产品车间应负担的辅助生产费用，按各产品产量比例分摊。（分配率精确到 0.0001，尾差由新闻纸负担）

（8）该厂实行计件工资制，各车间、工段生产工人的计件工资额由工厂企管科根据完成的生产任务等有关资料计算后，由工资核算员按工段、车间分别编制"工资结算单（表）"，作为工资核算的原始依据。生产一种产品的车间，生产工人的工资及社会保障费用等作为直接费用，记入该产品"基本生产成本明细账"的工资及福利费项目；生产多种产品的车间，生产工人的工资社会保障费用等作为间接费用，按各产品定额工时的比例分配计入。各产品定额工时为：打印纸 28 680 工时，新闻纸 3 240 工时。养老保险、医疗保险提取比例分别为 25.5%、5.5%，工会经费提取比例为 2%，职工教育经费提取比例为 1.5%。

（9）成本计算程序：

①先计算麦草浆的成本，由于制浆车间将草浆全额供应给制纸车间，所以不存在生产费用在完工产品与期末在产品之间分配问题。

②将草浆成本在制纸车间各产品之间按实耗产量比例分配后，分别成本项目结转到制纸车间各产品成本计算单中。在此实质是采用了逐步分项结转分步法。因为在实际中一个企业不可能单纯采用某一种成本计算方法，而是以某一成本计算方法为主，结合应用其他

成本计算方法。该厂就是在品种法的基础上，结合采用了逐步结转分步法。

③根据制纸车间产品成本计算单，计算最终完工产成品成本。打印纸和新闻纸月末在产品数量很少，故不计算在产品成本；包装纸月末有在产品（包装原纸），采用约当产量法，将费用在完工产品与期末在产品之间进行分配，完工产品 35 吨，期末在产品 15 吨。在产品投料程度 100％，加工程度 80％。

要求：请根据该厂 2009 年 5 月发生相关费用凭证按步骤完成相关任务，最后计算产品成本。

（1）领料凭证如表 5-2～表 5-8 所示：

表 5-2　　　　　　　　　　制纸车间领用原料及主要材料汇总表

2009 年 5 月

材料名称	单价（元）	单位	制纸一车间（各产品）		制纸二车间（包装纸）		合计
			数量	金额（元）	数量	金额（元）	金额（元）
滑石粉	225	T	54.4	12 240			12 240
硫酸铝	484	T	26.5	12 826			12 826
松香	4 480	T	5.625	25 200			25 200
纯碱	1.85	kg	896.64	1 658.78			1 658.78
柔软剂	4 860	T			1.5	7 290.00	7 290
废黄板线	300	T			2.50	750.00	750
合计	—	—		51 924.78		8 040	59 964.78

主管：　　　　　　　　　审核：　　　　　　　　　制表：

表 5-3　　　　　　　　　　制浆车间领用原料及主要材料汇总表

2009 年 5 月

材料名称	单位	单价（元）	备料		蒸煮		苛化		盘磨		成浆		合计
			数量	金额（元）	数量	金额（元）	数量	金额（元）	数量	金额（元）	数量	金额（元）	金额（元）
麦草	T	75.00	758	56 850									56 850
烧碱	T	461.00			225.26	103 844.86							103 844.86
亚纳	T	657.25			12.83	8 432.52							8 432.52
硫化碱	T	1114.61			5.645	6 291.97							6 291.97
液氯	T	766.22					44.38	34 004.84					34 004.84
白灰	T	65.00					63.42	4 122.3					4 122.3
石蜡	kg	4.67							150	700.5			700.5
增白剂	T	29.50									560	16 520	16 520
洗衣粉	kg	4.70									26	122.2	122.2
废纸	T	1400									0.56	784	784
合计				56 850		118 569.35		38 127.14		700.5		17 426.2	231 673.19

主管：　　　　　　　　　审核：　　　　　　　　　制表：

表 5－4　　　　　　　　　　　　　星光造纸厂领料单

领料部门：锅炉车间　　　　　2009 年 5 月 15 日

编　号	材料名称	规　格	单　位	数　量	单价（元）	金额（元）
	工业盐		kg	4 500	0.52	2 340.00
用　途	生产用			人民币（大写）		贰仟叁佰肆拾元整

主管：　　　　　审核：　　　　　制表：　　　　　发料：

表 5－5　　　　　　基本生产车间生产产品领用辅助材料汇总表

2009 年 5 月

材料名称	单位	单价（元）	制浆车间		制纸一车间				制纸二车间（包装纸）		合　计
					直接材料（打印纸）		间接材料（各产品）				
			数量	金额（元）	数量	金额（元）	数量	金额（元）	数量	金额（元）	金额（元）
塑料网	m×m	7.5	98.6	739.5					20.5	153.75	893.25
铜丝网	条/m	88			1/5.6	492.80	1/8.6	756.80			1 249.6
三丝网	条/m	110							3/63.2	6 952	6 952
聚脂网	条/m	160					1/10.5	1 680			1 680
上毛布	条/kg	68.5			3/28.54	1 954.99	3/39.6	2 712.6			4 667.59
下毛布	条/kg	66			4/93.4	6 164.4			20/806	53 196	59 360.4
齿轮油	kg	3.5							13.5	47.25	47.25
汽机油	kg	4.8	141	676.8	15	72.00	25	120.00	15	72	940.8
黄油	kg	5.2	100	520	21	109.20	13	67.60	12	62.4	759.2
高温黄油	kg	6.8	10.5	71.4	1	6.80					78.2
烘缺油	kg	6.4							256	1 638.4	1 638.4
轴承油	kg	5.4					2	10.80			10.8
合　计	—	—		2 007.7		8 800.19		5 347.8		62 121.8	78 277.49

主管：　　　　　审核：　　　　　制表：

表 5-6 　　　　　　　　　　车间、部门领用燃料汇总表

2009 年 5 月

材料名称	单位	单价（元）	锅炉		供应科		厂办		设备科		合计	
			数量	金额(元)	数量	金额(元)	数量	金额(元)	数量	金额(元)	数量	金额(元)
原煤	T	615.56	136.5	84 023.94							136.5	84 023.94
汽油	kg	3.54			195	690.3	450	1 593	70	247.8	715	2 531.1
合计	—			84 023.94		690.3		1 593		247.8		86 555.04

主管：　　　　　　　　　审核：　　　　　　　　　制表：

表 5-7 　　　　　　　　　基本生产车间领用包装材料汇总表

2009 年 5 月

材料名称	单位	单价（元）	制纸一车间（各产品）		制纸二车间（包装纸）		合计	
			数量	金额（元）	数量	金额（元）	数量	金额（元）
夹纸板	付	7.6	1 050	7 980	334	2 538.4	1 384	10 518.4
铁丝	kg	5.20	950	4 940	210	1 092	1 160	6 032
编织袋	个	2.5	550	1 375	50	125	600	1 500
塑料袋	个	0.05			510 000	25 500	510 000	25 500
其他	—	—	—	720.00	—	350		1 070
合计	—	—		15 015		29 605.4		44 620.4

主管：　　　　　　　　　审核：　　　　　　　　　制表：

表 5-8 　　　　　　　　　车间、部门领用其他材料汇总表

2009 年 5 月 　　　　　　　　　　　　　　　　　　单位：元

材料名称 使用车间或部门		原材料		低值易耗品（一次摊销）		合计
		机物料	修理用品	一般工具	劳保用品	
辅助生产车间	锅炉	1 516.35	2 017.91	855.38	539.18	4 928.82
	供电	3 462.10	2 477.31	479.50	105.31	6 524.22
	供水	874.60	2 633.15	352.82	84.39	3 944.96
	小计	5 853.05	7 128.37	1 687.70	728.88	15 398
基本生产车间	制浆	2 742.50	1 206.40	3 403.60	892.60	8 245.1
	制纸一	1 296.60	1 178.60	1 223.48	974.96	4 673.64
	制纸二	433.25	367.36	645.15	289.28	1 735.04
	小计	4 472.35	2 752.36	5 272.23	2 156.84	14 653.78
厂部管理部门		9 154.20	784.60	443.70	1 810.46	12 192.96
合计		19 479.6	10 665.33	7 403.63	4 696.18	42 244.74

主管：　　　　　　　　　审核：　　　　　　　　　制表：

步骤一：根据领料凭证及汇总表，完成三个任务：

任务 1：根据原材料及辅助材料费用汇总资料，分配间接计入材料费用，如表 5-9、

表 5 - 10、表 5 - 11 所示。

表 5 - 9 间接计入材料费用分配表（一）

车间：制纸一车间　　　　　　　　2009 年 5 月　　　　　　　材料名称：原料及主要材料

产品名称	分配标准（产品产量）	分配率	分配金额
打印纸			
新闻纸			
合　计			

主管：　　　　　　　　　审核：　　　　　　　　　制表：

表 5 - 10 间接计入材料费用分配表（二）

车间：制纸一车间　　　　　　　　2009 年 5 月　　　　　　　材料名称：辅助材料

产品名称	分配标准（产品产量）	分配率	分配金额
打印纸			
新闻纸			
合　计			

主管：　　　　　　　　　审核：　　　　　　　　　制表：

表 5 - 11 间接计入材料费用分配表（三）

车间：制纸一车间　　　　　　　　2009 年 5 月　　　　　　　材料名称：包装材料

产品名称	分配标准（产品产量）	分配率	分配金额
打印纸			
新闻纸			
合　计			

主管：　　　　　　　　　审核：　　　　　　　　　制表：

任务 2： 编制原材料费用分配表，如表 5 - 12 所示。

表 5 - 12 原材料费用分配表

2009 年 5 月　　　　　　　　　　　　　　单位：元

材料使用车间或部门		成本项目	直接计入费用金额	分配计入费用金额	合　计
基本生产成本	制浆车间——麦草浆	直接材料			
	制纸一车间——打印纸	直接材料			
	制纸一车间——新闻纸	直接材料			
	制纸二车间——包装纸	直接材料			
	小计				

续 表

材料使用车间或部门		成本项目	直接计入 费用金额	分配计入 费用金额	合 计
辅助 生产 车间	锅炉车间	原材料			
	供电车间	原材料			
	供水车间	原材料			
	小计				
基本 生产 车间	制浆车间	机物料			
	制纸一车间	机物料			
	制纸二车间	机物料			
	小计				
厂部管理部门		物料消耗			
合 计					

主管：　　　　　　　　审核：　　　　　　　　　　制表：

任务 3：编制有关材料的记账凭证，如表 5 - 13 和表 5 - 14 所示。

表 5 - 13　　　　　　　　　　记账凭证（一）　　　　　　　　　字第　　号
年　　月　　日　　　　　　　　附件　　张

摘　要	会计科目		记　账	借方金额	贷方金额
	总账科目	明细科目			
合　计					

会计主管：　　　　　记账：　　　　　审核：　　　　　制单：

表 5 - 14　　　　　　　　　　记账凭证（二）　　　　　　　　　字第　　号
年　　月　　日　　　　　　　　附件　　张

摘　要	会计科目		记　账	借方金额	贷方金额
	总账科目	明细科目			
合　计					

会计主管：　　　　　记账：　　　　　审核：　　　　　制单：

（2）人工资料凭证如表 5 - 15 所示：

步骤二：根据人工资料，完成三个任务：

任务 1：填制工资费用分配表。如表 5 - 16 所示。

表5-15

星光造纸厂工资结算汇总表

2009 年 5 月

单位:元

部门名称	人员类别	基本工资	奖金	津贴补贴	加班工资	扣病事假	应付工资	代扣款项				实发金额	领款人签章
								伙食费	房电费	保险费	小 计		
制浆车间	生产工人	51 855	9 879.2	10 012.5	410.85	50	72 107.5	400	185	800	1 385	70 722.5	
	管理人员	2 500	614	5 345	18.9	12	8 465.9	250	15	134	399	8 066.9	
制纸一车间	生产工人	34 857	8 430.4	94 175	361.75	98.25	137 725.9	534	342	650	1 526	136 199.9	
	管理人员	2 843.2	502	4 824	9.75	17.5	8 161.45	131	18.4	120	269.4	7 892.05	
制纸二车间	生产工人	14 434.8	2 676.9	33 248	476	50	50 785.7	242	128	505	875	49 910.7	
	管理人员	1 356	288.6	2 360.8			4 005.4	25	12	80	117	3 888.4	
锅炉车间	生产工人	9 564.4	2 790	2 715.4	369	18.5	15 420.3	112	126	36	274	15 146.3	
	管理人员	1 319	276.3	780	21	42.75	2 353.55	24	12.2	45	81.2	2 272.35	
供电车间	生产工人	5 222.2	1 293.45	774			7 289.65	300	50.8	350	700.8	6 588.85	
	管理人员	956	187.5	250			1 393.5	15	9.6	78	102.6	1 290.9	
供水车间	生产工人	6 425.2	1 385.25	2 004.8	115.5		9 930.75	384	62.6	310	756.6	9 174.15	
	管理人员	928	192	159.2			1 279.20		10	50	60	1 219.20	
厂部管理人员		64 916	12 309	17 042	3 571.75	535.05	97 303.7	1 080	20	680	1 780	95 523.7	
销售人员		14 523.44	3 102.48	245.96	81.25		17 953.13		48	303	351	17 602.13	
医务人员		857.4	168.45	310			1 335.85			32	32	1 303.85	
长期病假		1 461.2		900		193	2 361.2		26	35	61	2 300.2	
合 计		214 018.84	44 095.53	175 146.66	5 435.75	824.05	437 878.73	3 497	1 065.6	4 208	8 770.6	429 108.13	

劳资主管:　　审核:　　制表:　　合计主管:　　核算:

表 5 - 16

工资费用分配表

2009 年 5 月

单位：元

应借账户			生产工人工资			车间管理人员工资	厂部管理人员工资	销售人员工资	医务人员工资	长期病休工资	合 计
总账	二级账	明细账	定额工时	分配率	分配额						
基本生产成本	制浆车间	麦草浆									
	第一车间	打印纸									
		新闻纸									
		小计									
	第二车间	包装纸									
		小计									
辅助生产成本	锅炉车间										
	供电车间										
	供水车间										
	小计										
制造费用	制浆车间										
	制纸一车间										
	制纸二车间										
	小计										
管理费用											
销售费用											
应付职工薪酬											
合 计											

主管：　　　　　　审核：　　　　　　制表：

任务 2： 填制社会保险费及有经费提取表，如表 5 - 17 所示。

表 5 - 17 社会保险费及有关经费提取表

2009 年 5 月 单位：元

应借账户		项目	计提基数（工资总额）	社会保险费（31%）	工费经费（2%）	职工教育经费（1.5%）	合 计
基本生产成本	制浆	麦草浆					
	制纸一车间	打印纸					
		新闻纸					
	制纸二车间	包装纸					
	小　计						
辅助生产成本	锅炉车间						
	供电车间						
	供水车间						
	小　计						
制造费用	制浆车间						
	制纸一车间						
	制纸二车间						
	小　计						
管理费用							
销售费用							
合　计							

主管： 审核： 制表：

任务 3： 编制有关薪酬的记账凭证，如表 5 - 18 和表 5 - 19 所示。

表 5 - 18 记账凭证（一） 字第　　号

年　　月　　日 附件　　张

摘　要	会计科目		记　账	借方金额	贷方金额
	总账科目	明细科目			
合　计					

会计主管： 记账： 审核： 制单：

表 5 - 19　　　　　　　　　　　　记账凭证（二）　　　　　　　　　　　字第　　号
　　　　　　　　　　　　　　　　　　年　　月　　日　　　　　　　　　　　附件　　张

摘　要	会计科目		记　账	借方金额	贷方金额
	总账科目	明细科目			
合　计					

会计主管：　　　　　　记账：　　　　　　审核：　　　　　　制单：

（3）折旧相关资料如表 5 - 20 所示：

表 5 - 20　　　　　　　　　　　**计提固定资产折旧汇总表**

2009 年 5 月　　　　　　　　　　　　　　　　单位：元

使用部门		房　屋		建筑物		机器设备		合　计	
		原值	月提取额	原值	月提取额	原值	月提取额	原　值	月提取额
基本生产车间	制浆车间	1 798 056.3	14 983.5	5 962 400	49 701.67	5 107 142.32	24 319.73		
	制纸一车间	5 946 495.8	28 316.65			10 884 356.72	51 830.27		
	制纸二车间	7 871 368.8	37 482.71	587 619.44	2 798.19	10 395 667.86	49 503.23		
	小　计	15 615 920.9	80 782.86	6 550 019.44	52 499.86	26 387 176.9	125 653.23		
辅助生产车间	锅炉车间	21 670.58	58.33	9 909.33	26.67	276 896.7	1 119.75		
	供电车间	67 133.03	175.21			353 111.89	1 427.16		
	供水车间	11 407.08	23.10	372 633.82	1 382.74	61 470	292.45		
	小　计	100 210.69	256.64	382 543.15	1 409.41	691 478.59	2 839.36		
管理部门	厂　部	108 572	204.41	808.25	32.66	3 850	15.56		
	福利部门	525 222.08	1 456.48	279 793.22	810.27	283 586.76	1 460.85		
	小　计	633 794.08	1 660.89	280 601.47	842.93	287 436.76	1 476.41		
合计		16 349 925.67	82 700.39	7 213 164.06	54 752.20	27 366 092.25	129 969.00		

主管：　　　　　　审核：　　　　　　制表：

步骤三：根据折旧资料，完成两个任务：

任务 1：把折旧表的"合计"列填完整。

任务 2：编制有关折旧的记账凭证，如表 5 - 21 和表 5 - 22 所示。

表 5 – 21　　　　　　　　　　　　　　记账凭证（一）　　　　　　　　　　字第　　号

年　　月　　日　　　　　　　　　　　附件　　张

| 摘　要 | 会计科目 | | 记　账 | 借方金额 | 贷方金额 |
	总账科目	明细科目			
合　计					

会计主管：　　　　　　记账：　　　　　　审核：　　　　　　制单：

表 5 – 22　　　　　　　　　　　　　　记账凭证（二）　　　　　　　　　　字第　　号

年　　月　　日　　　　　　　　　　　附件　　张

| 摘　要 | 会计科目 | | 记　账 | 借方金额 | 贷方金额 |
	总账科目	明细科目			
合　计					

会计主管：　　　　　　记账：　　　　　　审核：　　　　　　制单：

（4）其他费用凭证如下：

水电费凭证（如表 5 – 23～表 5 – 26 所示）：

表 5 - 23　　　　　　　　　　委托银行收款结算凭证（支款通知）

委托日期 2009 年 5 月 30 日　　　　　　　委收号码：第 0023458 号

<table>
<tr><td rowspan="3">收款单位</td><td>全称</td><td colspan="2">东山市自来水公司</td><td rowspan="3">付款单位</td><td>全称</td><td colspan="9">星光造纸厂</td></tr>
<tr><td>账号</td><td colspan="2">234－68347－047</td><td>账号或地址</td><td colspan="9">286－54024－058</td></tr>
<tr><td>开户银行</td><td>人民路办事处</td><td>账号 28461</td><td>开户银行</td><td colspan="9">解放路办事处</td></tr>
<tr><td rowspan="2">委收金额</td><td rowspan="2" colspan="3">人民币（大写）叁万壹仟捌佰元整</td><td>千</td><td>百</td><td>十</td><td>万</td><td>千</td><td>百</td><td>十</td><td>元</td><td>角</td><td>分</td></tr>
<tr><td></td><td></td><td>￥</td><td>3</td><td>1</td><td>8</td><td>0</td><td>0</td><td>0</td><td>0</td></tr>
<tr><td rowspan="2">款项内容</td><td>水费</td><td rowspan="2">委托收款凭据名称</td><td></td><td colspan="4">附寄单证张数</td><td colspan="6">1 张</td></tr>
<tr><td></td><td></td><td colspan="10"></td></tr>
<tr><td>备注：</td><td colspan="3"></td><td colspan="10">付款单位注意：
1. 根据结算方式规定，上列委托收款，如在付款期限内未拒付时，即视同全部同意付款，以此联代支款通知
2. 如需提前付款或多付少付款时，应另写书面通知送银行办理
3. 如系全部或部分拒付，应在付款期限内另填拒绝付款理由书送银行办理</td></tr>
</table>

单位主管：　　　会计：　　　复核：　　　记账：　　　付款单位开户行盖章 4 月 30 日

表 5 - 24　　　　　　　　　　增值税专用发票

发　票　联

开票日：2009 年 5 月 30 日　　　　　　　NO007521

<table>
<tr><td rowspan="2">购货单位</td><td>名称</td><td colspan="2">星光造纸厂</td><td colspan="2">纳税人登记号</td><td colspan="12">250834154648458</td></tr>
<tr><td>地址电话</td><td colspan="2">胜利路 8542651</td><td colspan="2">开户银行及账号</td><td colspan="12">市工行 286 - 54024 - 058</td></tr>
<tr><td rowspan="2">商品或劳务名称</td><td rowspan="2">计量单位</td><td rowspan="2">数量</td><td rowspan="2">单价</td><td colspan="8">金额</td><td rowspan="2">税率（%）</td><td colspan="8">税额</td></tr>
<tr><td>百</td><td>十</td><td>万</td><td>千</td><td>百</td><td>十</td><td>元</td><td>角</td><td>分</td><td>百</td><td>十</td><td>万</td><td>千</td><td>百</td><td>十</td><td>元</td><td>角</td><td>分</td></tr>
<tr><td>水</td><td>吨</td><td>15 000</td><td>2</td><td></td><td></td><td>3</td><td>0</td><td>0</td><td>0</td><td>0</td><td>0</td><td>0</td><td>6</td><td></td><td></td><td></td><td>1</td><td>8</td><td>0</td><td>0</td><td>0</td><td>0</td></tr>
<tr><td></td><td></td><td></td><td></td><td></td><td></td><td></td><td></td><td></td><td></td><td></td><td></td><td></td><td></td><td></td><td></td><td></td><td></td><td></td><td></td><td></td><td></td><td></td></tr>
<tr><td>合计</td><td></td><td></td><td></td><td></td><td>￥</td><td>3</td><td>0</td><td>0</td><td>0</td><td>0</td><td>0</td><td>0</td><td>6</td><td></td><td></td><td>￥</td><td>1</td><td>8</td><td>0</td><td>0</td><td>0</td><td>0</td></tr>
<tr><td colspan="2">价税合计（大写）</td><td colspan="7">叁万壹仟捌佰元整</td><td colspan="12">小写：￥31800.00</td></tr>
<tr><td rowspan="2">销货单位</td><td>名称</td><td colspan="3">东山市自来水公司</td><td colspan="2">纳税人登记号</td><td colspan="11">250834154632416</td></tr>
<tr><td>地址电话</td><td colspan="3">长安路 8341232</td><td colspan="2">开户银行及账号</td><td colspan="11">市工行 234 - 68347 - 047</td></tr>
</table>

收款人：　　　　　　　　开票单位（未盖章无效）

表 5‒25　　　　　委托银行收款结算凭证（支款通知）

委托日期 2009 年 5 月 30 日　　　　　　委收号码：第 0035421

<table>
<tr><td rowspan="3">收款单位</td><td>全称</td><td colspan="3">东山市供电局</td><td rowspan="3">付款单位</td><td>全称</td><td colspan="9">星光造纸厂</td></tr>
<tr><td>账号</td><td colspan="3">450‒28546‒084</td><td>账号或地址</td><td colspan="9">286‒54024‒058</td></tr>
<tr><td>开户银行</td><td>中山路办事处</td><td>账号</td><td>27382</td><td>开户银行</td><td colspan="9">解放路办事处</td></tr>
<tr><td rowspan="2">委收金额</td><td colspan="4" rowspan="2">人民币（大写）：壹拾陆万壹仟肆佰陆拾元整</td><td>千</td><td>百</td><td>十</td><td>万</td><td>千</td><td>百</td><td>十</td><td>元</td><td>角</td><td>分</td></tr>
<tr><td></td><td>￥</td><td>1</td><td>6</td><td>1</td><td>4</td><td>6</td><td>0</td><td>0</td><td>0</td></tr>
<tr><td>款项内容</td><td>电费</td><td>委托收款凭据名称</td><td colspan="3"></td><td colspan="3">附寄单证张数</td><td colspan="6">1 张</td></tr>
<tr><td>备注：</td><td colspan="14">付款单位注意：
1. 根据结算方式规定，上列委托收款，如在付款期限内未拒付时，即视同全部同意付款，以此联代支款通知
2. 如需提前付款或多付少付款时，应另写书面通知送银行办理
3. 如系全部或部分拒付，应在付款期限内另填拒绝付款理由书送银行办理</td></tr>
</table>

单位主管：　　会计：　　复核：　　记账：　　付款单位开户行盖章 4 月 30 日

表 5‒26　　　　　增值税专用发票

发　票　联

开票日：2009 年 5 月 30 日　　　　　　NO004326

<table>
<tr><td rowspan="2">购货单位</td><td>名称</td><td colspan="2">星光造纸厂</td><td colspan="2">纳税人登记号</td><td colspan="2">250834154648458</td></tr>
<tr><td>地址电话</td><td colspan="2">胜利路 8542651</td><td colspan="2">开户银行及账号</td><td colspan="2">市工行 286‒54024‒058</td></tr>
<tr><td rowspan="2">商品或劳务名称</td><td rowspan="2">计量单位</td><td rowspan="2">数量</td><td rowspan="2">单价</td><td colspan="9">金额</td><td rowspan="2">税率（%）</td><td colspan="9">税额</td></tr>
<tr><td>百</td><td>十</td><td>万</td><td>千</td><td>百</td><td>十</td><td>元</td><td>角</td><td>分</td><td>百</td><td>十</td><td>万</td><td>千</td><td>百</td><td>十</td><td>元</td><td>角</td><td>分</td></tr>
<tr><td>电</td><td>度</td><td>138 000</td><td>1</td><td></td><td>1</td><td>3</td><td>8</td><td>0</td><td>0</td><td>0</td><td>0</td><td>0</td><td>17</td><td></td><td></td><td>2</td><td>3</td><td>4</td><td>6</td><td>0</td><td>0</td><td>0</td></tr>
<tr><td></td><td></td><td></td><td></td><td></td><td></td><td></td><td></td><td></td><td></td><td></td><td></td><td></td><td></td><td></td><td></td><td></td><td></td><td></td><td></td><td></td><td></td><td></td></tr>
<tr><td></td><td></td><td></td><td></td><td></td><td></td><td></td><td></td><td></td><td></td><td></td><td></td><td></td><td></td><td></td><td></td><td></td><td></td><td></td><td></td><td></td><td></td><td></td></tr>
<tr><td>合计</td><td></td><td></td><td></td><td>￥</td><td>1</td><td>3</td><td>8</td><td>0</td><td>0</td><td>0</td><td>0</td><td>0</td><td>17</td><td>￥</td><td></td><td>2</td><td>3</td><td>4</td><td>6</td><td>0</td><td>0</td><td>0</td></tr>
<tr><td>价税合计（大写）</td><td colspan="13">壹拾陆万壹仟肆佰陆拾元整</td><td colspan="9">小写：￥161460.00</td></tr>
<tr><td rowspan="2">销货单位</td><td>名称</td><td colspan="2">东山市供电局</td><td colspan="2">纳税人登记号</td><td colspan="2">250834152617359</td></tr>
<tr><td>地址电话</td><td colspan="2">金花路 5261431</td><td colspan="2">开户银行及账号</td><td colspan="2">市工行 450‒28546‒084</td></tr>
</table>

收款人：　　　　　　开票单位（未盖章无效）

摊销保险费和书报费（如表5-27、表5-28所示）：

表5-27　　　　　　　　　　保险费、报刊费分配表

2009 年 5 月 30 日　　　　　　　　　　单位：元

使用车间和部门		保险费			报刊订阅费			合　计
		实付额	分摊月数	本月摊销额	实付额	分摊月数	本月摊销额	
生产车间	制浆车间	10 320	12	860				860
	制纸一车间	11 760	12	980				980
	制纸二车间	15 168	12	1 264				1 264
企业管理部门		10 200	12	850	7 440	12	620	1 470
合　计		47 448	12	3 954	7 440	12	620	4 574

主管：　　　　　　　复核：　　　　　　　制表：

表5-28　　　　　　　　　　利息费用计提表

2009 年 5 月 30 日

费用种类	应借账户		应贷账户金额
	总账	明细账	
利息支出	财务费用	利息支出	80 000

主管：　　　　　　　复核：　　　　　　　制表：

办公用品及运输费摊销（如表5-29、表5-30所示）：

表5-29　　　　　　　　　　办公用品领用表

2009 年 5 月 30 日

领用车间和部门	领发数量				金额（元）
	计算器（个）	水壶（个）	办公桌（张）	稿纸（本）	
制浆车间	2	1	1	48	1 340
制纸一车间	2	1	1	30	1 250
制纸二车间	2	1	1	12	1 160
厂部管理部门	4	2	2	62	2 510
合　计	10	5	5	152	6 260

审核：　　　　　　　制表：

表 5 - 30 星光造纸厂五月份运杂费分摊表

2009 年 5 月 30 日 单元：元

车间部门	制浆车间	制纸一车间	制纸二车间	企业管理部门	合　计
金　额	1 856.60	1 988.10	2 742.00	3 345.00	9 931.70

主管： 制表：

步骤四：请根据以上相关凭证完成九个任务：

任务 1：编制水费分配表（如表 5 - 31 所示）。

表 5 - 31 外购水费分配表

使用车间或部门	用水量（吨）	价格（元）	水费（元）
制浆车间一般耗用	1 500	2.00	
制纸一车间一般耗用	2 500		
制纸一车间一般耗用	2 400		
制纸二车间一般耗用	2 500		
锅炉车间	1 500		
供电车间	850		
供水车间	3 000		
行政管理部门	750		
合　计	15 000		

主管： 审核： 制表：

任务 2：编制支付水费的会计凭证（如表 5 - 32 所示）。

表 5 - 32 记账凭证 字第 号

年 月 日 附件 张

摘　要	会计科目		记账	借方金额	贷方金额
	总账科目	明细科目			
合　计					

会计主管： 记账： 审核： 制单：

任务 3：编制电费分配表（如表 5-33 所示）。

表 5-33　　　　　　　　　　　　　　　外购电力分配表

使用车间或部门	用电量（度）	价格（元）	电费（元）
制浆车间——麦草浆			
制纸一车间——新闻纸			
制纸一车间——打印纸			
制纸二车间——包装纸			
锅炉车间			
供电车间			
供水车间			
行政管理部门			
合　计			

主管：　　　　　　　　审核：　　　　　　　　制表：

任务 4：编制支付水费的会计凭证（如表 5-34 所示）。

表 5-34　　　　　　　　　　　　　记账凭证　　　　　　　　字第　　号
　　　　　　　　　　　　　　　　　年　月　日　　　　　　　附件　　张

摘　要	会计科目		记　账	借方金额	贷方金额
	总账科目	明细科目			
合　计					

会计主管：　　　　　　记账：　　　　　　审核：　　　　　　制单：

任务5：编制保险费、报刊费分配的会计凭证（如表5-35所示）。

表5-35   记账凭证   字第   号

年   月   日   附件   张

| 摘　要 | 会计科目 | | 记　账 | 借方金额 | 贷方金额 |
	总账科目	明细科目			
合　计					

会计主管：　　　　　　记账：　　　　　　审核：　　　　　　制单：

任务6：编制利息费用计提的会计凭证（如表5-36所示）。

表5-36   记账凭证   字第   号

年   月   日   附件   张

| 摘　要 | 会计科目 | | 记　账 | 借方金额 | 贷方金额 |
	总账科目	明细科目			
合　计					

会计主管：　　　　　　记账：　　　　　　审核：　　　　　　制单：

任务7：编制办公费领用的会计凭证（如表5－37所示）。

表5－37　　　　　　　　　　　　　　　记账凭证　　　　　　　　　　　　字第　　号

年　　月　　日　　　　　　　　　　　附件　　张

摘　　要	会计科目		记　　账	借方金额	贷方金额
	总账科目	明细科目			
合　　计					

会计主管：　　　　　　记账：　　　　　　审核：　　　　　　制单：

任务8：编制运输费分摊的会计凭证（如表5－38所示）。

表5－38　　　　　　　　　　　　　　　记账凭证　　　　　　　　　　　　字第　　号

年　　月　　日　　　　　　　　　　　附件　　张

摘　　要	会计科目		记　　账	借方金额	贷方金额
	总账科目	明细科目			
合　　计					

会计主管：　　　　　　记账：　　　　　　审核：　　　　　　制单：

任务 9： 根据以上所有资料，登记辅助生产成本明细账（如表 5 - 39、表 5 - 40、表 5 - 41 所示）。

表 5 - 39　　　　　　　　　　　**辅助生产成本明细账（一）**

车间名称：锅炉车间　　　　　　　2009 年 5 月 30 日　　　　　　　　单位：元

2009 年		摘　要						合　计
月	日							

审核：　　　　　　　　　　　　　　　制表：

表 5 - 40　　　　　　　　　　　**辅助生产成本明细账（二）**

车间名称：供电车间　　　　　　　2009 年 5 月 30 日　　　　　　　　单位：元

2009 年		摘　要						合　计
月	日							

审核：　　　　　　　　　　　　　　　制表：

表 5 - 41　　　　　　　　　　　**辅助生产成本明细账（三）**

车间名称：供水车间　　　　　　　2009 年 5 月 30 日　　　　　　　　单位：元

2009 年		摘　要						合　计
月	日							

审核：　　　　　　　　　　　　　　　制表：

（5）辅助生产车间相关凭证如表 5-42 所示：

表 5-42　　　　辅助生产供应劳务数量通知单（5 月）

耗用单位		劳务项目		
		气（立方米）	电（度）	水（吨）
辅助生产车间	锅炉车间	—	18 000	9 800
	供电车间	7 500	—	700
	供水车间	8 500	16 000	—
基本生产车间	制浆车间　产品耗用	15 400	40 000	14 500
	制浆车间　一般耗用	7 800	16 500	800
	制纸一车间　产品耗用	14 800	34 000	12 500
	制纸一车间　一般耗用	7 600	17 000	800
	制纸二车间　产品耗用	15 300	37 000	14 000
	制纸二车间　一般耗用	7 400	18 000	500
厂部管理部门		20 500	54 000	2 500
合　计		104 800	250 500	56 100

主管：　　　　　　　审核：　　　　　　　　　　制表：

步骤五： 请根据以上相关凭证完成三个任务：

任务 1： 完成辅助生产费用分配表。如表 5-43 所示。

表 5-43　　　　辅助生产费用分配表（交互分配法）

2009 年 5 月

项　目		锅炉车间			供电车间			供水车间			分配金额合计（元）
		供应数量（m³）	单位成本（元）	分配金额（元）	供应数量（度）	单位成本（元）	分配金额（元）	供应数量（吨）	单位成本（元）	分配金额（元）	
分配前情况											
交互分配	锅炉车间										
	供电车间										
	供水车间										
	小　计										
交互分配后											
对外分配	制浆车间										
	制纸一车间										
	制纸二车间										
	管理部门										
	合　计										

会计主管：　　　　　　　审核：　　　　　　　　　　制表：

任务 2：编制辅助生产费用分配的记账凭证（如表 5 - 44 所示），并登记账簿。

表 5 - 44 记账凭证 字第　　号
年　　月　　日 附件　　张

摘　要	会计科目		记　账	借方金额	贷方金额
	总账科目	明细科目			
合　计					

会计主管：　　　　　记账：　　　　　审核：　　　　　制单：

任务 3：根据以上所有资料，登记制造费用明细账（如表 5 - 45、表 5 - 46、表 5 - 47 所示）。凭证编号（略）

表 5 - 45 制造费用明细账（一）
车间名称：制浆车间　　　　　2009 年 5 月 30 日　　　　　单位：元

2009 年		摘　要								合　计
月	日									

审核：　　　　　　　　　　制表：

表 5 - 46 制造费用明细账（二）

车间名称：制纸一车间 2009 年 5 月 30 日 单位：元

2009 年		摘 要									合 计
月	日										

审核： 制表：

表 5 - 47 制造费用明细账（三）

车间名称：制纸二车间 2009 年 5 月 30 日 单位：元

2009 年		摘 要									合 计
月	日										

审核： 制表：

步骤六： 根据以上业务，完成两个任务：

任务 1： 填制制造费用分配表（一）、（二）、（三）。如表 5 - 48、表 5 - 49、表 5 - 50 所示。

表 5 - 48 制造费用分配表（一）

车间名称：制浆车间 2009 年 5 月 30 日 单位：元

产品名称	分配金额

主管： 审核： 制表：

表5-49　　　　　　　　　　　制造费用分配表（二）

车间名称：制纸一车间　　　　　　2009 年 5 月 30 日　　　　　　　　单位：元

产品名称	分配标准 （生产工人工资）	分配率 （精确到 0.01）	分配金额 （尾差由新闻纸负担）

主管：　　　　　　　　　审核：　　　　　　　　　制表：

表5-50　　　　　　　　　　　制造费用分配表（三）

车间名称：制纸二车间　　　　　　2009 年 5 月 30 日　　　　　　　　单位：元

产品名称	分配金额

主管：　　　　　　　　　审核：　　　　　　　　　制表：

任务 2：编制制造费用分配的记账凭证（如表 5-51、表 5-52 和表 5-53 所示），并登记账簿。

表5-51　　　　　　　　　　　记账凭证（一）　　　　　　　　　字第　　号

　　　　　　　　　　　　　　　　年　月　日　　　　　　　　　　　附件　　张

摘　要	会计科目		记　账	借方金额	贷方金额
	总账科目	明细科目			
合　计					

会计主管：　　　　　记账：　　　　　审核：　　　　　制单：

表5-52　　　　　　　　　　　记账凭证（二）　　　　　　　　　字第　　号

　　　　　　　　　　　　　　　　年　月　日　　　　　　　　　　　附件　　张

摘　要	会计科目		记　账	借方金额	贷方金额
	总账科目	明细科目			
合　计					

会计主管：　　　　　记账：　　　　　审核：　　　　　制单：

表 5 - 53

记账凭证（三）

字第 号

年 月 日

附件 张

摘　要	会计科目		记　账	借方金额	贷方金额
	总账科目	明细科目			
	合　计				

会计主管：　　　　　记账：　　　　　审核：　　　　　制单：

（6）产品计算相关凭证如表 5 - 54 和表 5 - 55 所示：

表 5 - 54

各产品投料比例表

2009 年 5 月 30 日

产品名称	麦草浆（％）	废纸浆（％）	合计（％）
打印纸	100		100
新闻纸	100		100
包装纸	50	50	100

技术科主管：　　　　　制表：

表 5 - 55

制纸车间用浆比例表

2009 年 5 月 30 日

车间名称	产品名称	产量（T）	投料比例（％）	实耗（T）	备　注
制纸一车间	打印纸	180	100	180	
	新闻纸	12.6	100	12.6	
	小计	192.6	100	192.6	
制纸二车间	包装纸	72.62	50	36.31	其余 50％为废纸
合　计		265.22	—	228.91	

技术科主管：　　　　　制表：

步骤七：根据以上相关业务，完成七个任务：

任务 1：根据以上资料，登记麦草浆基本生产成本明细账簿。如表 5 - 56 所示。

表 5 – 56　　　　　　　　**基本生产成本明细账**

产品名称：　　　　　　　　　　2009 年 5 月 30 日

2009 年		摘　要	直接材料	燃料和动力	直接人工	制造费用	合　计
月	日						

审核：　　　　　　　　　　　　　制表：

任务 2：填制麦草浆产品成本计算单，如表 5 – 57 所示。

表 5 – 57　　　　　　　　**产品成本计算单**

车间：制浆车间　　　　　　　　2009 年 5 月 30 日　　　　　　　　产量：

产品：麦草浆

项　目	直接材料	燃料和动力	直接人工	制造费用	合　计
本期生产费用					
完工产品总成本					
完工产品单位成本					

审核：　　　　　　　　　　　　　制表：

任务 3：编制麦草浆成本分配表，如表 5 – 58 所示。

表 5 – 58　　　　　　　　**麦草浆成本分配表**

　　　　　　　　　　　　2009 年 5 月 30 日　　　　　　　　　　单位：元

产品名称	实耗（T）	直接材料（分配率）	燃料和动力（分配率）	直接人工（分配率）	制造费用（分配率）	合　计
打印纸	180					
新闻纸	12.6					
包装纸	36.31					
合　计	228.91					

审核：　　　　　　　　　　　　　制表：

（分配率精确到 0.01，尾差由包装纸负担）

任务 4：编制结转麦草浆成本的记账凭证（如表 5 – 59 所示），并登记账簿。

表 5 - 59　　　　　　　　　　　**记账凭证**　　　　　　　　　　　字第　　号
　　　　　　　　　　　　　　　　　年　　月　　日　　　　　　　　　　　附件　　张

摘　要	会计科目		记　账	借方金额	贷方金额
	总账科目	明细科目			
合　计					

会计主管：　　　　　记账：　　　　　审核：　　　　　制单：

任务 5：填制制纸一车间、制纸二车间产品成本计算单。如表 5 - 60 和表 5 - 61 所示。

表 5 - 60　　　　　　　　**产品成本计算单（一）**

车间：制纸一车间　　　　　　2009 年 5 月 30 日　　　　　　完工产品产量：

产品：　　　　　　　　　　　　　　　　　　　　　　　　　在产品产量：

项　目	直接材料	燃料和动力	直接人工	制造费用	合　计
本期生产费用					
转入草浆成本					
完工产品总成本					
完工产品单位成本					

审核：　　　　　　　　　　　制表：

表 5 - 61　　　　　　　　**产品成本计算单（二）**

车间：制纸二车间　　　　　　2009 年 5 月 30 日　　　　　　完工产品产量：

产品：　　　　　　　　　　　　　　　　　　　　　　　　　在产品产量：

项　目	直接材料	燃料和动力	直接人工	制造费用	合　计
期初在产品成本					
本期生产费用					
转入草浆成本					
生产费用累计					
约当总产量					
分配率					
完工产品总成本					
期末在产品成本					

审核：　　　　　　　　　　　制表：

任务 6：编制结转打印纸等完工产品成本的记账凭证，如表 5-62、表 5-63 和表 5-64 所示。

表 5-62　　　　　　　　　　　　记账凭证（一）　　　　　　　　　　字第　　　号
　　　　　　　　　　　　　　　　年　月　日　　　　　　　　　　　　　附件　　张

| 摘　要 | 会计科目 | | 记　账 | 借方金额 | 贷方金额 |
	总账科目	明细科目			
合　计					

会计主管：　　　　　　记账：　　　　　　审核：　　　　　　制单：

表 5-63　　　　　　　　　　　　记账凭证（二）　　　　　　　　　　字第　　　号
　　　　　　　　　　　　　　　　年　月　日　　　　　　　　　　　　　附件　　张

| 摘　要 | 会计科目 | | 记　账 | 借方金额 | 贷方金额 |
	总账科目	明细科目			
合　计					

会计主管：　　　　　　记账：　　　　　　审核：　　　　　　制单：

表 5-64　　　　　　　　　　　　记账凭证（三）　　　　　　　　　　字第　　　号
　　　　　　　　　　　　　　　　年　月　日　　　　　　　　　　　　　附件　　张

| 摘　要 | 会计科目 | | 记　账 | 借方金额 | 贷方金额 |
	总账科目	明细科目			
合　计					

会计主管：　　　　　　记账：　　　　　　审核：　　　　　　制单：

任务 7：登记打印纸等基本生产成本明细账簿，如表 5 – 65 所示。

表 5 – 65　　　　　　　　　　基本生产成本明细账

产品名称：　　　　　　　　　年　月　日

2009 年		摘　要	直接材料	燃料和动力	直接人工	制造费用	合　计
月	日						

审核：　　　　　　　　　　　　　制表：

〈**实训体会**〉：

〈**教师评价**〉：

参 考 文 献

[1] 财政部会计司编写组．企业会计准则 2006 讲解［M］．北京：人民出版社，2007.

[2] 赵桂娟．成本会计学：有效管理的工具［M］．北京：机械工业出版社，2008.

[3] 韩文连．成本管理会计［M］．北京：首都经济贸易大学出版社，2009.

[4] 李英红．成本会计实务［M］．上海：立信会计出版社，2008.

[5] 贺英莲．成本会计实训教程［M］．北京：中国农业大学出版社，北京大学出版社，2008.

[6] 孔德兰．成本会计实训与练习［M］．北京：中国金融出版社，2007.

[7] 程旭阳．成本会计与实务［M］．北京：清华大学出版社，2009.